ZU DIESEM BUCH

Senator J. William Fulbright gilt seit langem als einer der wichtigsten, intelligentesten und integersten amerikanischen Politiker. Schon Präsident Kennedy wählte ihn zu seinen engeren Beratern. Als Vorsitzender des Außenpolitischen Ausschusses des Amerikanischen Senats hielt Fulbright sensationelle Hearings ab, in denen er aufs kritischste und aggressivste die Verantwortlichen für den augenblicklichen ruinösen Kurs der amerikanischen Politik zur Rede stellte. In einer seiner Reden gab er anläßlich der Eskalation des Vietnamkrieges der Befürchtung Ausdruck, Amerika, das heute technisch und militärisch mächtigste Land der Welt, sei von der Arroganz der Macht befallen. Diese Kurzdefinition für den Verfall der politischen Moral Amerikas gab dem vorliegenden Buch den Titel, das eine vehemente, staatsmännisch zu nennende Analyse der gegenwärtigen Innen- und Außenpolitik Amerikas ist, das in Amerika binnen weniger Tage zum sensationellen Bestseller wurde und das in seinen Befürchtungen für die Rückwirkung der Brutalisierung Amerikas nicht davor zurückscheut, den Schatten McCarthys zu beschwören.

Nach den bürgerkriegsähnlichen Unruhen in Farbigen-Vierteln von Newark, Detroit und anderen Städten der USA faßte Fulbright Anfang August 1967 in einer Rede vor der amerikanischen Anwaltsvereinigung in Honolulu seine Kritik an der Innen- und Außenpolitik der USA zusammen in dem Urteil, die Vereinigten Staaten «übten Macht um der Macht willen» aus und sie seien auf dem Wege, «eine imperialistische Nation zu werden». Der Illusion, Amerika könne in Vietnam Krieg führen und zugleich Armut und Rechtsungleichheit im eigenen Lande wirksam bekämpfen, hielt der Senator die Diagnose entgegen, die USA seien im Begriff, den Krieg an beiden Fronten zu verlieren, denn: «Der Vietnamkrieg zehrt nicht nur an den menschlichen und materiellen Grundlagen unserer schwelenden Städte, er nährt nicht nur in den Negerslums die Überzeugung, daß das Land ihrer Lage gleichgültig gegenüberstehe. Der Krieg bestärkt immer mehr die Vorstellung, daß die Gewalt ein Weg zur Lösung von Problemen sei.»

SENATOR
J. WILLIAM FULBRIGHT

Die Arroganz
der Macht

ROWOHLT

rororo aktuell – Herausgegeben von F. J. Raddatz

DEUTSCHE ERSTAUSGABE

1.–25. Tausend   Oktober 1967
26.–35. Tausend   Februar 1968
36.–40. Tausend   August 1970

*Veröffentlicht im Rowohlt Taschenbuch Verlag GmbH,
Reinbek bei Hamburg, Oktober 1967
Die Originalausgabe erschien bei Random House, New York,
unter dem Titel «The Arrogance of Power»
Aus dem Amerikanischen übertragen von* REINHOLD NEUMANN-HODITZ
*Umschlagentwurf Werner Rebhuhn
unter Verwendung zweier Fotos (dpa)
© Rowohlt Taschenbuch Verlag GmbH, Reinbek bei Hamburg, 1967
«The Arrogance of Power» © J. William Fulbright, 1966
Alle Rechte dieser Ausgabe, auch die des auszugsweisen Nachdrucks
und der fotomechanischen Wiedergabe, vorbehalten
Gesetzt aus der Linotype-Aldus-Buchschrift
und der Palatino (D. Stempel AG)
Gesamtherstellung Clausen & Bosse, Leck/Schleswig
Printed in Germany
ISBN 3 499 10987 5*

Inhalt

Danksagung	7
Einleitung	9
Das Machtstreben der Nationen	10
Die Harmlosen im Ausland	15
Der verhängnisvolle Zusammenprall	16
Amerikanisches Empire oder amerikanisches Vorbild?	23

Teil I Der bessere Patriotismus

1 Bürger und Universität	31
Die Furcht vor der anderen Meinung	33
Kritik und Übereinstimmung	36
Die Protestbewegung gegen den Vietnamkrieg	39
Universität und Regierung	45
2 Senat und Senator	49
Der Verfall des Senats	51
Der Senat als Diskussionsforum	57
Der Außenpolitische Ausschuß	59
Der einzelne Senator	62

Teil II Revolution außerhalb der Grenzen

3 Amerika und die Revolution	71
Das unrevolutionäre Amerika	73
Die Anatomie der Revolution	75
Nationalismus und Kommunismus in der amerikanischen Auffassung von Revolution	77
Der Kommunismus als revolutionäre Ideologie	80
4 Revolution in Lateinamerika	84
Die Intervention in der Dominikanischen Republik	85
Recht und Revolution	93
Zwei Revolutionen: Kuba und Mexiko	98
Entwurf für einen neuen Kurs in den interamerikanischen Beziehungen	102
5 Die vietnamesische Revolution	107
Die «Asien-Doktrin»	109
Nationaler Kommunismus in Vietnam	112
Amerika in Vietnam	115

6 Die «Schaden-Streuung» des Vietnamkrieges 120
  Die «Schaden-Streuung» im Osten 120
  Die «Schaden-Streuung» im Westen 126
  Die «Schaden-Streuung» in den USA 130

7 Die chinesische Revolution 138
  China und der Westen: Der verhängnisvolle
  Zusammenprall 139
  Revolution in China 146
  Theorie und Praxis der chinesischen Außenpolitik 149
  Die USA und China 150

Teil III Aussöhnung feindlicher Welten

8 Die menschliche Natur und die internationalen Beziehungen 157
  Verfeinerung des Wettbewerbsinstinkts 157
  Psychologie, Ideologie und politisches Verhalten 160
  Die Anwendung der Psychologie in der Außenpolitik 165
  Einsicht und Ausblick 170

9 Der Weg zum Frieden in Asien 176
  Wozu ist eine Alternative nötig? 177
  Annäherung und Neutralisierung in der Geschichte 180
  Eine Alternative für Vietnam 185
  Über Größe und Armut 193

10 Neuer Brückenschlag 197
  Aussöhnung mit dem Osten 197
  Die Wiedervereinigung Europas 206
  Das eigene Haus in Ordnung bringen 211

11 Ein neues Konzept für die Auslandshilfe 218
  Die Folgen des Bilateralismus 220
  Militärhilfe 223
  Die Auslandshilfe und die übermäßigen Verpflichtungen
  der USA 226
  Das neue Konzept 232

  Fazit
  Die beiden Amerikas 236
  Humanismus und Puritanismus 238
  Eine Idee, an die sich die Menschheit halten kann 246

Danksagung

Vielen meiner Senatskollegen und vielen Mitgliedern des Außenpolitischen Ausschusses des Senats bin ich zu Dank verpflichtet für ihre Geduld und ihr Verständnis bei zahllosen Diskussionen über die Gedanken und Pläne, die in diesem Buch dargelegt werden. Sehr viel verdanke ich auch den Publizisten und Journalisten, die über die hier erörterten Probleme und Ereignisse detailliert und objektiv berichtet haben. Außerdem habe ich eine Menge profitiert von den Ausführungen der Experten, der Regierungsmitglieder, der Wissenschaftler, der ehemals führenden Militärs und Diplomaten, die vor dem Außenpolitischen Ausschuß des Senats ausgesagt haben. Sie alle haben mir Tatsachen und Meinungen vermittelt, für die ich dankbar bin, obgleich ich natürlich keinen von ihnen für meine eigenen hier vorgelegten Schlußfolgerungen verantwortlich mache.

Dem Institut für Fortgeschrittene Internationale Studien der John Hopkins University und seinem hervorragenden Dekan Dr. Francis Wilcox danke ich dafür, daß ich die Christian A. Herter Lectures halten konnte, die einen Bestandteil dieses Buches ausmachen.

Insbesondere bin ich Dr. Seth Tillman für seine Freundschaft, seinen klugen Rat und seine Unterstützung verbunden.

Zum Schluß bin ich Peggy Brown ein Wort der Anerkennung schuldig, denn sie hat das Manuskript geschrieben und umgeschrieben und die Vorträge und Notizen redigiert, die in diesem Buch verarbeitet sind.

Einleitung

Die Vereinigten Staaten sind die glücklichste aller Nationen – glücklich, weil sie ein reiches Land sind und weil sie ein Jahrhundert lang in relativem Frieden gelebt haben, in dem sie ihr Land entwickeln konnten, glücklich auch wegen der so verschiedenartigen und begabten Bevölkerung, wegen der von den «Vätern» begründeten demokratischen Einrichtungen und wegen der Einsicht derer, die diese Einrichtungen einer sich ändernden Welt angepaßt haben.

Zum größten Teil hat Amerika seine Gaben gut genutzt. Das gilt besonders für seine innere Verfassung, aber auch für seine Beziehungen zu den anderen Nationen. Die USA haben viel geleistet und viel erreicht. Nun sind sie an dem Punkt angelangt, wo eine große Nation Gefahr läuft, den Überblick zu verlieren, was noch im Bereich ihrer Macht und was jenseits dieses Bereiches liegt. Andere große Nationen, die an diesem kritischen Punkt zuviel angestrebt haben, sind an ihrer Überanstrengung gescheitert und untergegangen.

Die Ursachen des Übels sind nicht eindeutig, aber sein wiederholtes Auftreten gehört zu den gleichförmigen Erscheinungen der Geschichte: Macht neigt dazu, sich mit Tugend zu verwechseln, und eine große Nation ist besonders empfänglich für die Vorstellung, daß ihre Macht ein Beweis für die Gunst Gottes sei, die ihr eine besondere Verantwortung für andere Nationen auferlegt – die Aufgabe, andere reicher, glücklicher und vernünftiger zu machen und sie nach dem eigenen strahlenden Vorbild umzugestalten. Macht verwechselt sich mit Tugend und neigt auch dazu, sich für allmächtig zu halten. Erfüllt von ihrer Mission, glaubt eine große Nation leicht, sie habe nicht nur die Pflicht, sondern auch die Möglichkeiten, den Willen Gottes zu tun. Gott werde doch gewiß nicht seinem auserwählten Bevollmächtigten das Schwert verweigern. Die deutschen Soldaten trugen im Ersten Weltkrieg Koppelschlösser mit der Aufschrift «Gott mit uns». Eine ähnliche Form der Anmaßung – ein übersteigertes Machtgefühl und ein imaginäres Missionsbewußtsein – ließ die Athener Syrakus angreifen und Napoleon und später Hitler Rußland überfallen. Mit anderen Worten: Sie verloren das Maß und kamen zu Fall.

Ich glaube nicht einen Augenblick, daß sich die USA mit ihren tief verwurzelten demokratischen Traditionen ähnlich wie Hitler und Napoleon auf einen Feldzug einlassen könnten mit dem Ziel, die

Welt zu beherrschen. Ich befürchte aber, daß wir uns Verpflichtungen aufladen könnten, die, so großzügig und gut sie gemeint sind, doch so weit führen, daß sie selbst die großen Möglichkeiten der USA übersteigen. Gleichzeitig hoffe ich – und ich betone dies, weil diese Hoffnung meinen kritischen Anmerkungen und Vorschlägen in diesem Buch zugrunde liegt –, daß die Vereinigten Staaten niemals der verhängnisvollen Versuchung der Macht erliegen, die andere große Nationen zugrunde gerichtet hat, und daß sie sich statt dessen darauf beschränken werden, nur Gutes zu tun, wo sie wirklich dazu imstande sind, und zwar sowohl durch direkte Bemühung als auch durch die Kraft des eigenen Beispiels.

Der Einsatz ist in der Tat hoch: er schließt nicht nur die fortdauernde Größe Amerikas ein, sondern darüber hinaus das Fortbestehen des menschlichen Lebens in einem Zeitalter, das zum erstenmal in der Geschichte der Menschheit einer Generation die Macht gibt, über den Bestand der folgenden zu entscheiden.

Das Machtstreben der Nationen

Wenn die Abstraktionen und Subtilitäten der politischen Wissenschaft erschöpft sind, bleiben die unbeantworteten Grundfragen nach Krieg und Frieden: warum Nationen gerade um die Dinge streiten, um die sie streiten, und warum sie sich mit diesen Dingen überhaupt beschäftigen. Aldous Huxley hat gesagt:

«Es kann Argumente dafür oder dagegen geben, auf welche Weise Weizen im kalten Klima am besten gedeiht oder wie ein von Erosion kahlgefressener Berg aufgeforstet werden kann. Aber solche Argumente führen niemals zu einer organisierten Schlächterei. Eine organisierte Schlächterei ist jedoch das Ergebnis von Argumenten zu solchen Fragen wie den folgenden: Welches ist die beste Nation? Die beste Religion? Die beste politische Theorie? Die beste Regierungsform? Warum sind andere Völker so dumm und so böse? Warum können sie nicht erkennen, wie gut und intelligent *wir* sind? Warum widersetzen sie sich unseren gutgemeinten Anstrengungen, sie unter unsere Kontrolle zu bringen und sie so zu machen, wie wir selbst sind?»[1]*

Viele der Kriege, die Menschen geführt haben – und ich bin versucht zu sagen: die meisten –, sind um solcher Abstraktionen willen

---

* Anmerkungen in Anschluß an die einzelnen Kapitel.

geführt worden. Je länger ich über die großen Kriege der Geschichte nachdenke, desto mehr neige ich zu der Ansicht, daß die ihnen zugeschriebenen Ursachen – Gebietsansprüche, Märkte, Hilfsquellen jeder Art, die Verteidigung oder die Verewigung großer Prinzipien – keineswegs die *eigentlichen* Ursachen, sondern eher Erklärungen oder Entschuldigungen für gewisse unergründliche Triebkräfte der menschlichen Natur gewesen sind. Weil nicht klar und präzise definierbar ist, was diese Motive sind, nenne ich sie die «Arroganz der Macht» – ein psychisches Bedürfnis, das die Nationen offenbar haben, um zu beweisen, daß sie größer, besser oder stärker als andere sind. Zu diesem Streben gehört auch bei normalerweise friedlichen Nationen die Annahme, daß Gewalt der letzte Beweis der Überlegenheit ist, daß eine Nation, die zeigt, daß sie über die stärkere Armee verfügt, damit auch beweist, daß sie das bessere Volk, die besseren Einrichtungen, die besseren Grundsätze und, allgemein, die bessere Zivilisation hat.

Der Beweis für meine These liegt in der bemerkenswerten Diskrepanz zwischen den offenkundigen und den verborgenen Ursachen einiger moderner Kriege und der Diskrepanz zwischen ihren Ursachen und den letzten Konsequenzen.

Der äußere Anlaß für den französisch-preußischen Krieg von 1870 zum Beispiel war der Streit um die spanische Thronfolge und die scheinbar «tieferliegende» Ursache der Widerstand der Franzosen gegen die Einigung Deutschlands. Durch den Krieg wurde die deutsche Einigung vollendet – die wahrscheinlich auch ohne Krieg hätte erreicht werden können –, aber der Krieg brachte für Frankreich den Verlust von Elsaß-Lothringen und die Demütigung, für Deutschland den Aufstieg zur größten Macht in Europa, der ohne Krieg nicht denkbar gewesen wäre. Von der spanischen Thronfolge war, nebenbei gesagt, im Friedensvertrag keine Rede mehr, jedermann hatte sie vergessen. Man fragt sich, inwieweit die Deutschen ganz einfach von dem Wunsch geleitet wurden, diese hochmütigen Franzosen zur Räson zu bringen und eine gute Entschuldigung dafür suchten, in Berlin ein neues Denkmal zu errichten.

Die Vereinigten Staaten traten 1898 in den Krieg ein mit der Begründung, daß sie Kuba von der spanischen Tyrannei befreien wollten. Aber nachdem sie den Krieg gewonnen hatten – einen Krieg, den Spanien um einen hohen Preis vermeiden wollte –, unterstellten die USA die befreiten Kubaner ihrem Protektorat und annektierten nebenbei die Philippinen, weil, wie Präsident McKinley es ausdrückte, der Herr ihm mitgeteilt hatte, es sei die Pflicht der USA, «die Filipinos zu erziehen, emporzuheben, zu zivilisieren und zu christianisieren und durch Gottes Gnade mit ihnen als unseren Nächsten, **für die Christus auch gestorben ist, das Beste zu tun, das wir können**»[2].

Ist es nicht interessant, daß diese Stimme diejenige Gottes war, daß die Worte aber die von Theodore Roosevelt, Henry Cabot Lodge und Admiral Mahan waren, jenen «Imperialisten von 1898», die wollten, daß die Vereinigten Staaten ein Empire haben, nur weil ein großes und mächtiges Land wie die USA eben ein Empire haben *müßte*? Albert Beveridge, der bald danach in den US-Senat gewählt wurde, hat dem Geist jener Zeit Ausdruck gegeben und proklamiert, die Amerikaner seien eine «erobernde Rasse». «Wir müssen unserem Blut gehorchen und neue Märkte und wenn nötig neue Gebiete in Besitz nehmen», sagte er, denn: «Nach dem unendlichen Plan des Allmächtigen» müssen «niedergegangene Zivilisationen und verfaulende Rassen zugunsten der höheren Zivilisation des edleren und männlicheren Menschentyps» verschwinden.[3]

1914 trat ganz Europa in den Krieg ein – scheinbar, weil der österreichische Thronfolger in Sarajewo ermordet worden war, aber in Wirklichkeit, weil dieser Mord nur der Brennpunkt für die unglaublich heiklen Empfindlichkeiten der europäischen Großmächte geworden war. Die Ereignisse vom Sommer 1914 waren das Trauerspiel einer anomalen Gemütsverfassung: Österreich mußte Serbien demütigen, damit es selbst nicht gedemütigt würde, aber durch die Bemühungen Österreichs, seine Selbstachtung wiederzuerlangen, wurde Rußland zutiefst gedemütigt. Rußland war mit Frankreich verbündet, das sich seit 1871 überhaupt gedemütigt fühlte. Österreich seinerseits war der Bundesgenosse Deutschlands, dessen Stolz verlangte, Österreich zu unterstützen – wie wahnwitzig sich Wien auch benahm. Jedenfalls mag Deutschland es spaßig gefunden haben, seine Armee einmal mehr in die Champs-Élysées einschwenken zu lassen. Aus diesen edlen Gründen wurde die Welt in einen Krieg gestürzt, der viele Millionen Menschenleben kostete, die russische Revolution von 1917 heraufbeschwor und jene Ereignisse in Gang setzte, die zu einem neuen Weltkrieg führten, zu einem Krieg, der wieder einige Dutzend Millionen Menschenleben forderte und die weltweiten Revolutionen unserer Zeit auslöste, Revolutionen, deren Folgen wir alle, die wir heute leben, nicht vorhersehen können.

Die Ursachen und Folgen eines Krieges haben sicher mehr mit Pathologie als mit Politik und mehr mit dem irrationalen Drang von Stolz und Schmerz als mit der rationalen Erwägung von Vorteil und Profit zu tun. In Washington erzählt man sich die nicht verbürgte

Geschichte, daß die militärischen Sachverständigen des Pentagon einen Versuch anstellten: Sie fütterten einen Computer mit Daten der Ereignisse des Sommers 1914. Nachdem die Maschine das Beweismaterial sortiert und verarbeitet hatte, versicherte sie ihren Auftraggebern, daß keine Kriegsgefahr bestand. Wenn damit überhaupt etwas «bewiesen» wurde, dann, daß Computer rationaler als Menschen sind; aber es geht daraus auch hervor, daß – wenn überhaupt – die eigentliche Ursache für menschliche Konflikte und für das Streben der Nationen nach Macht nicht in wirtschaftlichen Bestrebungen, historischen Kräften oder im Wirken des Gleichgewichts der Kräfte, sondern in den gewöhnlichen Hoffnungen und Befürchtungen des menschlichen Geistes liegt.

Man hat gesagt, daß im Seelengrund jeder Frau ein Tambourmajor verborgen ist; man kann auch sagen, daß in unserer aller Seelen ein Stückchen Missionar verborgen ist. Wir alle sagen den Leuten gern, was sie tun sollen. Daran ist gar nichts auszusetzen, nur haben es die meisten Menschen nicht gern, wenn man ihnen sagt, was sie tun sollen. Ich habe meiner Frau schon eine ganze Reihe glänzender Vorschläge für die Haushaltsführung unterbreitet, aber sie hat sich für meine Ratschläge so anhaltend undankbar erwiesen, daß ich es aufgegeben habe, ihr weitere zu erteilen. Der kanadische Psychiater und ehemalige Generaldirektor der Weltgesundheitsorganisation, Brock Chisholm, hat dieses Phänomen so erklärt:

«... Wollten sie mit Schwierigkeiten fertig werden, so war es in der Vergangenheit stets die Methode der Menschen, allen anderen zu sagen, wie sie sich benehmen sollten. So haben wir alle es jahrhundertelang gehalten.

Es sollte aber bis heute klargeworden sein, daß uns dies nicht länger weiterhilft. Bis zum heutigen Tag hat jeder jedem gesagt, wie er sich verhalten soll... Diese Kritik ist nicht wirkungsvoll, sie ist es nie gewesen und sie wird es niemals sein...»[4]

Obwohl sie fruchtlos gewesen sind, waren alle diese unerbetenen Ratschläge – und ihre Befolgung – doch wenigstens bis vor kurzem mit dem Überleben der menschlichen Rasse zu vereinen. Heute ist der Mensch jedoch zum erstenmal in einer Situation, in der das Überleben seiner Gattung in Gefahr ist. Andere Formen des Lebens sind gefährdet gewesen und viele wurden durch Veränderungen ihrer natürlichen Umwelt zerstört. Der Mensch ist bedroht von einer Veränderung seiner Umwelt, die er selbst mit der Erfindung der Kernwaffen und der Fernlenkgeschosse eingeleitet hat. Unsere Macht, zu töten, ist universell geworden und sie schafft eine völlig neue Situation. Sie verlangt von uns um des Überlebens willen eine vollkommen neue Haltung, wenn es darum geht, Ratschläge zu geben und zu befolgen, und ganz allgemein ein völlig anderes Verhalten in den menschlichen und internationalen Beziehungen. Je häufiger man auf die Größe der Gefahr hinweist, daß unsere Gattung ausgelöscht wird, desto weniger wird sie als bedrohlich empfunden – so als ob die gewohnte Drohung einer Katastrophe überhaupt keine Drohung sei. Weil uns die Wasserstoffbombe bisher nicht getötet hat, sind wir anscheinend der Meinung, daß sie uns niemals töten wird. Dies ist eine gefährliche Annahme, denn sie fördert die Neigung, daß die traditionelle Haltung in der Weltpolitik beibehalten wird, während doch unsere Verantwortung nach den Worten Dr. Chisholms gerade darin besteht, «das gesamte Verhalten unserer Vorfahren zu überprüfen und das auszuwählen, das wir unter diesen gegenwärtigen Umständen nach unserem eigenen Empfinden und nach unserem Wissen in dieser neuen Welt weiterhin als gültig anerkennen...»[5]

Eine Haltung aber, das halte ich für gewiß, ist heute vor allem nicht mehr vertretbar – nämlich die Arroganz der Macht, die Neigung großer Nationen, Macht mit Tugend und große Verantwortung mit einer universalen Mission gleichzusetzen. Das daraus entstandene Dilemma ist vor allem ein amerikanisches, nicht weil Amerika Schwächen hat, die andere Nationen nicht haben, sondern weil die Vereinigten Staaten so mächtig sind wie keine Nation je zuvor und weil sich der Abstand zwischen ihrer Macht und der anderen Staaten offensichtlich vergrößert. Man mag hoffen, daß Amerika mit seinen unermeßlichen Möglichkeiten und demokratischen Traditionen, mit seiner verschiedenartigen und schöpferischen Bevölkerung zu der Einsicht finden wird, die seiner Macht entspricht. Man kann allerdings in diesem Punkt nicht allzu zuversichtlich sein, denn die erforderliche Einsicht ist größer, als sie irgendeine große Nation bisher bewiesen hat. Ihre Wurzeln müssen, wie Dr. Chisholm sagt, in der Überprüfung des «gesamten Verhaltens unserer Vorfahren» liegen.

Dies ist eine hochgespannte Forderung. Vielleicht kann man mit dem Versuch beginnen, die Haltung der Amerikaner gegenüber anderen Völkern kritisch zu beurteilen und einige Auswirkungen der amerikanischen Macht auf kleine Länder, denen die USA zu helfen versuchten, unter die Lupe zu nehmen.

Die Harmlosen im Ausland

Anzeichen für die Arroganz der Macht sind am Benehmen der Amerikaner abzulesen, wenn sie im Ausland sind. Ausländer sprechen oft über den Gegensatz zwischen dem Benehmen der Amerikaner im eigenen Land und im Ausland. Hier, in den Vereinigten Staaten, so sagen diese Beobachter, seien wir Amerikaner gastfrei und rücksichtsvoll, aber sobald wir außerhalb unserer Grenzen anlangten, scheine irgend etwas über uns zu kommen und, wo wir auch seien, würden wir geräuschvoll und anspruchsvoll und wir stolzierten herum, als ob uns der Ort gehöre. Die Engländer pflegten während des letzten Krieges zu sagen, der Ärger mit den Yankees sei, daß sie «überbezahlt, überpotent und über uns gekommen» sind. Während eines kürzlichen Urlaubs in Mexiko habe ich in einem Flughafen einer kleinen Stadt zwei Gruppen von Studenten beobachtet, die auf einer Ferienreise waren. Die eine Gruppe waren Japaner, die andere Amerikaner. Die Japaner waren ordentlich angezogen, und sie sprachen und lachten so, daß es niemand ärgern konnte, auch keine besondere Aufmerksamkeit erregt. Die Amerikaner dagegen führten sich auffallend und anstößig auf; sie stampften liederlich gekleidet im Warteraum herum, tranken Bier und schrien aufeinander ein, als seien sie völlig unter sich.

Solche Szenen sind unglücklicherweise in vielen Teilen der Welt zu einem gewohnten Anblick geworden. Ich möchte ihre Bedeutung nicht übertreiben, aber ich habe das Gefühl, daß so, wie es einst etwas Besonderes war, ein Römer, ein Spanier oder ein Engländer zu sein, heute etwas Besonderes an dem Bewußtsein ist, ein Amerikaner im Ausland zu sein und daß dies Bewußtsein, zu dem größten und reichsten Land der Erde zu gehören, Menschen, die sich zu Hause völlig korrekt benehmen, dazu bringt, sich im Ausland flegelhaft aufzuführen und die dort heimischen Bürger so zu behandeln, als wären sie gar nicht vorhanden.

Ein Grund dafür, daß Amerikaner im Ausland so auftreten, als «gehöre ihnen der Ort», ist die Tatsache, daß dies an vielen Orten beinahe zutrifft: Amerikanische Gesellschaften beherrschen vielleicht große Teile der Wirtschaft des Landes; amerikanische Produkte werden auf Plakaten angepriesen und in Schaufenstern ausgestellt; amerikanische Hotels und Snackbars sind da und schützen amerikanische Touristen vor fremdem Einfluß; vielleicht sind amerikanische Soldaten in dem betreffenden Land stationiert; und selbst wenn dies nicht der Fall ist, weiß die Bevölkerung wahrscheinlich sehr gut, daß ihr

Überleben von der Vernunft abhängt, mit der die USA ihre gewaltige militärische Macht gebrauchen.

Ich glaube, jeder Amerikaner hat unreflektiert das Bewußtsein all dieser Macht, wenn er ins Ausland geht; und das beeinflußt sein Verhalten, genau so, wie es einst das Benehmen der Griechen und Römer, der Spanier, Deutschen und der Engländer in den kurzen Hochzeiten ihrer jeweiligen Überlegenheit beeinflußt hat. Es war die Arroganz der Macht, die die Engländer des 19. Jahrhunderts zu der Annahme verleitete, wenn sie einen Ausländer nur laut genug in Englisch anschrien, so müsse er sie verstehen. Heute bringt sie die Amerikaner dazu, sich wie Mark Twains «Harmlose im Ausland» zu benehmen, die von ihren Reisen in Europa berichteten:

«Die Völker dieser fremden Länder sind sehr, sehr unwissend. Sie schauten neugierig auf die Kleidung, die wir aus dem wilden Amerika mitgebracht hatten. Sie beobachteten, daß wir laut bei Tische sprachen... In Paris machten sie nur große Augen und starrten uns an, wenn wir sie auf Französisch ansprachen! Es gelang uns nie, diesen Schwachköpfen ihre eigene Sprache verständlich zu machen.»[6]

Der verhängnisvolle Zusammenprall

Über seine Reisen nach Polynesien im späten 18. Jahrhundert schrieb Kapitän Cook: «Es wäre für jene Völker besser gewesen, wenn sie uns niemals kennengelernt hätten.» In einem Buch über die europäische Erforschung des Südpazifiks berichtet Alan Moorehead, wie die Tahitianer und die australischen Ureinwohner durch Krankheiten, Alkohol, Feuerwaffen, Gesetze und Moralbegriffe des weißen Mannes korrumpiert wurden, durch das, was Moorehead das «langwierige Herunterschlittern in die westliche Zivilisation» nannte. Die ersten Missionare auf Tahiti, so schreibt Moorehead, waren «entschlossen, die Insel nach dem Leitbild der unteren Mittelklasse des protestantischen Englands umzuwandeln... Sie schlugen so lange auf die Lebensweise der Tahitianer los, bis sie vor ihnen zerbröckelte, und im Laufe von zwanzig Jahren hatten sie genau das erreicht, was sie sich vorgenommen hatten.»[7] Man erzählt, daß die ersten Missionare auf Hawaii den Polynesiern klar zu machen versuchten, es sei Sünde, sonntags zu arbeiten, bis sie entdeckten, daß auf jenen mit Überfluß gesegneten Inseln ohnehin niemand an irgendeinem Tag arbeitete.

Selbst bei den besten Absichten hatten die Amerikaner wie andere westliche Völker, die ihre Zivilisationen auswärts verbreiteten, etwas von dem gleichen «verhängnisvollen Zusammenprall» mit kleineren Nationen zu verzeichnen, den die europäischen Entdekker mit den Tahitianern und den australischen Eingeborenen hatten. Wir haben diesen Völkern nicht absichtlich geschadet; im Gegenteil, viel häufiger haben wir diesen Völkern helfen wollen, und in mancher sehr wichtigen Hinsicht ist uns dies auch gelungen. Amerikaner haben an viele Orte der Erde Medikamente und Erziehung, Fabrikerzeugnisse und moderne Technik gebracht; aber sie haben auch sich selbst dorthin gebracht und die herablassende Haltung eines Volkes, das seiner Erfolge wegen andere Kulturen geringschätzt. Da sie Macht ohne Einsicht mitbrachten, lösten Amerikaner wie Europäer in weniger fortgeschrittenen Gebieten der Erde eine verheerende Wirkung aus; ohne zu wissen, was sie taten, haben sie traditionelle Gesellschaftsordnungen erschüttert, zerbrechliche Wirtschaftssysteme zerstört und durch das beneidenswerte Beispiel ihrer eigenen Macht und Tüchtigkeit das Selbstvertrauen der Völker unterhöhlt. Sie haben dies in vielen Fällen einfach dadurch zuwege gebracht, weil sie groß und stark waren, gute Ratschläge gaben und sich Menschen aufdrängten, die das nicht wünschten, aber keinen Widerstand leisten konnten.

Der missionarische Trieb scheint in der menschlichen Natur verankert zu sein. Und je größer, stärker und reicher wir sind, desto mehr fühlen wir uns für die Aufgabe eines Missionars geeignet, desto mehr halten wir sie sogar für unsere Pflicht. Dr. Chisholm berichtet von einem hervorragenden Geistlichen, der die Eskimos bekehrte, und sagte: «Wissen Sie, jahrelang konnten wir mit diesen Eskimos überhaupt nichts anfangen. Es gab bei ihnen keinerlei Sünde. Jahrelang mußten wir sie die Sünde lehren, ehe wir mit ihnen etwas ausrichten konnten!»[8] Das erinnert mich an die drei Pfadfinder, die ihrem Führer als ihre gute Tat für den Tag meldeten, sie hätten einer alten Dame über die Straße geholfen.

«Das ist schön», sagte der Führer, «aber warum waren drei von euch nötig?»

«Ja», erklärten sie, «eigentlich wollte sie gar nicht über die Straße.»

Die gute Tat, für die sich die Amerikaner vor allem prädestiniert fühlen, ist, Demokratie zu lehren. Also wollen wir uns die Ergebnisse einiger guter Taten der Amerikaner in verschiedenen Teilen der Welt einmal ansehen.

In den Jahren, seit Präsident Monroe seine Doktrin verkündete, hatten die Lateinamerikaner den Vorteil, daß die Vereinigten Staaten sie im Finanzwesen, in der kollektiven Sicherheit und in den Verfahrensweisen der Demokratie bevormundeten. Wenn sie also auf irgendeinem dieser Gebiete das Ziel nicht erreichten, so konnte der Fehler ebenso sehr bei dem Lehrer wie bei dem Schüler liegen.

Als Präsident Theodore Roosevelt im Jahre 1905 seine «Ergänzung» der Monroe-Doktrin verkündete, erklärte er feierlich, daß für ihn somit künftige Interventionen als eine «Bürde», eine «Verantwortung» und als eine Verpflichtung zur «internationalen Billigkeit» geheiligt seien. Nicht ein einziges Mal, soviel ich weiß, sind die Vereinigten Staaten der Ansicht gewesen, daß sie in einem lateinamerikanischen Land aus selbstsüchtigen oder unwürdigen Zielen intervenierten – eine Meinung, die jedoch von den Betroffenen nicht notwendigerweise geteilt wurde. Was es auch gibt, um die Lauterkeit unserer Ziele zu beteuern: es muß doch ein wenig durch den Gedanken erschüttert werden, daß sich wahrscheinlich in der Geschichte der Menschheit niemals ein Land bei einem anderen eingemischt hat, wenn es seine Ziele nicht für wirklich unantastbar gehalten hätte.

Ungeachtet unserer edlen Absichten sind die Länder, die von US-Marinetruppen die größte Bevormundung in der Demokratie erhalten haben, nicht gerade besonders demokratisch gewesen. Dazu gehört Haiti, das unter einer brutalen und abergläubischen Diktatur steht, die Dominikanische Republik, die dreißig Jahre lang unter der rücksichtslosen Diktatur Trujillos schmachtete, und deren zweite seit dem Sturz Trujillos gewählte Regierung so wie die erste von der Macht einer Militäroligarchie bedroht ist; und natürlich Kuba, das, woran man niemanden erinnern muß, seine traditionelle Diktatur von rechts durch eine kommunistische ersetzt hat.

Vielleicht ist es im Lichte dieser außergewöhnlichen Liste von Errungenschaften nun an der Zeit, daß wir unsere Lehrmethoden überprüfen. Vielleicht haben wir wirklich noch nicht das Zeug für die Aufgabe, das Evangelium der Demokratie zu verbreiten. Vielleicht wäre es für uns nützlich, wenn wir uns auf unsere eigene Demokratie konzentrierten und nicht versuchten, unsere besondere Version der Demokratie auf alle jene undankbaren Lateinamerikaner zu übertragen, die sich ihren nordamerikanischen Wohltätern so hartnäckig widersetzen, anstatt den «wahren» Feinden Widerstand zu leisten, die wir gnädig für sie ausgesucht haben. Und vielleicht – aber eben nur vielleicht – werden unsere Nachbarn dann anfangen, die ihnen größtenteils entgangene Demokratie und Würde zu finden, wenn wir sie ihr eigenes Urteil fällen und ihre eigenen Fehler begehen lassen und unsere Unterstützung auf Wirtschaft und Technologie an Stelle von Philosophien beschränken. Vielleicht könnten wir dann andererseits die Liebe und Dankbarkeit finden, nach der wir uns anscheinend so sehr sehnen.

Korea ist ein anderes Beispiel. Wir sind 1950 in den Krieg eingetreten, um Südkorea gegen die von den Russen unterstützte Aggression Nordkoreas zu verteidigen. Ich glaube, daß diese Intervention der USA gerechtfertigt und notwendig gewesen ist: Wir haben ein Land verteidigt, das ganz klar verteidigt werden wollte, dessen Armee bereit war zu kämpfen und gut kämpfte und dessen Regierung, wenn sie auch diktatorisch war, doch patriotisch gewesen ist und die Unterstützung des Volkes besaß. Während des ganzen Krieges haben die Vereinigten Staaten jedoch betont, daß eines ihrer Kriegsziele die Rettung der Republik Korea als einer «freien Gesellschaft» sei – was sie damals nicht gewesen war und auch heute nicht ist. Die USA haben in diesem Krieg 33 629 Menschen verloren und haben seither 5,61 Milliarden Dollar für direkte militärische und wirtschaftliche Hilfe und noch viel mehr für eine indirekte Unterstützung Südkoreas ausgegeben. Trotz alldem blieb Südkorea noch bis vor kurzem ein wirtschaftlich stagnierendes und politisch unsicheres Land. Erst jetzt ist ein wirtschaftlicher Fortschritt im Gange, aber die wirklich überraschende Tatsache ist, daß die meisten Amerikaner schnell das Interesse am Zustand ihres Schützlings verloren, für den sie so viele Opfer gebracht haben, und obwohl sie drei Jahre lang einen Krieg geführt haben, um die Freiheit Südkoreas zu verteidigen. Es ist zweifelhaft, ob mehr als eine Handvoll Amerikaner heute weiß oder sich darum kümmert, ob Südkorea eine «freie Gesellschaft» ist.

Wir sind gegenwärtig an einem Krieg beteiligt, um in Südvietnam «die Freiheit zu verteidigen». Anders als die Republik Korea besitzt Südvietnam eine Armee, die ohne besonderen Erfolg kämpft, und eine diktatorische Regierung, die nicht auf die Loyalität des südvietnamesischen Volkes rechnen kann. Die offiziellen Kriegsziele der US-Regierung sind, so wie ich sie verstehe: niederzukämpfen, was als Aggression Nordvietnams aufgefaßt wird, die Vergeblichkeit dessen zu demonstrieren, was die Kommunisten «nationale Befreiungskriege» nennen, und Bedingungen zu schaffen, unter denen das südvietnamesische Volk in der Lage sein wird, frei seine Zukunft zu bestimmen.

Ich zweifle nicht im geringsten an der Aufrichtigkeit des Präsidenten, des Vizepräsidenten, des Außenministers und des Verteidigungsministers, wenn sie diese Ziele darlegen. Was ich jedoch anzweifle, und zwar sehr, ist die Befähigung der Vereinigten Staaten, diese Ziele mit den angewandten Mitteln auch zu erreichen. Ich stelle nicht die

Macht unserer Waffen oder die Wirksamkeit unseres Nachschubwesens in Frage; ich kann allerdings nicht sagen, daß mich diese Dinge so erfreuen, wie es anscheinend bei einigen unserer Regierungsbeamten der Fall ist, aber sie sind gewiß eindrucksvoll. Ich halte es jedoch für zweifelhaft, ob die Vereinigten Staaten oder irgendeine andere westliche Nation die Fähigkeit besitzen, in einem kleinen, fremdartigen und unterentwickelten asiatischen Land einzugreifen und Stabilität zu schaffen, wo Chaos herrscht, den Willen zum Kampf, wo Defaitismus ist, Demokratie, wo es keine demokratischen Traditionen gibt, und eine ehrenhafte Regierung, wo die Korruption fast zum Lebensstil gehört.

Im Frühjahr 1966 zündeten in Saigon Demonstranten amerikanische Jeeps an, versuchten amerikanische Soldaten anzugreifen und zogen mit den Rufen «nieder mit den amerikanischen Imperialisten» durch die Straßen, während ein buddhistischer Führer eine Rede hielt und darin die Vereinigten Staaten als Bedrohung für die Unabhängigkeit Südvietnams mit den Kommunisten auf die gleiche Stufe stellte. Die meisten Amerikaner sind verständlicherweise schockiert und verärgert, wenn ihnen Äußerungen von Feindseligkeit aus einem Volk entgegentreten, das schon lange unter der Herrschaft der Vietkong stehen würde, wenn Amerika nicht Menschenleben und Geldmittel geopfert hätte. Warum, so könnten wir Amerikaner fragen, sind diese Leute so empörend undankbar? Sie müssen doch wissen, daß allein schon das Recht, auf die Straße zu gehen, zu protestieren und zu demonstrieren, von den Amerikanern abhängt, die sie verteidigen.

Die Antwort ist meines Erachtens jener «verhängnisvolle Zusammenprall» der Reichen und Starken mit den Armen und Schwachen. Abhängig von der Stärke Amerikas, wie die Vietnamesen nun einmal sind, ist diese Stärke gleichzeitig ein Vorwurf für ihre Schwäche, ist der Wohlstand Amerikas ein Hohn auf ihre Armut und der Erfolg Amerikas eine Erinnerung an ihre Mißerfolge. Was sie übelnehmen, ist die zerstörende Wirkung unserer starken Kultur auf ihre zerbrechliche; aber das ist eine Reaktion, die wir genauso wenig vermeiden können, wie ein Erwachsener es ändern kann, daß er größer ist als ein Kind. Sie befürchten – und ich meine: zu Recht –, daß die traditionelle vietnamesische Gesellschaft den Zusammenprall mit der Wirtschaft und Kultur Amerikas nicht überleben kann.

Beweise für diesen «verhängnisvollen Zusammenprall» findet man im täglichen Leben Saigons. Ein Korrespondent der New York Times berichtete – und seine Informationen stimmten mit denen anderer an Ort und Stelle überein –, daß viele Vietnamesen gezwungen sind, ihre Frauen und Mädchen als Barmädchen arbeiten zu lassen oder sie amerikanischen Soldaten als Freundinnen zuzuführen; daß man häufig hört, ein vietnamesischer Soldat habe vor Scham Selbstmord begangen, weil seine Frau als Barmädchen arbeitete; daß Vietnamesen nur mit Schwierigkeiten Taxis bekommen, weil die Fahrer für sie nicht anhalten, sondern es vorziehen, amerikanische Soldaten mitzunehmen, die ohne Protest den geforderten überhöhten Fahrpreis zahlen werden; daß infolge des Zustroms der Amerikaner Barmädchen, Prostituierte, Kuppler, Barbesitzer und Taxifahrer in die höheren Stufen der wirtschaftlichen Pyramide aufgestiegen sind; daß vietnamesische Familien der Mittelklasse Schwierigkeiten haben, eine Wohnung zu mieten, weil die Amerikaner die Mietpreise ins Unerreichbare hochgetrieben haben, und daß einige vietnamesische Familien tatsächlich aus ihren Häusern und Wohnungen vertrieben wurden, weil es die Eigentümer vorzogen, sie an die im Überfluß lebenden Amerikaner zu vermieten; daß vietnamesische Beamte, niedrige Offiziere oder einfache Soldaten ihre Familien nicht länger unterstützen können, weil die Ausgaben der Amerikaner und die Kaufkraft der GI eine Inflation zu Folge hatten. Ein Vietnamese erklärte dies dem Reporter der *New York Times* so: «Immer wenn Legionen wohlhabender weißer Männer über eine asiatische Gesellschaftsform hereinbrechen, dann gibt es Ärger!» Ein anderer meinte: «Wir Vietnamesen sind fremdenfeindlich. Wir mögen die Ausländer nicht, keine Sorte von Ausländern, deshalb dürft ihr nicht überrascht sein, daß wir euch nicht mögen.»[9]

Obgleich sie aufrichtig gemeint sind, haben die Anstrengungen der Amerikaner, in Südvietnam die Grundlagen der Freiheit zu schaffen, also eine ganz andere Wirkung als beabsichtigt. «Dies ganze Mühen und Plagen, die Welt zu verbessern, ist ein großer Fehler», sagte George Bernard Shaw. «Nicht weil es nicht anerkennenswert wäre, die Welt zu verbessern, wenn man sich darauf versteht, sondern weil das Mühen und Plagen die verkehrteste Methode ist, mit der man ein Ding anpacken kann.»[10]

Man fragt sich, wieweit das amerikanische Engagement für die Freiheit Vietnams auch ein Engagement für den Stolz Amerikas ist – beide scheinen Teil derselben Sache geworden zu sein. Wenn wir von der Freiheit Südvietnams sprechen, dann denken wir vielleicht daran, wie unangenehm es wäre, einer anderen Lösung als dem Sieg zuzustimmen; wir denken vielleicht auch daran, wie sehr unser Stolz verletzt würde, wenn wir uns mit weniger begnügen, als wir ursprünglich erreichen wollten; vielleicht denken wir auch an unseren Ruf als eine Großmacht und fürchten, daß eine Kompromißlösung uns vor der Welt bloßstellen und als ein zweitklassiges Volk mit ermattendem Mut und Entschlosssenheit kennzeichnen würde.

Solche Befürchtungen sind ebenso unsinnig wie ihr Gegenteil, d. h. die anmaßende Überzeugung, daß wir eine weltumspannende Mission zu erfüllen hätten. Sie sind dem reichsten, mächtigsten, produktivsten Volk der Erde, dem am besten ausgebildeten Volk einfach nicht angemessen. Man kann eine kompromißlose Haltung solcher Länder wie China oder Frankreich verstehen: beide haben in diesem Jahrhundert Tiefschläge hinnehmen müssen, und ein gewisses Maß an Arroganz könnte ihnen helfen, ihren Stolz wiederzugewinnen. Sie ist im Hinblick auf die USA weit weniger verständlich – eine Nation, deren moderne Geschichte eine fast ununterbrochene Chronik des Erfolges gewesen ist, eine Nation, die sich heute ihrer Macht so sicher sein sollte, daß sie zum Großmut imstande ist, eine Nation, die heute in der Lage sein sollte, nach der These zu handeln, die George Kennan so ausdrückte: «In der Weltmeinung ist mehr Ansehen zu gewinnen, wenn man unhaltbare Positionen energisch und mutig aufgibt, als wenn man überspannte und nicht vielversprechende Ziele auf das Hartnäckigste weiterverfolgt.»[11]

Die Ursache unserer Schwierigkeiten in Südostasien ist nicht ein Mangel an Macht, sondern ein Übermaß an falscher Machtausübung. Ihr Ergebnis ist ein Gefühl der Unfähigkeit, wenn mit dieser Macht das gewünschte Ziel nicht erreicht werden kann. Wir verhalten uns immer noch so wie die Pfadfinder, die widerstrebende alte Damen über die Straße zerren, die sie nicht überqueren wollen. Wir versuchen die vietnamesische Gesellschaft zu erneuern, eine Aufgabe, die gewiß nicht mit Gewalt und die wahrscheinlich mit solchen Mitteln erfüllt werden kann, wie sie Außenseitern zur Verfügung stehen. Das Ziel mag wünschenswert sein, aber es ist nicht erreichbar. Shaw hat gesagt: «Die Religion ist eine große Kraft – die einzige wahre Bewegkraft in der Welt; aber ihr Leute versteht das eine nicht: daß ihr einen Menschen mit seiner eigenen Religion und nicht mit eurer gewinnen müßt.»[12]

Mit den besten Absichten der Welt haben sich die Vereinigten Staaten tief in die Angelegenheiten der Entwicklungsländer in Asien und Lateinamerika verwickelt und sie haben das praktiziert, was man eine Art «Wohlfahrts-Imperialismus» genannt hat. Unser ehrliches Ziel ist die Weiterentwicklung und der Fortschritt der Demokratie. Dazu hat man es für notwendig gehalten, veraltete und unproduktive Lebensformen zu zerstören. In dieser Funktion sind wir erfolgreich gewesen, vielleicht erfolgreicher, als wir wissen. Weil die Amerikaner den traditionellen Gesellschaften in einem bisher unbekannten Ausmaß technische Fertigkeiten und Wissen, Geld und verschiedenartige Hilfsmittel zuführten, haben sie einheimische Ordnungen und Interessen überwunden und sind in vielen Ländern zur beherrschenden Kraft geworden. Weit davon entfernt, aufgeblasen, verschwenderisch und unfähig zu sein, wie unsere Kritiker behauptet haben, waren amerikanische Regierungsbeamte, Techniker und Wirtschaftler außerordentlich erfolgreich, wenn es darum ging, Barrieren niederzureißen, damit alte, aber anfällige Kulturen geändert würden.

Hier jedoch endet unser Erfolg. Der verhängnisvolle Zusammenprall mit dem Reichtum und der Macht Amerikas hat die traditionellen Herrscher, Einrichtungen und Lebensformen gestürzt, aber sie wurden weder durch neue Einrichtungen und neue Lebensformen ersetzt noch leitete ihr Zusammenbruch eine Ära der Demokratie und der Fortentwicklung ein. Er hat eher in eine Epoche der Unordnung und der Demoralisierung hineingeführt, denn während wir die alten Verfahrensformen zerstörten, haben wir auch das Selbstvertrauen beseitigt, ohne das keine Gesellschaft die ihr eigenen Institutionen aufbauen kann. Während wir also eine so große Ehrfurcht vor unserer Tüchtigkeit und unserem Wohlstand erzeugten, haben wir einige der vorgesehenen Nutznießer unserer Großzügigkeit in einen Zustand der Abhängigkeit und der Selbstmißachtung herabgesetzt. Das haben wir zumeist ohne Absicht getan: Mit allen guten Absichten haben wir uns in anfällige Gesellschaften hineingedrängt, und bei unserem Eindringen gelang es uns, zwar traditionelle Lebensarten zu entwurzeln, aber es mißlang uns völlig, die Demokratie einzupflanzen und die Entwicklung zu fördern – die ehrbarsten Ziele unseres «Wohlfahrts-Imperialismus».

Amerikanisches Empire oder amerikanisches Vorbild?

Trotz ihrer gefährlichen und unproduktiven Folgen scheint die Vorstellung, daß sie für die ganze Welt verantwortlich sind, den Amerikanern zu schmeicheln, und ich fürchte, sie verwirrt unsere Köpfe so, wie das Gefühl für eine universale Verantwortung den alten Römern oder den Briten des 19. Jahrhunderts die Köpfe verdreht hat.

1965 schrieb Henry Fairlie, britischer politischer Kommentator des *Spectator* und des *Daily Telegraph* etwas, das er einen «Hochruf auf den amerikanischen Imperialismus»[13] nannte. Ein Empire, so meinte Fairlie, «hat keine Rechtfertigung als die eigene Existenz». Es darf niemals zusammenschrumpfen; es «vergeudet Schätze und Leben»; seine Verpflichtungen sind «ungereimt und ohne Vernunft». Dessenungeachtet ist das «amerikanische Empire» nach Fairlie unvergleichlich wohltätig, denn es ist der Freiheit des Individuums und der Herrschaft des Gesetzes gewidmet und es hat Leistungen vollbracht wie die, daß es den Verfasser des Artikels aus einem jugoslawischen Gefängnis befreite, ganz einfach weil er drohte, den amerikanischen Konsul einzuschalten – eine Leistung, die er als «erhaben» bezeichnete.

Was für ein romantischer Unsinn ist das. Und was für ein gefährlicher Unsinn im Zeitalter der Atomwaffen. Die Vorstellung von einem «amerikanischen Empire» könnte als reine Einbildung eines britischen Gunga Din abgetan werden, dennoch bringt sie gewiß eine Saite in wenigstens einer Ecke des gewöhnlich vernünftigen und humanen amerikanischen Gemüts zum Klingen. Sie ruft die Schlagworte der Vergangenheit in Erinnerung, sie erinnert daran, daß der Schuß von Concord «in der ganzen Welt» vernommen wird, an die «offenkundige Auserwähltheit», an die Losung, «Sicherheit für die Demokratie in der Welt zu schaffen» und an die Forderung nach «bedingungsloser Kapitulation» im Zweiten Weltkrieg. Sie erinnert daran, daß Präsident McKinley für seine Pflichten gegenüber den umnachteten Filipinos vom höchsten Wesen Rat eingeholt hatte.

Der «Segnungen-der-Zivilisation-Trust», wie ihn Mark Twain genannt hat, könnte seinerzeit eine durchaus liebenswerte Einrichtung gewesen sein, die die Seelen erhebt und daneben auch noch gut für die Geschäfte ist; aber seine Zeit ist vorbei. Sie ist deshalb vorbei, weil die überwiegende Mehrheit der Menschheit Würde und Unabhängigkeit fordert und nicht die Ehre einer Zuschauerrolle im amerikanischen Empire.

Sie ist vorbei, weil jedem Anspruch der USA, ihre Ideen und Wertvorstellungen über die ganze Welt zu verbreiten, ein kommunistischer Gegenanspruch die Waage hält, der wie der unsere mit Kernwaffen ausgerüstet ist. Sie ist vor allem deshalb vorbei, weil sie niemals hätte beginnen sollen, weil wir nicht die von Gott erwählten Retter der Menschheit sind, sondern nur einer der erfolgreicheren und glücklicheren Teile der Menschheit, der von unserem Schöpfer mit etwa der gleichen Fähigkeit für Gut und Böse ausgestattet worden ist – mit nicht mehr und nicht weniger – wie die übrige Menschheit.

Wenn man sich über eine lange Zeitspanne hinweg im Übermaß

mit den auswärtigen Beziehungen beschäftigt, so ist das mehr als eine Manifestation von Arroganz; es zehrt auch an der Macht, die ihr erst Auftrieb gegeben hat, denn es entfernt die Nation von den Quellen ihrer Stärke, die im Inneren ihres staatlichen Lebens liegen. Eine Nation, die zu sehr in die Außenpolitik verstrickt ist, verausgabt ihr Kapital, das menschliche wie das materielle; früher oder später muß dieses Kapital erneuert werden, indem schöpferische Energien wieder von außen nach innen umgeleitet werden. Ich bezweifle, daß irgendeine Nation dadurch dauerhafte Größe erlangt hat, daß sie eine «starke» Außenpolitik trieb. Aber viele sind zerbrochen, weil sie ihre Energien in auswärtigen Abenteuern verausgabten und zuließen, daß sich die inneren Grundlagen verschlechterten. Die USA sind im 20. Jahrhundert nicht wegen ihrer Unternehmungen in der Außenpolitik zu einer Weltmacht geworden, sondern deshalb, weil sie das 19. Jahrhundert dazu genutzt haben, den nordamerikanischen Kontinent zu entwickeln. Im Gegensatz dazu sind das österreichische und das türkische Imperium im 20. Jahrhundert hauptsächlich deshalb zusammengebrochen, weil sie für lange Zeit ihre innere Entwicklung und Organisation vernachlässigt hatten.

Wenn Amerika, wie ich glaube, eine Aufgabe in der Welt zu erfüllen hat, so ist es vor allem, ein Beispiel zu geben. Bei unseren übermäßigen Engagement in die Angelegenheiten anderer Länder zehren wir nicht nur von unserem Reichtum, sondern wir hindern auch unser eigenes Volk am angemessenen Genuß seiner Reichtümer, und wir versagen der Welt auch das Vorbild einer freien Gesellschaft, die ihre Freiheit bis zum Äußersten auskostet. Dies ist in der Tat bedauerlich für eine Nation, die beansprucht, die Demokratie zu lehren; denn, wie Edmund Burke es ausdrückte, «das Vorbild ist die Schule der Menschheit, und sie wird in keiner anderen lernen»[14].*

Der missionarische Trieb könnte auf außenpolitischem Gebiet seltsamerweise eher einen Mangel als ein Übermaß an nationalem Selbstvertrauen widerspiegeln. Im Falle der USA wird ein Mangel an Selbstvertrauen darin evident, daß wir offenkundig dauernd Bewährung und Bestätigung brauchen, ein quälendes Verlangen nach Popularität empfinden, und daß wir verbittert und verwirrt sind, wenn Ausländer unsere Großzügigkeit und unsere guten Absichten nicht zu würdigen wissen. Da wir das Ausmaß unserer Macht nicht richtig einschätzen, ermessen auch nicht unsere gewaltige und zerrüttende

---

* Die Dienste, die die USA außer ihrem eigenen Beispiel der Welt leisten können, werden im 11. Kapitel, Seite 218–219, 232–235, erörtert.

Einwirkung auf die Welt. Wir verstehen nicht, daß, wie gut unsere Absichten auch sein mögen – und sie sind es in den meisten Fällen –, andere Nationen alarmiert sind durch die bloße Existenz einer so großen Macht, die trotz ihres Wohlwollens sie nur an ihre eigene Hilflosigkeit erinnern muß.

Die zuwenig Selbstsicherheit besitzen, haben wahrscheinlich auch zuwenig Großmut, denn das eine bedingt das andere. Nur eine Nation, die in Frieden mit sich selbst, mit ihren Verfehlungen und ihren Errungenschaften lebt, kann andere auf großherzige Art verstehen. Nur wenn wir Amerikaner unser eigenes aggressives Verhalten in der Vergangenheit – wie zum Beispiel in den Feldzügen gegen die Indianer, in den Kriegen gegen Mexiko und Spanien – eingestehen, werden wir auch die aggressive Einstellung anderer etwas richtig einschätzen können. Nur wenn wir die menschlichen Verwicklungen begreifen, die durch die Kluft zwischen dem Überfluß der USA und der Armut des größten Teils der übrigen Menschheit entstehen, werden wir verstehen können, warum der *American way of life*, der uns so teuer ist, der von Armut geschlagenen Mehrheit der menschlichen Rasse wenig bedeutet und für sie nur einen begrenzten Anreiz besitzt.

Es ist eine sonderbare Eigenart der menschlichen Natur, daß der Mangel an Selbstsicherheit eine Überschätzung von Macht und Mission hervorzubringen scheint. Wenn eine Nation sehr mächtig ist, aber zuwenig Selbstsicherheit besitzt, dann wird sie sich wahrscheinlich so verhalten, daß sie sich selbst und andere gefährdet. Wenn sie glaubt, beweisen zu müssen, was für alle ganz offenkundig ist, dann beginnt sie große Macht mit unbegrenzter Macht und große Verantwortung mit totaler Verantwortung zu verwechseln; sie kann keinen Irrtum zugeben; und sie muß mit jedem Argument recht behalten, so trivial es auch sein mag. Wenn eine Nation nicht richtig einschätzen kann, wie mächtig sie in Wirklichkeit ist, dann beginnt sie Einsicht und Überblick zu verlieren und damit Stärke und Verständnis, die sie braucht, um kleineren und schwächeren Nationen gegenüber Großmut zeigen zu können.

Allmählich, aber unmißverständlich zeigen die USA Anzeichen jener Arroganz der Macht, die in der Vergangenheit große Nationen befallen, geschwächt und in einigen Fällen zerstört haben. Wenn wir uns so verhalten, leben wir nicht nach unseren Möglichkeiten und unseren Versprechungen als ein zivilisiertes Beispiel für die Welt. In dem Maße, wie wir zurückbleiben, ist es die Pflicht des Patrioten, eine andere Meinung zu äußern.

Anmerkungen

1 Aldous Huxley: ‹The Politics of Ecology›, Santa Barbara (Center for the Study of Democratic Institutions) 1963, p. 6.

2 Zitiert in: Samuel Flagg Bemis: ‹A Diplomataic History of the United States›, New York (Henry Holt) 1955, p. 472.

3 Zitiert in: Barbara Tuchman: ‹The Proud Tower›, New York (Macmillan) 1966, p. 1953.

4 Brock Chisholm: ‹Prescription for Survival›, New York (Columbia University Press) 1957, p. 54.

5 Ebd., p. 9.

6 Mark Twain: ‹The Innocents Abroad›, New York (The Thistle Press) 1962, p. 494.

7 Alan Moorehead: ‹The Fatal Impact›, New York (Harper & Row) 1966, pp. 61, 80–81.

8 Chisholm, a. a. O., pp. 55–56.

9 Neil Sheehan: ‹Anti-Americanism Grows in Vietnam›, in: The New York Times, April 24, 1966, p. 3.

10 George Bernard Shaw: ‹Cashel Byron's Profession› (1886), Chapter 6.

11 George F. Kennan: ‹Supplemental Foreign Assistance Fiscal Year 1966 – Vietnam›, in: Hearings Before the Committee on Foreign Relations, United States Senate, 89th Congress, 2nd Session on S. 2793, Part I, Washington (U.S. Government Printing Office) 1966, p. 335.

12 George Bernard Shaw: ‹Getting Married› (1911).

13 The New York Times Magazine, July 13, 1965.

14 Edmund Burke: ‹On a Regicide Peace› (1796).

Teil I

Der bessere Patriotismus

Was verstehen wir in unserer Zeit unter Patriotismus? ... Einen Patriotismus, der das Vaterland dem Ich-Interesse voranstellt, einen Patriotismus, der nicht ein kurzlebiger wahnwitziger Gefühlsausbruch ist, sondern die ruhige und beständige Hingabe eines ganzen Lebens. Es gibt Worte, die leicht auszusprechen sind, aber dies bezeichnet eine gewaltige Aufgabe. Denn es ist oft leichter, für Grundsätze zu kämpfen, als danach zu leben.

ADLAI STEVENSON
am 27. August 1952 in New York

1

Bürger und Universität

Wenn man sein Land kritisiert, so erweist man ihm einen Dienst und macht ihm ein Kompliment. Man erweist ihm einen Dienst, weil die Kritik das Land anspornen könnte, besseres zu leisten als bisher; man macht ihm ein Kompliment, weil in der Kritik der Glaube zum Ausdruck kommt, daß das Land besseres leisten kann als es der Fall ist. «Darin unterscheiden wir uns von euch», schrieb Albert Camus in einem seiner ‹Briefe an einen deutschen Freund›, «wir waren anspruchsvoll. Ihr aber begnügt euch damit, der Macht eurer Nation zu dienen, und wir träumten davon, der unseren ihre Wahrheit zu schenken...»[1]

In einer Demokratie ist eine abweichende Meinung ein Akt des Vertrauens. Wie bei einer Medizin ist der Maßstab für ihren Wert nicht ihr Geschmack, sondern ihre Wirkung, ist es nicht ausschlaggebend, welches Gefühl sie dem Patienten im Augenblick vermittelt, sondern welche menschliche Wirkung sie auf lange Sicht hat. Für kurze Zeit kann Kritik den Führern eines Landes ungelegen kommen, aber auf die Dauer kann sie sie in ihrer Handlungsweise bestärken. Kritik kann die allseitige Zustimmung für eine Politik zerstören, während sie zugleich eine allgemeine Übereinstimmung in den Wertmaßstäben ausdrückt. Woodrow Wilson hat einmal gesagt, es sei möglich, «zu stolz zum Kämpfen» zu sein; es ist aber auch möglich oder sollte es wenigstens sein, daß man zu überzeugt ist, um sich anzupassen, und daß man zu stark ist, um angesichts eines offenkundigen Irrtums zu schweigen. Kritik, kurz gesagt, ist mehr als ein Recht, sie ist ein Akt des Patriotismus, sie ist, wie ich glaube, ein Patriotismus höherer Art, höher als die bekannten Rituale nationaler Schmeichelei. Wird der Kritiker dennoch eines Mangels an Patriotismus beschuldigt, so kann er mit Camus antworten: «Nein, ich liebte mein Land nicht, wenn Liebe darin besteht, nicht zu tadeln, was am geliebten Wesen ungerecht ist, wenn Liebe darin besteht, nicht zu fordern, daß das geliebte Wesen dem schönen Bild entspreche, das wir von ihm hegen.»[2]

Welches ist das schönste Bild von Amerika? Für mich ist es das Bild einer Komposition oder besser einer Synthese, das Bild verschiedenartiger Völker und Kulturen, die in Harmonie zusammenfinden, dabei aber nicht ihre Eigenart verlieren, und eine offene, aufnahmefähige, großmütige und schöpferische Gesellschaft bilden. Vor fast zweihundert Jahren hat ein Franzose, der nach Amerika gekommen war, um hier zu leben, die Frage gestellt: «Was ist ein Amerikaner?» Er hat, auszugsweise, die folgende Antwort gegeben:

«Hier sind Individuen aller Nationen zu einer neuen Menschenrasse verschmolzen, deren Anstrengungen und Nachkommen eines Tages große Veränderungen in der Welt auslösen werden. Amerikaner sind die Pilger des Westens, die jene große Zusammenballung der Künste, der Wissenschaften, der Energie und des Fleißes mit sich bringen, die vor langer Zeit im Osten ihren Ausgang genommen hat. Sie werden den großen Kreislauf vollenden. Die Amerikaner waren einst über ganz Europa verstreut; hier in Amerika sind sie zu einem der besten Bevölkerungssysteme, das es je gegeben hat, zusammengeschlossen. Es wird künftig durch die Kraft der verschiedenen Klimazonen, in denen sie leben, bestimmt werden... Der Amerikaner ist ein neuer Mensch, der nach neuen Grundsätzen handelt. Er muß deshalb neue Ideen entwickeln und sich neue Meinungen bilden. Von unfreiwilligem Müßiggang, serviler Abhängigkeit, Armut und nutzloser Mühe ist er zu ganz anderen Belastungen gelangt, und er wurde mit einem reichlichen Lebensunterhalt belohnt. – Das ist ein Amerikaner...»[3]

Bei gebührender Nachsicht mit der Überschwenglichkeit des Verfassers glaube ich doch, daß sein Optimismus nicht allzu übertrieben war. Wir sind eine außergewöhnliche Nation, ausgestattet mit einem reichen und produktiven Land, einer humanen und anständigen politischen Tradition und einer talentierten und energiegeladenen Bevölkerung. Gewiß ist eine so begünstigte Nation fähig, Außerordentliches zu leisten; nicht nur, indem sie Wohlstand hervorbringt und genießt – auf diesem Gebiet haben wir tatsächlich Außergewöhnliches erreicht –, sondern auch, indem sie die menschlichen und die internationalen Beziehungen pflegt, wobei mir allerdings scheint, daß hier unsere Leistungen hinter unseren Möglichkeiten und unserer Erwartung zurückgeblieben sind.

Ich frage mich, ob die USA die Kluft zwischen ihren Möglichkeiten und dem wirklich Erreichten schließen können. Ich hoffe und ich glaube, daß sie es können und daß sie die Menschen haben, die Amerikas Sache mit einer Reife vertreten können, die wenige große Nationen, wenn überhaupt, je erreicht haben. Das heißt: diese Menschen sollten selbstsicher, aber auch tolerant, reich, aber auch großzügig, lehr-, aber auch lernwillig, mächtig, aber auch einsichtig sein.

Ich glaube, daß Amerika zu alldem fähig ist. Ich glaube aber auch, daß in dieser Hinsicht noch viel zu tun ist. Wenn man wirklich der Ansicht ist, daß die USA im eigenen Land und im Ausland das Bestmögliche tun, dann gäbe es keinen Grund zur Kritik. Wenn man aber das sichere Gefühl hat, daß die USA die Möglichkeit haben, sehr viel mehr zu leisten, und daß sie aus Gründen, die überwunden werden können und sollten, hinter dem zurückbleiben, was sie sich vorgenommen haben, dann ist Zustimmung ein schlechter Dienst und widersprechende Meinung der bessere Patriotismus.

Die Furcht vor der anderen Meinung

Die schädliche Neigung, sich vor ernsthafter Kritik an der Regierung zu fürchten, hindert viele Amerikaner daran, eine abweichende Meinung zu vertreten, wie es ihre Pflicht ist. Abstrakt zelebrieren wir die Meinungsfreiheit als einen Teil unserer patriotischen Liturgie; nur, wenn einige Amerikaner sie wirklich ausüben, sind andere schokkiert. Niemand kritisiert natürlich das Recht der freien Meinungsäußerung; es ist immer nur der besondere Fall oder ihre Ausübung unter den besonderen Umständen oder der besondere Zeitpunkt, was den Menschen eine Mordsangst einjagt. Das erinnert mich an Samuel Butlers Beobachtung: «Die Leute sind im allgemeinen gleichermaßen erschreckt, wenn sie hören, daß die christliche Religion in Zweifel gezogen wird, und wenn sie sehen, daß sie praktiziert wird.»[4]

Die Intoleranz gegen Andersdenkende ist ein bekannter Zug des amerikanischen Nationalcharakters. Louis Hartz schreibt ihn dem Erbe einer Gesellschaft zu, die «frei geboren» wurde, einer Gesellschaft, die durch ernsthafte Kritik entnervt wird, weil sie so wenig Kritik erfahren hat.[5] Alexis de Tocqueville beobachtete diese Tendenz schon vor mehr als hundert Jahren: «Ich kenne kein Land, in dem allgemein weniger geistige Unabhängigkeit und weniger wahre Freiheit herrscht als Amerika.» Tiefgreifende Wandlungen haben sich vollzogen, seit ‹Über die Demokratie in Amerika› zum erstenmal erschienen ist, und doch könnte man fragen, ob die Anerkennung des Rechts auf freie Meinungsäußerung sowohl in der Praxis als auch in der Theorie wesentliche Fortschritte gemacht hat. Nach Ansicht Tocquevilles lag der Fehler in der Demokratie selbst: «... Der leichteste Tadel verletzt sie, die geringste scharfe Wahrheit erschreckt sie, und man muß sie loben von ihren Ausdrucksweisen bis zu ihren zuverlässigsten Tugenden. Kein Schriftsteller, welches auch sein Ruf sei, kann dieser Pflicht zur Beweihräucherung seiner Mitbürger entgehen.»[6]

Von Versammlungen in Kleinstädten bis zu hochpolitischen Beratungen findet man die Amerikaner verärgert, sobald ein Schriftsteller oder ein Politiker oder sogar ein einzelner ihre Selbstbelobigungen unterbricht und sich mit einfacher ungeschminkter Offenheit äußert. Das Problem wird unter anderem deshalb verschlimmert, weil mehr und mehr Bürger der USA ihren Lebensunterhalt mit ihrer Arbeit für Gesellschaften oder andere große Organisationen verdienen, von denen wenige dafür bekannt sind, daß sie ihre Angestellten zu nonkonformistischen Meinungen in politischen und anderen Fragen ermutigen. Das Ergebnis ist, daß mehr und mehr Amerikaner dem Dilemma gegenüberstehen, wie sich überhaupt ein einzelner ein unabhängiges eigenes Urteil bewahren und seine Fähigkeit dazu erhalten kann, in einer Umgebung, wo der sicherste Weg zum Erfolg die Übereinstimmung mit einer unfruchtbaren und knebelnden Orthodoxie ist.

Dieses Problem ist akut in der Bundes-Bürokratie, deren angeborene Unzugänglichkeit für unorthodoxe Ideen, wären ihre Ausmaße nur bekannt, die Befürchtungen des engagiertesten Superpatrioten zerstreuen würden. In den meisten, wenn auch nicht in allen Regierungsbehörden wird Originalität vor allem auf den unteren Ebenen als eine Form der Unverschämtheit oder noch Schlimmeres angesehen, und die am meisten geschätzte Eigenschaft, die aussichtsreichste also für das berufliche Fortkommen, ist «Solidität», die fast zu einem Euphemismus für Kleinigkeitskrämerei und Mittelmäßigkeit geworden ist. Das State Department zum Beispiel, mit dem ich einige Erfahrungen sammeln konnte, hat viele intelligente, mutige und unabhängig denkende Beamte des auswärtigen Dienstes. Aber ich konnte feststellen, daß es dort auch Kriecher und Konformisten gibt, Leute, in deren Köpfen ein Unterschied zwischen offizieller Politik und persönlicher Meinung nicht mehr existiert. Dies, so möchte ich meinen, ist das allerschlimmste: Eine Gedankenzensur braucht nach einiger Zeit keinen äußeren Zwang mehr, um zu funktionieren. Sie ist dann zu einer inneren Einrichtung im Menschen geworden; und der, der seine Laufbahn vielleicht als ein Idealist voller Hoffnungen und Ideen begonnen hatte, wird zu seinem eigenen Zensor und reinigt sich von «ungesunden» Ideen, noch ehe er sie überhaupt gedacht hat. Er verwandelt sich selbst von einem Träumer in eine Drohne, und zwar dann, wenn er in seiner beruflichen Laufbahn das Stadium erreicht hat, da er erwarten kann, daß man ihn mit einiger Verantwortung betrauen wird.

Das ist tatsächlich ein Unglück, denn der wertvollste Beamte, wie der wahre Patriot, ist der, der eher den Idealen seines Landes als der Tagespolitik Treue wahrt, und der deshalb willens ist, sowohl zu kritisieren als auch sich zu unterwerfen.

Vor einiger Zeit traf ich den amerikanischen Dichter Ned O'Gorman, der gerade von einer vom State Department finanzierten Reise durch Lateinamerika zurückgekehrt war. Er erzählte und hatte es vorher auch geschrieben, daß er in den besuchten Ländern von Beamten der amerikanischen Botschaft dahingehend instruiert wurde, daß er bei bevorstehenden Zusammenkünften mit Studenten und Intellektuellen, über derart «schwierige» Probleme wie die Dominikanische Republik oder Vietnam befragt, antworten sollte, daß er «nicht vorbereitet» sei. Dichter sind, wie wir alle wissen, Menschen, die sich nicht von oben lenken lassen, und O'Gorman erwies sich nicht als Ausnahme. Bei einer Diskussion mit einigen brasilianischen Studenten rebellierte er schließlich mit dem folgenden Ergebnis, das er selbst so beschrieben hat: «... Die Fragen wirbelten von den Zuhörern heran, sie knatterten auf mich ein wie ein Bombardement. Draußen der Verkehr und die ölige elektrisierende Hitze. Aber mir gefiel das. Ich wollte unter allen Umständen Klarheit. Ich wußte, sie wollten klare Antworten, und ich gab sie ihnen. Ich war zum Erbrechen vollgestopft mit der Vorsicht der Botschaft. Der Beifall war lang und laut. Der Mann von der Botschaft war wütend. ‹Sie nehmen unehrlich Geld an›, sagte er. ‹Wenn die Regierung für Sie diese Reise bezahlt, dann müssen sie die Regierung verteidigen und nicht verurteilen.› Es half nichts, ihm zu erklären, daß ich gerade *dann* das Geld unehrlich annähme, wenn ich das unterließe, was ich tat.»[7]

Ein hohes Maß von Loyalität zur Politik des Präsidenten ist für eine gute Arbeitsweise innerhalb des State Department gewiß notwendig; aber ich habe keinerlei Verständnis dafür, warum amerikanische Diplomaten nicht stolz darauf sein sollten, daß es amerikanische Dichter, Professoren und Politiker gibt, die die politische und intellektuelle Gesundheit ihres Landes demonstrieren, indem sie ihrer Meinung frei und offen Ausdruck geben. O'Gorman kennzeichnete das so: «... Ich sprach mit gleicher Kraft von dem Ruhm und der Tragödie Amerikas. Und das ist es, was den Amerikanern Schrecken einjagte.»[8]

Kritik und Übereinstimmung

Wir müssen lernen, unsere Freiheit als eine Quelle der Stärke zu behandeln, als einen Aktivposten, der der Welt mit Zuversicht und Stolz vorgezeigt wird. Niemand greift den Wert und die Bedeutung der nationalen Übereinstimmung an, aber Übereinstimmung kann auf zweierlei Weise verstanden werden. Wenn sie als bedingungslose Unterstützung einer gegebenen Politik interpretiert wird, dann können ihre Auswirkungen nur verderblich und undemokratisch sein und eher dazu dienen, Meinungsverschiedenheiten zu unterdrücken, als sie miteinander auszusöhnen. Wenn Übereinstimmung andererseits als eine allgemeine Vereinbarung über Ziele und Weltvorstellungen verstanden wird, jedoch nicht notwendigerweise als Vereinbarung über die besten Mittel, sie zu realisieren, dann und nur dann wird sie zu einer dauerhaften Grundlage der nationalen Stärke. Diese Übereinstimmung ist es, die die USA in der Vergangenheit stark gemacht hat. Tatsächlich kann ein großer Teil unseres nationalen Erfolges, der Wechsel mit Kontinuität verbindet, dem lebhaften Wettstreit von Menschen und Ideen auf der Grundlage gemeinsamer Wertvorstellungen und allgemein akzeptierter Einrichtungen zugeschrieben werden. Nur durch diesen lebhaften Wettstreit der Ideen kann eine Übereinstimmung in den Wertvorstellungen manchmal zu einer wahren Übereinstimmung in der Politik umgesetzt werden. Oder wie Mark Twain es einfach ausgedrückt hat: «Es ist nicht gut, daß wir alle das gleiche denken. Durch Meinungsverschiedenheiten entstehen Pferderennen.»[9]

Die Freiheit des Denkens und Diskussion verschafft einer Demokratie in der Entfaltung ihrer Außenpolitik zwei konkrete Vorteile vor einer Diktatur. Sie vermindert die Gefahr, daß ein unwiderruflicher Fehler gemacht wird, und sie bringt Ideen und Möglichkeiten ins Spiel, die sich sonst nicht auswirken könnten.

Wenn sich rechtzeitig Stimmen der Kritik in einer Nation zu Wort melden, so wird damit die Korrektur außenpolitischer Fehler des Landes sehr unterstützt. Als die Engländer ihren unheilvollen Angriff auf Ägypten starteten, ließ die Labour Party kollektiv die Stimme des Protestes laut werden, noch während die militärischen Operationen im Gang waren. Sie lehnte es ab, sich in einer Krise von dem Ruf nach nationaler Einheit abschrecken zu lassen, und leitete den langen und schmerzhaften Prozeß, den guten Namen Großbritanniens wiederherzustellen, in eben dem Augenblick ein, als der Schaden noch angerichtet wurde. Auf ähnliche Weise haben die französischen Intellektuellen, die gegen die Kolonialkriege Frankreichs in Indochina und Algerien protestierten, nicht nur die Werte der französischen Demokratie hochgehalten, sondern auch geholfen, den Weg für die aufgeklärte Politik der Fünften Republik zu bahnen, die Frankreich bei den Entwicklungsländern zu der geachtetsten westlichen Nation gemacht hat. Weil ich gehofft hatte, den USA in sehr bescheidenem Maße einen ähnlichen Dienst erweisen zu können, habe ich die amerikanische Intervention in der Dominikanischen Republik kritisiert, und aus diesem Grunde haben einige meiner Kollegen und ich nach dem Sinn des amerikanischen militärischen Engagements in Vietnam gefragt.

Der zweite große Vorteil der freien Diskussion für die demokratischen Politiker besteht darin, daß sie neue Ideen ans Licht bringt und alte Mythen durch neue Realitäten ersetzt. Wir Amerikaner haben diesen Vorteil sehr nötig, denn wir leiden stark, wenn nicht gar einzigartig an der Gewohnheit, nach Analogien Politik zu machen. Das Engagement Nordvietnams in Südvietnam wird zum Beispiel mit dem Überfall Hitlers auf Polen gleichgesetzt, und Verhandlungen mit den Vietkong sollen ein «neues München» darstellen. Wenn wir geringfügige und oberflächliche Ähnlichkeiten als vollwertige Analogien behandeln, als Beispiele dafür, daß sich «die Geschichte wiederholt», dann schaffen wir uns einen Ersatz für das eigene Denken und mißbrauchen die Geschichte. Der Wert der Geschichte liegt nicht darin, was sie anscheinend verbietet oder vorschreibt, sondern in ihren allgemeinen Hinweisen darauf, welche Politik wahrscheinlich Erfolg haben und welche fehlschlagen wird, oder, wie es ein Historiker ausgedrückt hat, in den Andeutungen, was wahrscheinlich nicht geschehen wird. Mark Twain hat uns einen Leitfaden für die Nutzanwendung der Geschichte gegeben. Er schrieb: «Wir sollten uns davor hüten, aus einer Erfahrung nur die Einsicht zu entnehmen, die darin liegt, und dann halt zu machen. Sonst verhalten wir uns wie die Katze, die sich auf eine heiße Ofenplatte setzt. Sie wird sich nie wieder auf eine heiße Ofenplatte setzen, und das ist gut so. Aber sie wird sich auch nie wieder auf eine kalte Ofenplatte setzen.»[10]

Es gibt eine Art Beschwörungsformel in der amerikanischen Außenpolitik. Gewisse Trommeln müssen regelmäßig geschlagen werden, damit die bösen Geister verscheucht werden – so zum Beispiel die regelmäßig ausgestoßenen Verwünschungen gegen die nordvietnamesische Aggression, die «wilden Männer» in Peking, den Kommunismus im allgemeinen und gegen Staatspräsident de Gaulle. Gewisse Zusicherungen müssen jeden Tag wiederholt werden, damit nicht die ganze freie Welt in Staub und Asche fällt – so werden wir zum Beispiel niemals eine Verpflichtung rückgängig machen, wie unklug sie auch sein mag; wir betrachten dieses oder jenes Bündnis als für die freie Welt unbedingt «lebenswichtig», und selbstverständlich werden wir unentwegt in Berlin stehen, von jetzt an bis zum Jüngsten Gericht. Gewisse Worte dürfen, wenn überhaupt, nur im Spott gebraucht werden, das Wort *appeasement* zum Beispiel faßt mehr als jedes andere all das zusammen, was die führenden amerikanischen Politiker als dumm, verrückt und unheilvoll ansehen.

Ich schlage nicht vor, daß wir die chinesischen Kommunisten mit Lob überhäufen, die NATO auflösen, Berlin verlassen und jede sich bietende Gelegenheit ergreifen sollten, unsere Feinde zu beschwichtigen. Aber ich halte in der Tat eine Atmosphäre für wünschenswert, in der unorthodoxe Ideen eher Interesse als Verärgerung und eher Reflexion als Emotion auslösen. Es ist sehr wahrscheinlich: neue Vorschläge, sorgfältig überprüft, könnten sich dann als wünschenswert und eine alte Politik könnte sich als gerechtfertigt erweisen. Notwendig ist nicht die Veränderung um der Veränderung willen, sondern die Fähigkeit zur Veränderung. Nehmen wir das *appeasement*: In einer freien und heilsamen politischen Atmosphäre würde sie weder Schrecken noch Enthusiasmus auslösen, sondern nur Interesse daran, was der, der sie vorschlägt, genau im Sinn hat. Winston Churchill hat einmal gesagt: «Appeasement kann je nach den Umständen gut oder schlecht sein... Appeasement aus dem Gefühl der Stärke ist großmütig und edel und könnte der sicherste und vielleicht der einzige Weg zum Weltfrieden sein.»[11]

In einer Demokratie hat die freie und offene Kritik außer dem Nutzen, daß sie Irrtümer wiedergutmacht und neue Ideen ins Spiel bringt, noch eine dritte, mehr abstrakte, aber nicht weniger wichtige Funktion: Sie ist Therapie und Katharsis für jene, die durch irgendeine Aktion ihres Landes beunruhigt sind; sie hilft dabei, traditionelle Werte wiederherzustellen und die Atmosphäre zu reinigen, wenn sie voller Spannung und Mißtrauen ist. Es gibt Zeiten im öffentlichen und im privaten Leben, da muß man protestieren – nicht nur und auch nicht in erster Linie, weil gerade das klug ist oder materiell etwas einbringt, sondern weil das Gefühl des Anstands verletzt ist, weil man die politischen Kunstgriffe und die ganzen öffentlichen Leitbilder ganz einfach satt hat oder einfach, weil einem etwas gegen den Strich geht. Die so ermöglichte Katharsis könnte in der Tat der wertvollste Nutzen der Freiheit sein.

Die Protestbewegung gegen den Vietnamkrieg

Proteste gegen einen Krieg während eines Krieges sind für die Amerikaner, wenn auch nicht ohne Beispiel, so doch eine seltene Erfahrung. Ich betrachte es als ein Zeichen der Stärke und der Reife, daß eine klar umrissene Minderheit ihre Stimme gegen den Vietnamkrieg erhoben hat und daß die Mehrheit der Amerikaner diese andere Meinung erträgt, nicht ohne Besorgnis allerdings, aber zumindest im Augenblick mit größerer Würde und besserem Verständnis, als es in jedem anderen Krieg des 20. Jahrhunderts der Fall gewesen wäre.

Es ist keineswegs sicher, daß die relativ heilsame Atmosphäre, in der die Auseinandersetzung stattfindet, nicht einer neuen Ära des McCarthyismus Platz machen wird. Den Kritikern des Vietnamkrieges wird Mangel an Patriotismus vorgeworfen, und diese Beschuldigungen kommen nicht nur von unverantwortlichen Kolumnisten, sondern immer häufiger auch von höchsten Regierungsstellen. Diese Situation wird sich wahrscheinlich noch verschlechtern. Je länger der Vietnamkrieg ohne Aussicht auf einen Sieg oder einen Verhandlungsfrieden anhält, desto höher wird das Kriegsfieber steigen; Hoffnungen werden Befürchtungen Platz machen und Toleranz und Diskussionsfreiheit werden einem falschen und grellen Patriotismus weichen.

In Mark Twains Roman ‹Der geheimnisvolle Fremde› sagt ein wohlwollender und hellsichtiger Satan über den Krieg und seine zersetzenden Wirkungen auf die Gesellschaft:

«Es hat niemals einen gerechten, niemals einen ehrbaren Kriegsanstifter gegeben. Ich kann eine Million Jahre voraussehen, und diese Regel wird sich nie ändern ... Die laute kleine Handvoll wird – wie gewöhnlich – anfangs Einwände erheben; die große, träge Mehrheit der Nation wird ihre verschlafenen Augen reiben und versuchen festzustellen, warum es eigentlich Krieg geben sollte, und sie wird ernsthaft und entrüstet sagen: ‹Es ist ungerecht und unehrenhaft, und es besteht keine Notwendigkeit für einen Krieg.› Dann wird die Handvoll lauter schrein. Ein paar anständige Menschen auf der anderen Seite werden mit Wort und Feder gegen den Krieg argumentieren und gute Gründe ins Feld führen, und man wird ihnen zunächst zuhören und Beifall klatschen; aber das wird nicht lange dauern; jene anderen werden sie überschrein und alsbald wird die Antikriegspartei schwächer werden und an Popularität verlieren. Und es dauert nicht lange, dann wird man etwas Seltsames bemerken: Die Redner werden mit Steinen von der Tribüne vertrieben, und die freie

Rede wird von Horden wütender Menschen unterdrückt, die in der Tiefe ihres Herzens – wie zuvor – noch immer mit jenen gesteinigten Rednern übereinstimmen, die es aber nicht wagen, dies zuzugeben. Und jetzt wird die ganze Nation – die Kanzel und alle anderen – das Kriegsgeschrei aufnehmen und sich heiser schrein und jeden ehrlichen Menschen wegpöbeln, der es wagt, seinen Mund aufzumachen; und alsbald werden sich solche Münder nicht mehr öffnen. Dann werden die Staatsmänner billige Lügen erfinden und der Nation, die angegriffen wird, die Schuld geben, und jedermann wird über solche das Gewissen beschwichtigenden Fälschungen erfreut sein und er wird sie eifrig lernen und es ablehnen, irgendwelche Gegenargumente zu prüfen, und so wird er sich allmählich einreden, daß dieser Krieg gerecht ist, und er wird Gott für den besseren Schlaf danken, den er nun nach diesem Prozeß des grotesken Selbstbetrugs genießen kann.»[12]

Die Erfahrung der Vergangenheit gibt wenig Grund für die Zuversicht, daß in einer Atmosphäre des steigenden Kriegsfiebers die Vernunft die Oberhand behalten kann. In einem Wettstreit zwischen einem Falken und einer Taube hat der Falke den größeren Vorteil, nicht weil er ein besserer Vogel ist, sondern weil er der größere ist und weil er todbringende Krallen und einen hochentwickelten Willen hat, sie zu benutzen. Ohne Illusionen über die Aussichten auf Erfolg müssen wir dennoch versuchen, Vernunft und Zurückhaltung in die emotional aufgeladene Atmosphäre zu bringen, in der gegenwärtig über den Vietnamkrieg diskutiert wird. Anstatt uns über die Rechtmäßigkeit der Debatte zu verbreiten und darüber, wer dem Feind «Hilfe und Ermutigung» zukommen läßt und wer nicht, sollten wir uns lieber ruhig und besonnen auf das Problem selbst konzentrieren und zugeben, daß wir alle Fehler machen und daß Fehler nur dann korrigiert werden können, wenn man sie einsieht und diskutiert. Wir sollten ferner zugeben, daß der Krieg sich nicht selbst rechtfertigt, daß man über ihn diskutieren kann und muß, wenn wir nicht unsere traditionellen demokratischen Verfahrensregeln einem falschen Bild nationaler Einmütigkeit aufopfern wollen.

Tatsächlich befinden sich jene, die gegen den Vietnamkrieg protestieren, in guter historischer Gesellschaft. Am 12. Januar 1848 erhob sich Abraham Lincoln im Repräsentantenhaus und hielt eine Rede über den Mexikanischen Krieg, die des Senators Wayne Morse würdig gewesen ist. Lincoln erläuterte, warum er kurz vorher für eine Resolution gestimmt hatte, in der festgestellt worden war, daß Präsident Polk den Krieg ohne Notwendigkeit und nicht im Einklang mit der Verfassung begonnen hatte. Lincoln sagte: «Als der Krieg begann, war ich der Ansicht, daß alle, die – weil sie zu *wenig* oder zu *viel* wußten – das Verhalten des Präsidenten nicht mit gutem Gewissen billigen konnten, anfangs dennoch als gute Bürger und Patrioten dazu schweigen sollten, zumindest bis der Krieg beendet war.» Erst als ihn Resolutionsanträge provozierten, die – so erläuterte Lincoln – die Gerechtigkeit des Krieges ausdrücklich bestätigten und als «der Präsident ständig jede stillschweigende Zustimmung zu den Lieferungen in eine Bekräftigung umwandelte, daß sein Verhalten gerecht und vernünftig sei», stimmte er für die Resolution, die den Krieg verurteilte. «Ich gebe zu», sagte Lincoln, «daß ein solches Votum nicht aus reiner Mutwilligkeit eines Beteiligten abgegeben werden sollte und daß es – einmal beschlossen – mit Recht zu tadeln ist, wenn es keine andere oder bessere Grundlage hat. Ich bin einer von denen, die sich diesem Votum angeschlossen haben, und ich tat es, weil ich von der *Wahrheit* der Sache völlig überzeugt war.»[13]

Genauso verhalten sich die Studenten, Professoren und Politiker, die sich dem Vietnamkrieg widersetzen: Sie handeln so, weil sie «von der Wahrheit der Sache völlig überzeugt» sind. Einige unserer Superpatrioten sind der Ansicht, daß jeder Krieg, den die USA führen, ein gerechter Krieg, wenn nicht sogar ein heiliger Kreuzzug ist. Doch vor der Geschichte hält diese Meinung nicht stand. Kein maßgeblicher Historiker würde leugnen, daß die Vereinigten Staaten einige Kriege geführt haben, die ungerecht, unnötig oder beides waren – ich meine, der Krieg von 1812, der Bürgerkrieg und der Spanisch-Amerikanische Krieg sind Beispiele für Kriege, die zumindest unnötig waren.

In einem historischen Rahmen gesehen scheint es mir logisch und richtig, die Weisheit unseres gegenwärtigen militärischen Engagements in Asien in Frage zu stellen.

Ob die Protestbewegung der Studenten, Professoren, Geistlichen und anderen klug und nützlich sind, könnte vielleicht in Frage gestellt werden, unbezweifelbar aber sind ihr Mut, ihre Anständigkeit und ihr Patriotismus. Zumindest ist die studentische Protestbewegung der sechziger Jahre eine moralische und intellektuelle Verbesserung im Vergleich zu den nächtlichen Überfällen der fünfziger Jahre. In Wirklichkeit ist sie weit mehr: Sie ist Ausdruck des nationalen Gewissens und eine Manifestation des traditionellen amerikanischen Idealismus. In einer Universitätszeitschrift wurde die «neue radikale» Bewegung folgendermaßen charakterisiert: «Sie ist nicht oberflächlich und aus jugendlichem Überschwang geboren; sie beruht nicht auf der traditionellen Formel von Generationstrotz, und sie ist nicht die Folge des Eindringens fremder Ideologien. Statt dessen liegt ihr persönliche Desillusionierung zugrunde und das Gefühl dieser Radikalen, daß sie eine korrumpierte Gesellschaftsvision zurückweisen und sie durch eine reinere ersetzen müssen.»[14]

Keine Studentengeneration der jüngsten Geschichte hat sich glänzenderen Möglichkeiten für das ganze Leben, aber auch keiner größeren täglichen Ungewißheit gegenüber gesehen als die gegenwärtige. Die glänzenden Möglichkeiten sind die, die ihnen ein blühendes und dynamisches Amerika bietet; die Ungewißheit ist die eines grausamen und kostspieligen Krieges in Asien, der schon jetzt Tausende von amerikanischen Menschenleben gekostet hat, eines Krieges, dessen Ende nicht abzusehen ist und dessen Ausmaß und Zerstörungskraft sehr wohl noch zunehmen können. Die zentrale Frage der Diskussion hier in den USA – die Frage, um die sich alle anderen drehen – ist, ob das, was in diesem Krieg auf dem Spiel steht, die Opfer rechtfertigt, die der gegenwärtigen Generation junger Amerikaner auferlegt werden, ob die Trennung von Hunderttausenden unserer jungen Männer von ihrem Zuhause, ihrer Arbeit und ihrer Familie die Freiheit und Sicherheit zur Folge haben wird, die der Größe ihres Opfers entspricht.

Es ist eine der großen Ungerechtigkeiten des Lebens, daß junge Männer die Kriege auskämpfen müssen, die ältere begonnen haben. In hohem Maße hängen deshalb Leben und Hoffnungen der gegenwärtigen Studentengeneration von der Einsicht und Urteilsfähigkeit der Männer der älteren Generation ab, denen das Volk politische Macht anvertraut hat. Berücksichtigt man, was für sie auf dem Spiel steht, so handeln junge Menschen gewiß nicht falsch, wenn sie Einsicht und Urteilsfähigkeit der maßgeblichen Politiker in Frage stellen. Gewiß ist es das Recht der Bürger einer Demokratie und vor allem der Bürger im militärpflichtigen Alter, sicherzugehen, daß die großen Entscheidungen über Krieg und Frieden mit Sorgfalt und reiflicher Erwägung getroffen werden. Wenn man die im öffentlichen Leben stehenden Personen zur Rechenschaft zieht, vergrößert man ohne Zweifel ihre Last, aber die Bequemlichkeit der Politiker ist kein ausreichender Grund, die öffentliche Diskussion abzuwürgen. Die Verantwortung eines hohen Amtes ist in der Tat eine Last, aber es sollte bedacht werden, daß sie von Männern getragen wird, die sich aktiv um solche Verantwortung bemüht und sie freiwillig übernommen haben, von Männern, die nicht nur die Verantwortung übernommen haben, Macht zu gebrauchen, sondern auch die Verpflichtung, für ihren Gebrauch einzustehen.

Mit dem Argument, sie wollten sich «ihre Kriege aussuchen», sind die, die gegen den Vietnamkrieg protestiert haben, als verächtlich hingestellt worden. Damit meint man offensichtlich, es sei heuchlerisch, gegen diesen speziellen Krieg zu opponieren, während man sich dem Krieg im allgemeinen nicht widersetzt. Ich verstehe nicht, was daran tadelnswert ist, wenn man versucht, moralische Unterschiede zwischen einem Krieg und einem anderen zu machen, beispielsweise zwischen dem Widerstand gegen Hitler und der Intervention in Vietnam. Von Grotius' Zeiten bis zum Entwurf der Charta der Vereinten Nationen haben die Völkerrechtler versucht, zwischen «gerechten Kriegen» und «ungerechten Kriegen» zu unterscheiden. Dies ist nach dem Gesetz eine schwierige Entscheidung und eine noch schwierigere nach den Grundsätzen der Moral, aber es handelt sich gewiß um ein gewichtiges Problem, weit entfernt davon, Verachtung zu rechtfertigen, und die, die diese höchst angemessene Unterscheidung zu treffen versuchen, verdienen unsere Sympathie und unseren Respekt, aber keineswegs Verachtung.

Bevor man sich nicht zu einem Problem bekannt hat, kann man nicht an seine Lösung gehen. Bill Moyers (der Pressesekretär des Weißen Hauses) berichtete einmal im Hinblick auf die Protestbewegung gegen den Vietnamkrieg, daß der Präsident «überrascht» gewesen sei, «weil sich Bürger ihrem Land gegenüber so verhalten, daß es mit dem nationalen Interesse nicht übereinstimmt»[15]. Damit leugnete Moyers, daß es die Frage gibt, was tatsächlich das nationale Interesse ist. Die Antwort, das muß man zugeben, ist nicht recht zu fassen, aber die Frage gibt es auf jeden Fall, und daß sie weitgehend und klar gestellt wird, zeugt dafür, daß unsere Nation gesund ist.

Bei gebührendem Respekt für die Aufrichtigkeit und den Patriotismus der Studentendemonstrationen möchte ich den jungen Leuten, die sie organisiert und an ihnen teilgenommen haben, dennoch ein warnendes Wort sagen. Wie die meisten Politiker früher oder später entdecken, ist der dramatischste Ausdruck der Unzufriedenheit nicht notwendigerweise auch der wirkungsvollste. Das trifft sicherlich besonders für die USA zu, für ein Land, das leicht und über die Maßen alarmiert wird, wenn abweichende Meinungen laut werden. Wir sind, mag das nun gut oder schlecht sein, eine im Grunde konservative Gesellschaft; in einer solchen Gesellschaft haben sanfte Worte wahrscheinlich mehr Gewicht als harte, und eine abweichende Meinung kann am wirksamsten zum Ausdruck gebracht werden, wenn dies auf eine ruhige, das heißt aber konservative Weise geschieht.

Aus diesen Gründen sind direkte Aktionen, wie das Verbrennen von Einberufungsbefehlen, wahrscheinlich eher schädlich als von Nutzen für die Absichten jener, die solche Aktionen unternehmen. Das Verbrennen eines Einberufungsbefehls ist eine symbolische Handlung, eher eine Form des *Ausdrucks* als der *Aktion*, und es ist dumm und rachsüchtig, sie als ein Verbrechen zu bestrafen. Sie ist aber auch eine unkluge Handlung, unklug deshalb, weil sie die meisten Amerikaner eher schockiert als überzeugt und weil sie den einzelnen einem persönlichen Risiko aussetzt, ohne daß es sich politisch lohnt.

Der Student wie der Politiker muß nicht nur überlegen, wie er etwas sagt, was er meint, sondern auch, wie er es überzeugend sagt. Ich meine, die Antwort ist die: um überzeugend zu sprechen, muß man in der Sprache der Gesellschaft sprechen, in der man lebt. Die Form des Protestes, die in Paris oder Rom, geschweige in Saigon oder Santo Domingo, erfolgversprechend sein könnte, wäre in Washington absolut verheerend. So enttäuschend wie dies für einige Amerikaner auch sein mag, so ist es dennoch eine Tatsache, daß nur die Botschaften gehört werden, die über jene langsamen und beschwerlichen Wege geschickt werden, die von den Gründungsvätern im Jahre 1787 erdacht wurden.

Ordnung und Demokratie in unserer Gesellschaft hängen deshalb davon ab, daß diese Wege offen bleiben. So lange die gewählten Vertreter des Volkes jede Meinung eingehend und mit Respekt zur Kenntnis nehmen, so lange von der Grundschule bis zur Oberschule das Klassenzimmer ein Ort ist, an dem die Gedankenfreiheit begrüßt und gefördert wird, so lange werden in den USA die *teach-ins*, das Verbrennen der Einberufungsbefehle und die Demonstrationen wahrscheinlich nicht die ausschlaggebenden Formen für abweichende Meinungsäußerungen sein. Nur dann, wenn der Kongreß die Exekutive nicht mehr kontrolliert, wenn die Opposition nicht mehr opponiert, wenn Politiker wider besseres Wissen gemeinsam einer umstrittenen Politik ihre Zustimmung geben und wenn die Institutionen des Lernens ihre traditionellen Funktionen den kurzfristigen Vorteilen einer Koalition mit der an der Macht befindlichen Regierung aufopfern, dann werden der Campus, die Straßen und die öffentlichen Plätze Amerikas wahrscheinlich zum Forum einer direkten und aufrührerischen Demokratie werden.

Universität und Regierung

Wie auch die gegenwärtigen Umstände, die Forderungen der Regierung und der Industrie an die Universitäten beschaffen sein mögen – und welche Aussichten für ihre Erfüllung bestehen –, höchste Aufgabe der höheren Erziehung ist, was man «das Studium mit dem Blick aufs Ganze» nennen könnte: die Bereicherung des einzelnen Lebens anzustreben, den freien und forschenden Geist zu kultivieren und die Bemühungen voranzutreiben, Vernunft, Gerechtigkeit und Menschlichkeit in die Beziehungen von Menschen und Nationen zu bringen. Soweit das Studium der Politik diesen Zielen dient, ist die Universität ein Platz, an dem Studenten und Lehrer eine gegebene Politik unter dem Gesichtspunkt analysieren, ob sie einen Fortschritt oder einen Rückschritt bei der Verwirklichung der grundlegenden menschlichen Ziele darstellt und ob und wie sie geändert werden sollte. Nur wenn die Universität ein Ort ist, wo die Ideen über ihre praktische Anwendung hinaus geprüft werden und wo man mehr daran interessiert ist, zur Gesamtheit des menschlichen Wissens beizutragen als daran, einer Regierungsstelle praktische Probleme lösen zu helfen – nur dann wird die Universität ihrer akademischen Verantwortung gegenüber den Studenten und ihrer patriotischen Verantwortung gegenüber dem Staat gerecht.

Offensichtlich bieten die Beziehungen zwischen den Universitäten und der Regierung große gegenseitige Vorteile, wenn jedoch die Verbindung zu eng oder zu weit wird oder von den Universitäten zu hoch eingeschätzt wird, dann besteht die Gefahr, daß die höheren Aufgaben der Universität gefährdet werden. Die Gefahr geht weit über vertragliche Bindungen an den CIA hinaus, die verhängnisvoll genug und so unerhört sind, daß man sie nun, da sie bekanntgeworden sind, wenn auch weiterhin auf Kosten der Integrität der betroffenen Institutionen, schnellstens beenden möchte. Auch in der Tatsache, daß die Regierung Forschungsaufträge finanziert, liegt an und für sich keine große Gefahr; im Gegenteil – Regierungsverträge bringen den Universitäten die nötigen finanziellen Mittel und der Regierung die notwendigen intellektuellen Hilfsquellen. Die Gefahr liegt eher im Ausmaß und in den – stillschweigend einbegriffenen oder ausdrücklich festgelegten – Bedingungen der Bindung an die Regierung: Solange sie für die Universität eine untergeordnete Rolle spielen, sind sie nicht schädlich; wenn sie jedoch hauptsächliches Wirkungsfeld werden, wenn sie zur Haupteinnahmequelle der Universität und zur wichtigsten Quelle für das Ansehen der Studenten werden, dann wird das «Studium mit dem Blick aufs Ganze» vernachlässigt und der universale Charakter der Universität kompromittiert. Der Schaden liegt, kurz gesagt, weniger darin, was mit Rücksicht auf die Regierung getan wird, sondern darin, was als Folge einer solchen Bindung versäumt wird.

Da ich seit einigen Jahren nicht mehr an einer Hochschule gelehrt habe, muß ich hier klarstellen, daß ich eher von einem starken Argwohn als von einer sicheren Überzeugung ausgehe, wenn ich mich über die Einwirkungen der Regierung auf die Universitäten äußere. Ich meine, daß eine Universität, wenn sie sich zu stark auf die gegebenen Bedürfnisse der Regierung einstellt, ein wenig den Charakter eines Geschäftsunternehmens annimmt und den einer Stätte des Lernens einbüßt. Die Naturwissenschaften werden dann auf Kosten der Geisteswissenschaften hervorgehoben, und innerhalb der Geisteswissenschaften wird die Verhaltensschule der Sozialwissenschaft betont auf Kosten der traditionelleren – und meiner Meinung nach humaneren – Methoden. Danach möchte ich im ganzen erwarten, daß das Interesse an gut verkäuflichen Kenntnissen von aktuellen Problemen zum Nachteil der allgemeinen Vorstellungen von den Bedingungen des Menschen unterstützt wird.

In solcher Atmosphäre kann wenig Platz für intellektuelle Individualisten sein, die bestrebt sind, einen Beitrag zum Gesamtkomplex des menschlichen Wissens ohne Rücksicht auf unmittelbare Anwendung zu leisten. In einer Universität, die sich an den Interessen der Regierung orientiert, wird nach meiner Meinung ein Professor benötigt, der technisch brillant, aber philosophisch orthodox ist, denn der wahre Nonkonformist, der auch vom Zweck und nicht nur von der Technik eine eigene Meinung hat, wird wahrscheinlich seine Ideen nicht verkaufen können.

«Gesunde» Dozenten bilden «gesunde» Studenten heran. An einer Universität, die auf Forschung, insbesondere auf Forschung im Regierungsauftrag ausgerichtet ist, wird meiner Meinung nach der Student am meisten geschätzt, der einen Beitrag zur Produktion leisten kann. Offensichtlich ist der Student mit Examen ein wertvoller Mitarbeiter bei der Forschung als der ohne Abschlußprüfung, und der naturwissenschaftlich orientierte Student ist wertvoller als der, der an Geschichte oder Philosophie interessiert ist. Letzterer findet sich dann wahrscheinlich in die unterste Stufe der Fakultät verbannt, zu jenen, die dazu verurteilt sind, zu lehren.

Wenn sich eine Universität zu intensiv für die Zwecke der Regierung hergibt, dann vernachlässigt sie ihre höheren Ziele. Dann trägt sie nicht dazu bei, die Ideenwelt unserer Vorfahren zu überprüfen, wovon das Überleben der Menschheit abhängt; dann befaßt sie sich nicht mit den zentralen Problemen dieser ersten Generation in der Menschheitsgeschichte, die die Macht über Leben und Tod ihrer Nachkommen in Händen hält; dann versucht sie, nach einem Wort Archibald MacLeishs, nicht, «eine Idee zu entwickeln, an die sich die Menschheit halten kann»[16]. Deshalb erfüllt sie dann nicht ihre Verpflichtung gegenüber ihren Studenten und der Gesellschaft.

Wie können solche Erwägungen den Universitäten helfen, in der gegenwärtigen Krise unserer auswärtigen Beziehungen einen konstruktiven Beitrag zu leisten?

Ich bin ganz entschieden dagegen, daß sich die Universitäten wie Rekruten verhalten sollten, die zu den Fahnen gerufen werden. Ich glaube nicht, daß jetzt die Geisteswissenschaften der Militärwissenschaft, daß die zivile Technik der Militärtechnik weichen muß und daß Geschichte und Philosophie den «Kriegsspielen» der Computer Platz machen müssen.

Wenn sie sich nicht nur als Diener der Partei betrachtet, die gerade an der Macht ist, dann hat die Universität eine höhere Funktion zu erfüllen. Die Universität, das ist wahr, kann sich nicht von der Gesellschaft trennen, deren Teil sie ist. Aber die Gemeinschaft der Lernenden kann auch nicht einfach einer gegebenen Politik des Staates zustimmen, so als ob diese Politik selbst einer «verantwortungsvollen» kritischen Prüfung Grenzen setzt, so als ob es die eigentliche Funktion des Lernenden, und zwar die einzig angemessene ist, die technischen Möglichkeiten zur Verwirklichung dieser Politik zu ersinnen. Die eigentliche Funktion des Lernenden ist es nicht, im Namen des Praktikablen oder eines unechten Patriotismus bestimmte Fragen auszuschließen, sondern alle nur möglichen Fragen zu stellen und danach zu fragen, was klug und was töricht gemacht wurde und was die Antworten auf diese Fragen für die Zukunft bedeuten. Es wäre ausgezeichnet, wenn die politischen Wissenschaftler, anstatt so viel von ihrer Zeit mit «Kriegsspielen» zu verbringen, die Frage stellten, wie es dazu gekommen ist, daß wir einen so großen Teil unserer Hilfsquellen so lange für den Krieg und seine Verhinderung verwenden mußten, und ob wir durch Kräfte, die jenseits unserer Kontrolle liegen, dazu verurteilt sind, dies auch weiter zu tun. Der Lernende kann fragen, welche Schuld bei der «anderen Seite», welche Schuld bei uns liegt, er muß sich stets daran erinnern, daß die höchste Hingabe, deren wir fähig sind, nicht unserem Land gilt, wie es ist, sondern der Vorstellung, wie wir es haben wollen.

Anmerkungen

1 Albert Camus: ‹Briefe an einen deutschen Freund. Zweiter Brief.› In: Albert Camus: ‹Fragen der Zeit›, Reinbek (Rowohlt) 1960. S. 18.

2 Albert Camus: ‹Erster Brief›, Juli, 1943, a. a. O., S. 10–11.

3 Michel Guillaume Jean de Crèvecoeur: ‹What Is an American›, Letter III (1782) of *Letters from an American Farmer*.

4 ‹Further Extracts from the Notebooks of Samuel Butler›, ed. by A. T. Bartholomew, London (Jonathan Cape) 1934, p. 120.

5 Louis Hartz: ‹The Liberal Tradition in America›, New York (Harcourt, Brace & World) 1955.

6 Alexis de Tocqueville: ‹Die Demokratie in Amerika›, 2 Bde., Stuttgart (Deutsche Verlags-Anstalt) Bd. 1, S. 294–295.

7 ‹Mission Over, a Controversial Visitor Departs›, in: *The National Catholic Reporter*, August 18, 1965, p. 6.

8 Ebd.

9 Mark Twain: ‹Pudd'nhead Wilson and Those Extraordinary Twins›, New York (Harper and Brothers) 1899, p. 164.

10 Mark Twain: ‹Following the Equator› two vols. Hartford (The American Publishing Company) 1899, I, p. 125.

11 Winston Churchill: ‹The International Situation›, Speech in the House of Commons, December 14, 1950. In: Winston Churchill: ‹In the Balance, Speeches 1949 and 1950›, ed. by Randolph S. Churchill. London (Cassell) 1951, p. 453.

12 Mark Twain: ‹The Mysterious Stranger›, New York (Harper & Brothers) 1922, pp. 119–120.

13 ‹The Collected Works of Abraham Lincoln› nine vols. New Brunswick (Rutgers University Press) 1953, I, p. 432.

14 ‹The New Radicals› in: *The Johns Hopkins Magazine*, October 1965, pp. 10–11.

15 Zitiert in: ‹Protests in Perspective›, in: *The New York Times*, October 24, 1965, p. 10E.

16 Archibald MacLeish: ‹Address to the Congress of International Publishers Association›, May 31, 1965.

2

Senat und Senator

Eine Versammlung der Volksvertreter, schrieb John Stuart Mill, hat die Verpflichtung, «gleichzeitig die Beschwerdestelle der Nation und der Kongreß der Meinungen zu sein; eine Arena, in der nicht nur die allgemeine Meinung der Nation, sondern die aller ihrer Teile und, soweit möglich, eines jeden hervorragenden Einzelbürgers in vollem Maße zur Geltung kommen und eine Diskussion herausfordern kann; wo jeder Mitbürger sicher sein kann, daß er jemanden findet, der für ihn spricht – so gut oder besser, als er selbst es darlegen könnte... wo diejenigen, deren Meinung überstimmt wird, zufrieden sind, daß man ihre Ansicht zur Kenntnis genommen und nicht durch einen reinen Akt der Willkür, sondern aus, wie man annahm, höheren Gründen verworfen hat...»[1]

Die amerikanische Verfassung vertraut diese Funktionen dem Kongreß und insbesondere in Angelegenheiten der Außenpolitik dem Senat an. Zur Verantwortung des Senats gehört es, die Leitung der Außenpolitik durch den Präsidenten und seine Ratgeber zu überprüfen, Ratschläge zu erteilen, ob erbeten oder nicht, und wichtigen außenpolitischen Entscheidungen zuzustimmen oder nicht. Außerdem hat der Kongreß die traditionelle Verantwortung, darüber zu wachen, daß der Geist, wenn nicht der genaue Wortlaut der Verfassung gewahrt bleibt, und er dient als Forum für verschiedene Meinungen und als ein Kommunikationsweg zwischen dem amerikanischen Volk und seiner Regierung. Die Wahrnehmung dieser Funktionen ist nicht nur ein Vorrecht des Kongresses, sie ist eine in der Verfassung verankerte Pflicht, für deren Vernachlässigung der Kongreß öffentlich zur Rechenschaft gezogen werden kann und gezogen werden sollte.

In den vergangenen Jahren hat der Kongreß diese Verantwortung auf dem Gebiet der auswärtigen Beziehungen nicht in vollem Umfang wahrgenommen. Die geschwächte Rolle des Kongresses und die verstärkte des Präsidenten bei der Ausarbeitung der Außenpolitik sind nicht nur das Ergebnis der Vorstellung Präsident Johnsons von der allgemeinen Übereinstimmung der Ansichten; sie sind Höhepunkt eines Trends in den Beziehungen zwischen dem Präsidenten und dem Kongreß, der 1940 einsetzte, das heißt zu Beginn dieser Krisenzeit.

Die Ursache der Veränderung ist die Krise. Der Präsident hat die Autorität und die Möglichkeiten, in einem Notfall Entscheidungen zu fällen und Maßnahmen zu treffen, der Kongreß hat sie nicht. Er sollte sie auch nach meiner Ansicht nicht haben; die eigentliche Verantwortung des Kongresses ist die von Mill dargelegte – nachzudenken und zu überprüfen, Ratschläge zu erteilen und Kritik zu äußern, Zustimmung zu erteilen oder zu verweigern. In den vergangenen fünfundzwanzig Jahren hat die amerikanische Außenpolitik ein gerüttelt Maß an Krisen erlebt, und unausbleiblich oder fast unausbleiblich ist es das Bestreben der Exekutive gewesen, mit ihnen fertig zu werden, während der Kongreß – von Patriotismus angefeuert, von den Präsidenten bedrängt und durch Mangel an Informationen abgehalten – dazu neigte, sich hinter die Exekutive zu stellen. Das Ergebnis war, daß die traditionellen verfassungsmäßigen Beziehungen der beiden Seiten aus den Fugen gerieten. Die konstitutionelle Machtbefugnis des Senats, Rat und Zustimmung zu erteilen, ist zu einer Pflicht verkümmert, bei einem Minimum an Rat umgehend zuzustimmen. So jedenfalls faßt man es weithin auf, auch wenn man es nie ausdrücklich behauptete.

Diese Situation ist nicht ursprünglich die Schuld von Einzelpersonen. Sie ist vor allem das Ergebnis von Ereignissen, und die Aufgabe besteht nicht darin, Schuldsprüche auszuteilen, sondern einen Weg zu finden, wie das verfassungsmäßige Gleichgewicht wiederhergestellt werden kann, und wie der Senat seiner *Pflicht* genügen kann, in einer Zeit der permanenten Krise Rat und Zustimmung zu geben.

Präsidenten müssen in Notfällen handeln, vor allem, wenn sich das Land im Kriegszustand befindet, und von den letzten fünf Präsidenten hat nur einer wenigstens in einem Teil seiner Amtszeit keinen größeren Krieg führen müssen. Bedrängt von den Sorgen einer auswärtigen Krise, kann sich kein Präsident mit dem Gedanken anfreunden, eigensinnige und einseitig orientierte Senatoren zu seinen politischen Beratungen auf hoher Ebene einzuladen. Dieses Widerstreben ist menschlich, aber es stimmt nicht mit dem Inhalt der Verfassung überein. Als Vertreter des Volkes haben die Senatoren die Pflicht und nicht nur das Recht, Ratschläge zu geben – nicht für die tagtägliche Führung der Außenpolitik, sondern für ihre allgemeine Richtung und ihre Grundgedanken, die durch die wichtigsten Entscheidungen festgelegt werden. Ich fasse zusammen: Wenn der Präsident aus Gründen, für die wir volles Verständnis haben können, uns bei politischen Beratungen auf hoher Ebene nicht hinzuzieht, dann ist es unsere Pflicht, uns dort so gut wir können einzuschalten.

Ein Unterschied muß allerdings zwischen der Entwicklung und der Leitung der Außenpolitik gemacht werden. In zahlreichen Reden habe ich in den vergangenen Jahren die Neigung der Senatoren und der Mitglieder des Repräsentantenhauses bedauert, sich übermäßig in die *Leitung* der Politik einzumischen, indem sie sich über Routinetätigkeiten amerikanischer Diplomaten, vor allem solcher auf unterer Ebene, beschwerten oder dazu Ratschläge erteilten und indem sie, um ein Beispiel zu nennen, die alljährliche Debatte über die Auslandshilfe als eine Gelegenheit nutzten, nicht zur Auslandshilfe gehörende Beschwerden vorzubringen, von ekuadorianischen Übergriffen auf die Rechte kalifornischer Fischer bis zu Vorschlägen für die Abkehr von der Meistbegünstigungsklausel im Handel mit Jugoslawien reichten.

Die Grundgedanken und allgemeine Richtung der Außenpolitik sind etwas ganz anderes. Es ist eine Ironie, daß der Kongreß, während er beständig, wenn auch ziellos, seine Einwirkung auf die tagtägliche *Leitung* der Politik ausbaut, wo seine Einflußnahme unangemessen und oft schädlich ist, genauso beständig auf seine Befugnisse zur *Entwicklung* der Politik verzichtet hat. Gerade der letztere Trend wirft für die Nation die ernsteren Probleme auf, und, wie ich noch erläutern werde, ich hoffe, daß der Außenpolitische Ausschuß des Senats durch seine ausgedehnten öffentlichen *hearings* über Vietnam, China und andere Fragen zu einer Wiederbelebung der traditionellen Autorität des Senats in der Außenpolitik beiträgt und damit zu der Wiederherstellung eines angemessenen konstitutionellen Gleichgewichts zwischen der Exekutive und der Legislative. Es ist jedoch noch zu früh, festzustellen, ob die Wiederbelebung der Senatsdebatte den Beginn eines Trends zur Wiederherstellung der Verfassung anzeigt oder nur Manifestation einer weitverbreiteten Besorgnis über den Krieg in Vietnam ist.

Der Verfall des Senats

Ich habe einige persönliche Erfahrungen gemacht, die illustrieren, wie weit der Trend zum Übergewicht der Exekutive schon gediehen ist und wie außerordentlich groß die Schwierigkeiten sind, auf die ein Senator stößt, wenn er, so wie es seiner Befugnis entspricht, mit angemessenem Wissen und gesundem Urteil versucht, nützlichen Rat zu geben und seine Zustimmung zu erteilen oder zu verweigern.

Die Schweinebucht. Im Frühjahr 1961 wurde ich aufgefordert, zusammen mit Präsident Kennedys Beratern an den Erörterungen teilzunehmen, die der Expedition in der Schweinebucht vorausgingen. Diese Nachgiebigkeit des Präsidenten gegenüber dem Vorsitzenden des Außenpolitischen Senatsausschusses wurde jedoch nicht durch verfassungsgemäße Erwägungen, sondern durch einen Zufall ausgelöst. Einige Tage vorher, während der Osterferien des Kongresses, ließ mich der Präsident in seinem Flugzeug nach Florida mitreisen. Auf diesem Flug hörte ich, wie seine Ratgeber einen Plan für die Invasion Kubas erörterten. Ich war nicht so sehr erstaunt, denn Gerüchte über eine Invasion waren zu jener Zeit weit verbreitet, und ich hatte sogar schon ein kurzes Memorandum ausgearbeitet, in dem ich mich gegen das Projekt aussprach. Ich erörterte die Angelegenheit mit Präsident Kennedy im Flugzeug und gab ihm eine Abschrift meines Memorandums; nach meiner Rückkehr nach Washington lud er mich zu einer Beratung mit ihm und seinen wichtigsten Mitarbeitern ein, wo meine Argumente gegen eine Invasion Kubas eingehend und fair zur Kenntnis genommen wurden.

Es war ein Zeichen für die Großmut Präsident Kennedys, daß ich in der Folge nicht vom Präsidentenflugzeug ausgeschlossen wurde, aber keiner der folgenden Flüge hatte solch interessante Ergebnisse. Auch kann diese Episode wirklich nicht als Beweis für die ratgebende und zustimmende Funktion des Senats angesehen werden; ich war der einzige Senator, der in die verhängnisvollen Erörterungen vor dem Unternehmen in der Schweinebucht verwickelt war, und daß ich hinzugezogen wurde, war ein Zufall.

Die Kuba-Krise. Die Kuba-Krise des Jahres 1962 illustrierte noch treffender die Rolle des Präsidenten und die des Kongresses, wenn es gilt, eine heikle Entscheidung zu fällen. Viele von uns befanden sich zu jenem Zeitpunkt auf Wahlkampagne in ihren Heimatstaaten. Als der Präsident einige von uns nach Washington zurückrief – die Führung des Kongresses, die Vorsitzenden des Bewilligungsausschusses und führende Vertreter der Minderheiten –, wurde uns nicht mitgeteilt, zu welcher Art von Notfall wir konsultiert oder informiert werden sollten, aber natürlich konnten wir die Situation annähernd ermessen. Doch keiner von uns, die wir am 22. Oktober 1962 vom Präsidentenflugzeug abgeholt wurden, hatte offiziell Kenntnis von der Krise, die in den folgenden Stunden die Welt an den Rand eines Atomkriegs bringen sollte.

Wir versammelten uns um fünf Uhr nachmittags im Weißen Haus

und wurden vom Präsidenten und seinen Ratgebern über die Krise und *die bereits gefaßten* Beschlüsse unterrichtet. Als der Präsident nach unserer Meinung fragte, befürworteten Senator Richard Russell (Georgia) und ich die Invasion Kubas durch amerikanische Streitkräfte. Ich begründete meine Ansicht damit, daß eine Blockade, die eine direkte und gewaltsame Konfrontation mit russischen Schiffen mit sich bringen könnte, mit größerer Wahrscheinlichkeit zu einem Atomkrieg führen könnte als eine Invasion, bei der amerikanische Soldaten gegen kubanische Truppen eingesetzt werden und die Russen die Gelegenheit haben, sich herauszuhalten. Wären mir die Fakten bekanntgewesen, die später veröffentlicht worden sind, und wäre ich nicht auf Mutmaßungen über die gegebene Situation angewiesen gewesen, dann hätte ich vielleicht einen anderen Vorschlag unterbreitet. Auf jeden Fall entsprach diese Empfehlung meinem damaligen besten Wissen, und ich hielt es für meine Pflicht, sie auszusprechen.

Der Beschluß, eine Blockade über Kuba zu verhängen, war jedoch bereits gefaßt worden. Wir wurden, wie sich herausstellte, nicht zu einer Konsultation ins Weiße Haus gerufen, sondern zu einer kurzen Unterrichtung in letzter Minute. Die Zusammenkunft im Weißen Haus wurde nach sechs Uhr abgebrochen, und Präsident Kennedy erschien um sieben Uhr auf den Fernsehschirmen, um dem amerikanischen Volk seinen Beschluß bekanntzugeben. In seinem Buch über Präsident Kennedy bezeichnet Theodore Sorensen die Verwegenheit der Kongreßmitglieder, die bei der Beratung im Weißen Haus eine eigene Meinung äußerten, als den «einzigeinzigen Mißklang» bei allen Beschlüssen, die mit der kubanischen Raketenkrise zusammenhingen.[2]

Die Intervention in der Dominikanischen Republik. Am Nachmittag des 28. April 1965 wurden die Führer des Kongresses wieder zu einer dringenden Sitzung ins Weiße Haus gerufen. Man erklärte uns, daß die Revolution, die vier Tage vorher in der Dominikanischen Republik ausgebrochen war, sich so vollständig unkontrolliert ausgewachsen habe, daß sich Bürger der USA und andere Ausländer am Ort der Ereignisse in großer Gefahr befänden und daß deshalb in der kommenden Nacht in Santo Domingo US-Marinetruppen landen würden, lediglich mit dem Ziel, das Leben der US-Staatsbürger und anderer Ausländer zu schützen. (Die Intervention in der Dominikanischen Republik und ihre Auswirkungen auf die Beziehungen der USA zu Lateinamerika werden im 4. Kapitel behandelt.) Keiner der Kongreßführer gab eine Mißbilligung der vom Präsidenten geplanten Aktion zu erkennen.

Vier Monate später war es nach einer erschöpfenden Überprüfung der dominikanischen Krise durch den Außenpolitischen Senatsausschuß, der in geschlossenen Sitzungen tagte, jenseits allen Zweifels klargeworden, daß zwar die Rettung amerikanischer Menschenleben ein Faktor bei dem Interventionsbeschluß vom 28. April gewesen sein könnte, daß der Hauptgrund jedoch die Entschlossenheit der US-Regierung war, die Streitkräfte der Rebellen, das heißt der Anhänger der konstitutionellen Regierungsform, niederzuzwingen, deren Sieg zu jenem Zeitpunkt unmittelbar bevorstand. Hätte ich im April gewußt, was ich im August wußte, würde ich mich ganz sicher der amerikanischen Intervention in der Dominikanischen Republik widersetzt haben. Und ich würde dafür eine ganze Reihe ausgezeichneter Gründe gehabt haben, von denen einer der wichtigsten war, daß die USA die Charta der Organisation der Amerikanischen Staaten verletzten, einen Vertrag, der mit Zustimmung des Senats feierlich ratifiziert worden ist.

Der Zwischenfall im Golf von Tonking. Am 5. August 1964, fast neun Monate vor der Intervention in der Dominikanischen Republik, ersuchte Präsident Johnson den Kongreß dringend, sofort eine gemeinsame Resolution über die Lage in Südostasien zu verabschieden. Den Berichten zufolge war der amerikanische Zerstörer «*Maddox*» und ein anderer Zerstörer, die «*C. Turner Joy*», in internationalen Gewässern wiederholt von nordvietnamesischen Torpedobooten angegriffen worden. Die Resolution bekräftigte den Befehl des Präsidenten an die Siebente Flotte und ihre Lufteinheiten, Maßnahmen gegen die nordvietnamesischen Angriffe zu treffen; und sie autorisierte den Präsidenten darüber hinaus, «alle notwendigen Schritte, einschließlich des Einsatzes der bewaffneten Gewalt» gegen die Aggression in Südostasien zu unternehmen.

Wieder einmal wurde der Kongreß aufgefordert, den Präsidenten in einer Krise zu unterstützen; und wieder einmal tat der Kongreß das Gewünschte, ohne zu fragen und ohne zu zögern. Die Resolution wurde am Vormittag des 6. August 1964 vom Außenpolitischen Senatsausschuß und vom Ausschuß für die Streitkräfte nach nur oberflächlichen *hearings* und mit nur einer Gegenstimme gebilligt. Am 7. August nahm der Senat die Entschließung nach kurzer Debatte mit 88 gegen zwei Stimmen an. Das Repräsentantenhaus stimmte ihr am selben Tag mit 416 gegen null Stimmen zu.

Die gemeinsame Resolution vom 7. August 1964 war – so jedenfalls ist sie interpretiert worden – ein Blankoscheck, den der Kongreß unter dem Eindruck einer Dringlichkeit unterzeichnete, die zu jenem Zeitpunkt eine Debatte auszuschließen schien. Seit der Annahme dieser Resolution hat die Regierung den Vietnamkonflikt aus einem Bürgerkrieg, in den einige amerikanische Berater verwickelt waren, in einen größeren internationalen Krieg verwandelt, in dem die Hauptstreitmacht eine amerikanische Armee von Hunderttausenden Soldaten ist. Immer dann, wenn Senatoren Fragen nach den folgenden Eskalationsstufen des Krieges gestellt haben, hat man uns den Blankoscheck vom 7. August 1964 vorgehalten, als angeblichen Beweis dafür, daß der Kongreß einer Südostasienpolitik die überwältigende Unterstützung zuteil werden ließ, die in Wirklichkeit seit dem Sommer 1964 radikal verändert wurde. Man hat uns auch gesagt, daß wir jederzeit die Möglichkeit hätten, die in der Resolution zum Ausdruck gekommene Unterstützung durch eine andere Entschließung zu widerrufen. Eine solche Entschließung würde jedoch im Ausland bestimmt als eine Willensbekundung ausgelegt, die dem Präsidenten die Führungsposition streitig macht. Deshalb ist dieser Ausweg den meisten Kongreßmitgliedern so widerwärtig, daß er überhaupt keine Alternative ist. Doch als der Senat am 1. März 1966 einen Antrag von Senator Morse vorlegte, die Resolution zurückzunehmen, zog es die Regierung vor, dieses Votum als eine Bestätigung ihrer Politik in Vietnam hinzustellen.

All dies ist für einige von uns im Senat sehr enttäuschend, aber wir müssen uns selbst die Schuld geben. Hätten wir unsere Verpflichtung wahrgenommen und hätten wir das Gesuch des Präsidenten sorgfältig geprüft, hätte der Außenpolitische Senatsausschuß *hearings* über die Resolution abgehalten, ehe er ihre Annahme empfahl, hätte der Senat über die Resolution debattiert und ihre Auswirkungen erwogen, ehe er ihr mit überwältigender Mehrheit zustimmte, und hätten wir insbesondere die angeblich unprovozierten Angriffe auf unsere Schiffe sorgfältig und eingehend untersucht, dann hätten wir unsere Billigung der künftigen Gewaltanwendung in Südostasien vielleicht mit Begrenzungen und Spezifikationen ausgestattet; und wenn wir dergleichen nicht in der Resolution selbst geltend gemacht hätten, dann doch in dem parlamentarischen Verfahren, das ihrer Annahme vorausging. Aber so, wie sie formuliert war, haben sich nur die Senatoren Morse (Oregon) und Gruening (Alaska) der Resolution widersetzt.

Als Vorsitzender des Außenpolitischen Ausschusses des Senats habe ich mich im Plenum für die Südostasienresolution eingesetzt und alles, was in meinen Kräften stand, getan, um ihr eine schnelle und überwältigende Zustimmung zu verschaffen. Ich tat dies, weil ich darauf vertraute, daß Präsident Johnson von unserer Unterstützung mit Vernunft und Zurückhaltung Gebrauch machen werde. Ich war auch durch Parteigebundenheit beeinflußt: eine Wahlkampagne war im Gange, und ich wollte dem Präsidenten bei seinem Wettlauf mit einem republikanischen Kandidaten, dessen Sieg nach meiner Ansicht für unser Land eine Katastrophe bedeutet hätte, keinerlei Schwierigkeiten machen. Heute empfinde ich weder Freude noch Stolz über meine Rolle bei der Verabschiedung der Resolution vom 7. August 1964.

Viele Senatoren, die der Resolution zum Zwischenfall im Golf von Tonking ohne Rückfrage zugestimmt haben, hätten das sicherlich nicht getan, wenn sie vorausgesehen hätten, daß sie in der Folge als weitgehendes Einverständnis des Kongresses mit einem umfassenden Krieg in Asien ausgelegt werden würde. Den Buchstaben nach kann sie so interpretiert werden. Aber man muß berücksichtigen, daß die Entschließung während einer Wahlkampagne angenommen wurde, in deren Verlauf der Präsident dem amerikanischen Volk sagte, daß es ein Fehler wäre, wenn sich die USA in einen größeren Krieg in Asien verstrickten. Auch kritisierte der Präsident damals seinen Gegenkandidaten, weil der gerade das vorschlug. Das kann die oberflächliche Debatte vom August 1964 erklären. Es kann aber kaum den Kongreß dafür entschuldigen, daß er mit so wenig Überlegung eine solche durchgreifende Vollmacht erteilt hat. Dies war ein Fehler, der – dessen bin ich sicher – nicht so schnell wiederholt werden wird.

Die Asien-Doktrin. Bei solchen Erfahrungen, wie ich sie beschrieben habe, halte ich es für außerordentlich wichtig, daß der Senat sich mit den Auswirkungen der «Asien-Doktrin», die von der Regierung Johnson entwickelt wurde, befaßt, ehe die Doktrin zu einer unwiderruflichen nationalen Verpflichtung wird, die die Exekutive ohne die Zustimmung und sogar die Kenntnis des Senats eingegangen ist.

Im Rahmen der entstehenden «Asien-Doktrin» übernehmen die USA die Rolle eines Gendarmen und eines Fürsorgers für das gesamte nichtkommunistische Asien. Nachdem der Präsident Asien als «das entscheidende Gebiet beim Streben des Menschen nach Unabhängigkeit und Ordnung» bezeichnet hatte, erklärte er in einer Rede im Juli 1966 ohne Rücksicht auf die Vereinten Nationen oder die Verpflichtung anderer Länder «die Entschlossenheit der USA, unsere Verpflichtungen als eine pazifische Macht in Asien zu erfüllen». Er wandte sich gegen jene – wer es auch sei –, die die Ansicht vertreten, daß «Osten Osten ist und Westen Westen und daß sich beide niemals treffen werden», und er legte gewisse «wesentliche Punkte» für den Frieden in Asien fest, die alle vornehmlich den USA Anstrengungen abverlangten, damit ein «pazifisches Zeitalter» Gestalt annehmen kann.[3]

In einem Fernsehinterview definierte Vizepräsident Humphrey am 19. April 1966 die Honolulu-Deklaration, die aus dem Treffen des amerikanischen Präsidenten mit dem südvietnamesischen Ministerpräsidenten Nguyen Cao Ky vom Februar 1966 hervorging, als eine «Johnson-Doktrin» für Asien, «als eine Verpflichtung für uns und die Nachwelt, die Aggression niederzuschlagen und das soziale Elend zu besiegen, lebensfähige freie politische Einrichtungen aufzubauen und den Frieden herbeizuführen...» Nachdem der Vizepräsident dies als «große Verpflichtungen» bezeichnet hatte, fuhr er fort: «Ich glaube, es gibt gewaltige Aussichten dafür, daß der Traum von der Großen Gesellschaft nicht nur hier bei uns, sondern in den weiten Gebieten Asiens in Erfüllung geht.»

All dies muß die Senatoren, die über diese durchgreifenden Verpflichtungen nicht einmal informiert wurden, geschweige um ihren Rat und ihre Zustimmung gefragt wurden, sehr überraschen. Aber der enge Freund und Biograph des Präsidenten, William White, berichtete in einem seiner Artikel, daß der Präsident diese «Asien-Doktrin» schon fünf Jahre lang im Sinn hatte, und White muß es wissen.[4] Soweit ich weiß, hatte sie jedoch der Senat nicht im Sinn, dessen Zustimmung für den Abschluß von Verträgen erforderlich ist, und auch nicht der Kongreß als Ganzes, der von der Verfassung ermächtigt wird, nicht nur «Krieg zu erklären» und «Armeen aufzustellen und zu unterhalten», sondern auch «die Schulden zu bezahlen und für die gemeinsame Verteidigung und die allgemeine Wohlfahrt der Vereinigten Staaten zu sorgen».

Der Senat als Diskussionsforum

Wie also kann der Senat seine verfassungsgemäßen Pflichten, Rat und Zustimmung zu erteilen, in einer Zeit erfüllen, in der Richtung und Grundgedanken der Außenpolitik zu einem großen Teil durch schnelle Beschlüsse bestimmt werden, die in Augenblicken der Krise gefaßt werden. Ich kann keine bestimmte Formel dafür anbieten, aber ich habe durchaus einige Vorstellungen, wie sowohl der Senat als Institution als auch der einzelne Senator ihren verfassungsgemäßen Verpflichtungen nachkommen können.

Ich meine, der Senat als Ganzes sollte darauf hinarbeiten, die beratende Funktion, die durch seine Mitschuld in fünfundzwanzig Jahren der Krise verkümmert ist, wieder zu beleben und zu stärken. Der Senat sollte nach der Prämisse handeln, daß eine abweichende Ansicht nicht ein Mangel an Loyalität ist und wahre Übereinstimmung eher dadurch herbeigeführt werden kann, daß man Gegensätze an den Tag bringt, als dadurch, daß man sie unterdrückt. So könnte er wie zuvor wieder zu einer Einrichtung werden, in der um die großen Fragen der amerikanischen Politik gründlich, energisch und unparteiisch gerungen wird. Auch sollte der Senat sich nicht zu leicht wankend machen lassen durch Dringlichkeits- und Einstimmigkeitsverlangen der Exekutive oder durch Behauptungen von Regierungsvertretern, man gewähre den Feinden der USA «Hilfe und Ermutigung». Diejenigen, die derlei behaupten, sind mit solchen Fragen beschäftigt aus Abneigung gegen Kritik, die sich gegen ihre eigene Person richtet.

Es ist manchmal nützlich und gelegentlich notwendig, daß der Kongreß in einigen außenpolitischen Fragen den Präsidenten schnell und nachdrücklich unterstützt. Mir scheint jedoch, daß wir in dieser Hinsicht zu weit gegangen sind – so weit, bis wir die Bequemlichkeit des Präsidenten mit dem nationalen Interesse verwechselten. Es ist völlig natürlich, daß der Präsident, der unter dem Druck steht, in außenpolitischen Fragen Entscheidungen fällen und Maßnahmen treffen zu müssen, über Gebühr betont, wie wünschenswert Einstimmigkeit und schnelle Beschlüsse sind. Aber der Senat hat seine eigenen Verpflichtungen, und wie sehr ihn auch sein Patriotismus dazu neigen läßt, den Wünschen des Präsidenten zuzustimmen, so erfordert doch der bessere Patriotismus, der aus seiner verfassungsgemäßen Vertrauensstellung entspringt, daß der Senat dem Präsidenten so antwortet: «Herr Präsident, wir werden über Ihr dringendes Gesuch sofort beraten; wir werden unsere anderen Gesetzgebungsvorhaben zurückstellen und so schnell es ein ordnungsgemäßes Verfahren zuläßt, Zeugen anhören, über Ihr Gesuch debattieren und einen Beschluß fassen. Wir werden jedoch – außer unter den Bedingungen eines nationalen Notstandes – auf das normale Verfahren, nämlich die *hearings* in den Ausschüssen und die Erörterungen und Debatten im Plenum nicht verzichten. Wir bedauern, daß Ihnen dies vielleicht Unannehmlichkeiten bereitet, aber so wie wir die Verpflichtung kennen, nach der Sie handeln müssen, so wissen wir, daß Sie unsere Pflicht kennen, uns Informationen zu verschaffen und sorgfältige Erwägungen anzustellen, damit wir in der Lage sind, Ihnen unseren bestmöglichen Rat zu geben. Wir wissen, Ihnen ist bewußt, daß wir diesen Rat nicht nur in der Hoffnung erteilen, er werde für Ihre Regierung von Nutzen sein, sondern weil wir das unseren Wählern schuldig sind. Und das, Herr Präsident, ist eine Verpflichtung, an die wir uns auch dann gebunden fühlen, wenn Ihnen das aus diesem oder jenem Grunde gewisse Unbequemlichkeiten verursacht.»

Man muß zugeben, daß eine heftige Debatte im Senat im Ausland mißverstanden werden kann. Es gibt Gründe für die Vermutung daß die Vietnamdebatte den Vietkong, den Nordvietnamesen und den Chinesen den verzerrten Eindruck einer inneren Spaltung der USA vermittelte. Ich bedaure diese Wirkung sehr, aber ich kann deshalb nicht die Schlußfolgerung akzeptieren, daß es notwendig oder richtig ist, die normale Verfahrensweise des Kongresses außer Kraft zu setzen, damit unsere Gegner einen – falschen – Eindruck von der Einmütigkeit der Amerikaner erhalten. Als einer der Senatoren bin ich nicht bereit, eine Politik, die ich für unklug halte, aktiv oder stillschweigend zu unterstützen, und das nur, um dieser Politik das bestmögliche Mäntelchen umzuhängen. Wenn ich mich so verhielte, würde ich die begrenzte Möglichkeit aufopfern, die ich habe, um meinen Einfluß für eine nach meiner Meinung klügere Politik geltend zu machen. Ich würde so meine verfassungsgemäßen Pflichten und meine Pflichten gegenüber meinen Landsleuten versäumen.

Die Kritik im Senat ist naturgemäß zum größeren Teil Sache der Oppositionspartei. Unter normalen Bedingungen ist dies eine Pflicht, die die Opposition nur zu gern erfüllt. Nur gelegentlich ist die Partei, die nicht an der Macht ist, so schwach, oder sie stimmt mit der Politik des Präsidenten so sehr überein, oder sie unterliegt beidem, daß sie keine verantwortungsbewußte und intelligente Opposition abgeben kann. Sind so ungewöhnliche Umstände gegeben, daß eine reguläre Opposition nicht vorhanden ist, dann finde ich es besser, daß deren Funktion von Mitgliedern der Partei des Präsidenten wahrgenommen wird, als daß sie überhaupt nicht ausgeübt wird.

Der Außenpolitische Ausschuß

Im Winter und im Frühjahr 1966 hat sich der Außenpolitische Ausschuß des Senats an einem Experiment zur Erziehung der Öffentlichkeit beteiligt. Der Ausschuß hat sich als ein Forum für die Begegnung von Politikern und Professoren und in noch weitergehendem Sinne als ein Forum zur Verfügung gestellt. Hier konnten anerkannte Experten und Wissenschaftler einen Beitrag leisten, das Verständnis des Kongresses und der Öffentlichkeit für einige Aspekte der amerikanischen Außenpolitik – kurzfristige und spezielle oder langfristige und allgemeine – zu gewinnen. In der zweiten Sitzungsperiode des 89. Kongresses hörte der Ausschuß in öffentlicher Sitzung Spezialisten für Vietnam und den Vietnamkrieg, für China und seine Beziehungen zu den USA, für die NATO und die Beziehungen der USA zu Westeuropa; und schließlich hörte der Ausschuß in einem Experiment, das nach meiner Ansicht ohne Beispiel ist, die Aussagen einer Reihe von hervorragenden Psychiatern und Psychologen über einige psychologische Aspekte der internationalen Beziehungen. Ich hoffe, daß diese Experimente zur Erziehung der Öffentlichkeit beitragen und einen Anfang gemacht haben, die eigentliche Rolle des Senats als Ratgeber des Präsidenten in den großen Fragen der Außenpolitik wiederherzustellen.

Ich glaube, daß unser Land durch die öffentlichen *hearings* über Vietnam eher gestärkt als geschwächt worden ist – dadurch, daß das amerikanische Volk eine Vielzahl von Meinungen und Meinungsverschiedenheiten über diesen Krieg zur Kenntnis nehmen konnte, und vielleicht auch dadurch, daß das ein gewisses Maß an Gleichgewicht zwischen der Exekutive und dem Kongreß wiederherzustellen half. Die *hearings* sind kritisiert worden mit der Begründung, daß sie den USA das «Image» als eines in der Frage des Krieges gespaltenen Landes gegeben hätten. Da die USA in dieser Frage offensichtlich wirklich gespalten sind, wurde eher eine Tatsache als ein Image geliefert. Ich sehe kein Verdienst in der Ansicht, daß wir um den Preis der Unterdrückung der normalen demokratischen Verfahrensweise das Bild der Einmütigkeit sogar dann aufrechterhalten sollten, wenn dieses Bild falsch ist.

Der Außenpolitische Ausschuß des Senats hat die Vietnam-*hearings* veranstaltet in der Hoffnung, daß Sie dazu beitragen, eine wahre Übereinstimmung auf lange Sicht sogar dann zu formulieren, wenn dadurch das Image einer unechten Übereinstimmung auf kurze Sicht zerstört wird. Die *hearings* wurden veranstaltet in der Annahme, daß das amerikanische Volk und seine Regierung davon profitieren würden, wenn verschiedene Ansichten von eindrucksvollen Verfechtern aus der Regierung und aus anderen Positionen vorgetragen werden. Sie wurden angesetzt in der Überzeugung, daß der Sieg der Wahrheit über die Unwahrheit am besten gewährleistet wird, wenn man alle Meinungstendenzen auf dem Markt der Ideen in freien Wettbewerb treten läßt. Sie wurden etwa im Geist der Worte Thomas Jeffersons unternommen:

«Ich kenne außer dem Volk selbst keinen sicheren Verwahrungsort für die entscheidenden Kräfte der Gesellschaft; wenn wir glauben, daß das Volk nicht aufgeklärt genug ist, seine Kontrolle mit gebührender Besonnenheit auszuüben, so kann das Heilmittel nicht sein, ihm die Kontrolle zu entziehen, sondern es entsprechend aufzuklären.»[5]

Der Außenpolitische Ausschuß des Senats hat in der Vergangenheit oft als ein Forum für eine nationale Diskussion gedient, und in einigen Fällen konnte durch die Erörterungen des Ausschusses eine Übereinstimmung der Einschätzungen auch in eine Übereinstimmung über die einzuschlagende Politik verwandelt werden. Ein bemerkenswertes Beispiel war die Debatte über den Atomversuchsstoppvertrag im Sommer 1963. Drei Wochen lang tagte der Außenpolitische Ausschuß zusammen mit Mitgliedern der Ausschüsse für die Streitkräfte und für Atomenergie in öffentlicher Sitzung, um die heftigen Argumente für und gegen den Vertrag von Zeugen aus der Regierung, den Universitäten und Arbeitsgebieten ohne öffentliche Funktion anzuhören. Täglich wurde die Diskussion in der Presse dem amerikanischen Volk bekanntgemacht. Auf diese Weise konnte der Außenpolitische Ausschuß zugleich als Beratungsorgan des Senats und als Forum zur Unterrichtung der Öffentlichkeit dienen. Im Laufe dieser drei Wochen und der sich anschließenden Debatte im Plenum des Senats gewann der Vertrag immer mehr Anhänger, und er wurde schließlich mit 81 gegen 19 Stimmen ratifiziert. Mit Hilfe einer offenen Debatte konnte die bestehende Übereinstimmung über den Frieden als wünschenwertes Ziel umgewandelt werden, in eine politische Übereinstimmung darüber, daß der Versuchsstoppvertrag ein Mittel ist, auf dem Weg zum Frieden voranzukommen.

Der Außenpolitische Ausschuß beabsichtigt, weitere Verhandlungen wichtiger Fragen der amerikanischen Außenpolitik vorzunehmen. Wir rechnen damit, daß durch solche Verfahren ein Meinungsstreit ausgelöst wird. Wenn dies geschieht, dann nicht, weil wir den Meinungsstreit als Selbstzweck ansehen, sondern weil wir ihn als Vorbedingung für eine kluge Beschlußfassung und tatsächlich als eine Feuerprobe ansehen, mit der eine nationale Übereinstimmung hinsichtlich der Ziele auch in eine Übereinkunft über die notwendige Politik umgewandelt werden kann.

Der einzelne Senator

Ein Senator, der auf die Außenpolitik Einfluß nehmen will, muß überdenken, was die Folge sein kann, wenn er sich entweder privat mit der Exekutive in Verbindung setzt oder wenn er in der Öffentlichkeit das Wort ergreift. Hier stehen nach meiner Ansicht keine großen Grundsätze auf dem Spiel: Es handelt sich darum, wie man am besten erreichen kann, was man herbeizuführen hofft. Ich für meine Person habe beide Methoden angewandt – mit Ergebnissen, die je nach den Umständen verschieden waren. Andere Verfahrensweisen mögen gleichwertig sein, obwohl sie es selten sind – ich finde es angenehmer, mich mit demokratischen Präsidenten privat und mit republikanischen Präsidenten in der Öffentlichkeit in Verbindung zu setzen.

Seit 1961, als die Demokraten zur Macht zurückkehrten, habe ich dem Präsidenten bei zahlreichen Gelegenheiten in vertraulichen Memoranden Empfehlungen unterbreitet. Das Memorandum, das ich Präsident Kennedy bezüglich der Schweinebucht überreichte, habe ich schon erwähnt.

Im Juni 1961 sandte ich dem Präsidenten ein Memorandum, in dem ich gegen öffentliche Erklärungen über strittige politische Fragen protestierte, die von Angehörigen der Streitkräfte unter dem Patronat rechtsgerichteter Organisationen abgegeben wurden; das Ergebnis war ein Befehl des Verteidigungsministers Robert McNamara, durch den solche Handlungen eingeschränkt wurden; außerdem löste mein Schritt eine lebhafte Debatte im Senat aus, in der ich beschuldigt wurde, ich wollte «den Militärs einen Maulkorb anlegen».

Im April 1965 schickte ich Präsident Johnson eine Denkschrift mit gewissen Empfehlungen zum Krieg in Vietnam, Empfehlungen, die ich danach in privaten Gesprächen mit hohen Regierungsbeamten wiederholte. Als es ganz klarwurde, daß die Regierung meine Vorstellungen nicht überzeugend fand, begann ich meine Ansichten in der Öffentlichkeit bekanntzumachen und hoffte zumindest eine Diskussion über die Regierungspolitik zu eröffnen, wenn ich schon keinen Wechsel der Regierungspolitik herbeiführen könnte.

Am Nachmittag des 15. September 1965 hielt ich im Senat eine Rede, in der ich die Intervention der USA in der Dominikanischen Republik kritisierte. Am Vormittag jenes Tages hatte ich Präsident Johnson eine Kopie der Rede zukommen lassen. Sie war von folgendem Schreiben begleitet:

«Sehr geehrter Herr Präsident!

Beiliegend finden Sie die Kopie einer Rede, die ich im Senat über die Krise in der Dominikanischen Republik halten werde. Wie Sie wissen, hat mein Ausschuß ausgedehnte *hearings* über die dominikanische Frage abgehalten; diese Rede enthält meine persönlichen Kommentare und Schlußfolgerungen aus den Informationen, die durch die *hearings* zutage getreten sind.

Ich glaube, Sie werden selbst feststellen, daß schwerwiegende Fehler gemacht wurden. Ich glaube ferner, daß eine öffentliche Diskussion der jüngsten Ereignisse in der Dominikanischen Republik – auch wenn sie Kritik an Handlungen Ihrer Regierung mit sich bringen sollte – auf lange Sicht den Vorteil haben wird, vergangene Fehler zu berichtigen und ihre Wiederholung in Zukunft zu verhindern und damit die weitgesteckten Ziele Ihrer Politik in Lateinamerika zu fördern. In der Hoffnung, Ihnen bei der Verwirklichung dieser Ziele behilflich zu sein, und nur aus diesem Grunde, habe ich meine Bemerkungen niedergelegt.

Auf der Grundlage der Zeugenaussagen, die vor dem Außenpolitischen Ausschuß abgegeben wurden, bin ich zu dem Schluß gekommen, daß die wichtigste Ursache unserer Fehler in der Dominikanischen Republik der schlechte Rat gewesen ist, der Ihnen in den kritischen letzten Tagen des April 1965 erteilt worden ist. Ich glaube, daß es für Sie auf Grund der Informationen, die Sie erhalten hatten, äußerst schwierig gewesen wäre, eine andere Entscheidung zu treffen; dies habe ich an zwei verschiedenen Stellen meiner Rede ausdrücklich hervorgehoben. Auch ist es nicht der Zweck dieser Erklärung, Anklage gegen die Personen zu erheben, die sich offenbar bei ihrer Beurteilung geirrt hatten; die betroffenen Beamten sind kompetente und integre Männer, die in diesem Falle allerdings anscheinend fehlerhafte Ratschläge erteilt haben. Ich bin, wie es meines Wissens auch Sie sind, einzig und allein daran interessiert, die Grundlage für eine erfolgreichere Politik der Zukunft legen zu helfen.

Ein anderer Zweck meiner Erklärung ist es, jene Liberalen und Reformer Lateinamerikas, die wegen unserer dominikanischen Aktion besorgt sind, ein wenig zu beruhigen, so wie Sie es in Ihrer hervorragenden Erklärung an die lateinamerikanischen Botschafter vom 17. August ebenfalls getan haben. Ich glaube, die Völker Lateinamerikas, deren Anstrengungen für den Erfolg der Allianz für den Fortschritt so lebenswichtig sind, brauchen die Zusicherung, daß die Vereinigten Staaten den Zielen der sozialen Reform verpflichtet bleiben. Ich weiß, Sie tun viel, dies immer wieder zu versichern, und meine Rede soll unter anderem dazu dienen, Ihre eigenen Anstrengungen auf diesem Gebiet zu ergänzen.

Öffentliche und wie ich hoffe konstruktive Kritik ist einer der Dienste, die ein Senator auf besondere Weise leisten kann. Es gibt viele Dinge, die die Mitglieder Ihrer Regierung aus ganz einleuchtenden Gründen der Festigkeit und der Organisation nicht aussprechen können, obgleich es im langfristigen Interesse gerade der Regierung liegt, daß sie gesagt werden. Ein Senator ist, wie Sie wissen, solchen Beschränkungen nicht unterworfen. Ich bringe Ihnen die beigefügten Anmerkungen zur Kenntnis in der aufrichtigen Hoffnung, daß ich auf diese Weise Ihre Regierung unterstützen und die Ziele Ihrer Politik in Lateinamerika fördern kann.»

Meine Rede löste eine Kontroverse aus. Zahlreiche Senatskollegen unterstützten meine Haltung; andere stimmten mit mir nicht überein. Zu meiner Überraschung und Enttäuschung richtete sich ein großer Teil der Kritik nicht gegen das, was ich über die Dominikanische Republik und Lateinamerika gesagt hatte, sondern dagegen, daß ich überhaupt öffentlich davon gesprochen hatte. Überrascht durch die Bestürzung, die mein Bruch mit der herrschenden Übereinstimmung ausgelöst hatte, führte ich am 22. Oktober 1965 im Senat folgendes aus:

«Es ist viel darüber diskutiert worden, ob es richtig ist, daß der Vorsitzende des Außenpolitischen Ausschusses des Senats eine Rede hält und darin eine Regierung seiner eigenen Partei, die er im allgemeinen unterstützt, kritisiert. Zu dieser Frage ist einiges zu sagen, und es ist allerdings eine Frage, die ich sorgfältig überlegt habe, ehe ich beschloß, meine Rede über die Dominikanische Republik zu halten. Nachdem ich die Aussagen der Regierungszeugen vor dem Außenpolitischen Ausschuß gehört hatte, kam ich zu der Ansicht, daß ich zur Ermutigung einer sorgfältig erwogenen künftigen Politik eher dadurch beitragen könnte, daß ich eine politische Diskussion entfachte, als dadurch, daß ich stillschweigend einer Politik zustimmte, die ich für falsch hielt. Ich glaubte deshalb, daß ich trotz aller Meinungsverschiedenheiten und aller Verdrießlichkeiten für bestimmte Personen der Regierung einen Dienst erwies, indem ich meine Ansichten öffentlich darlegte.

Mir gefällt es gar nicht, in der Öffentlichkeit eine demokratische Regierung zu kritisieren, die ich in den meisten Beziehungen mit Nachdruck unterstütze; mir gefällt das überhaupt nicht. Aber mir gefällt es auch nicht, wenn mir – wie geschehen – gesagt wird, daß meine Rede ‹unverantwortlich› sei oder daß sie ‹Hilfe und Ermutigung› für die Feinde der USA bedeutet habe. Ich will gern Beweise prüfen, daß in meiner Rede Irrtümer im Hinblick auf die Tatsachen oder die Beurteilung unterlaufen sind; aber ich bin nicht bereit, mich beschuldigen zu lassen, daß eine Rede ‹unverantwortlich› gewesen sei, die aus vielstündigem Zuhören bei den Zeugenvernehmungen des Außenpolitischen Ausschusses und aus vielen weiteren Stunden der Überprüfung und Abschätzung wichtiger Dokumente hervorgegangen ist. Auch bin ich keineswegs erbaut von der Beschuldigung, daß ich den Feinden der USA ‹Hilfe und Ermutigung› gewährt habe. Wenn diese Beschuldigung mit Nachdruck aufrechterhalten werden sollte – ich hoffe, daß das nicht geschieht –, dann könnte sich eine interessante Diskussion darüber entwickeln, ob es meine Kritik an der Politik selbst war, die unseren Feinden ‹Hilfe und Ermutigung› leistete.

Es ist die Pflicht eines Senators, seinen Präsidenten und seine Partei zu unterstützen; es ist aber auch seine Pflicht, seine Ansichten über wichtige Fragen darzulegen. Im Falle der dominikanischen Krise war ich aus zwei Hauptgründen der Ansicht, daß es nichtsdestoweniger meine Pflicht sei, die Regierung zu kritisieren, so ungern ich dies auch tun mochte, und ich tat es wirklich sehr ungern.

Erstens glaube ich, daß der Vorsitzende des Außenpolitischen Ausschusses die besondere Verpflichtung hat, den bestmöglichen Rat zu Fragen der Außenpolitik anzubieten; dies ist nach meiner Ansicht eine Verpflichtung, die zum Vorsitz gehört, der den Vorrang vor der Parteiloyalität hat. Dies hat nichts damit zu tun, ob diejenigen, die in der Exekutive sitzen, um die Ansichten des Vorsitzenden bitten oder sie hören wollen.

Zweitens hielt ich es für meine Pflicht, zur Politik der USA in der Dominikanischen Republik Stellung zu nehmen, weil die politische Opposition, deren Funktion es ist, zu kritisieren, dies ganz einfach nicht tat. Sie übte keine Kritik, weil sie offensichtlich die Intervention der USA in der Dominikanischen Republik billigte und, wenn sie an der Regierung gewesen wäre, wahrscheinlich dasselbe getan hätte. Das Ergebnis dieser eigentümlichen Situation war es, daß eine höchst umstrittene Politik ohne jede Auseinandersetzung vollzogen wurde – ohne Debatte, ohne Überprüfung und ohne das notwendige Verlangen nach Rechenschaftsablegung, das ein wesentlicher Teil des demokratischen Verfahrens ist. In den Wochen, die den *hearings* des Ausschusses folgten, stellte ich wieder und wieder fest, daß es keinerlei Einwände gegen die amtlichen Erklärungen gab, die in der Presse und anderswo erschienen und die klar den Beweismitteln widersprachen, die dem Außenpolitischen Ausschuß zur Verfügung standen.

Unter diesen Umständen bin ich nicht beeindruckt von den Vorhaltungen, daß ich kein Recht gehabt hätte, so zu sprechen, wie ich es im Falle Santo Domingo getan habe. Wie mir scheint, ist die eigentliche Frage die, ob ich das Recht hatte, nicht zu sprechen.»[6]

Es ist schwierig, die Wirkung der Rede eines Senators abzuschätzen, denn sie kann eher bewirken, daß etwas nicht getan wird, als daß sie irgendeine besondere Maßnahme der Exekutive oder eine Veränderung der Politik zur Folge hat. Allgemein gesprochen scheint es mir so zu sein, daß die Kritik eines Senators weniger den gerade akuten Fall als vielmehr einen ähnlichen künftigen Fall beeinflussen könnte. Im Sommer 1965 übte ich zum Beispiel am State Department Kritik, weil das Außenministerium die Fireston Tire and Rubber Company nicht in der Öffentlichkeit unterstützte, als diese Firma von rechtsgerichteten Kreisen wegen der geplanten Errichtung eines Werkes für synthetischen Gummi in Rumänien angegriffen wurde. Nun neige ich zu der Ansicht, daß meine Kritik diese Transaktion zwar nicht wiederbelebte, daß sie aber das State Department veranlaßt haben könnte, mehreren Tabakgesellschaften nachdrücklich und rechtzeitig zu Hilfe zu kommen, die in der Folge von extremistischen Gruppen kritisiert wurden, weil sie Tabak in gewissen kommunistischen Ländern Osteuropas kauften. Was die Wirkung meiner Rede über die Dominikanische Republik betrifft, so könnte sie Einfluß darauf gehabt haben, daß die US-Regierung später eine demokratische Regierung in der Dominikanischen Republik unterstützte und damit einigen Schaden wiedergutmachte, den die Intervention vom April 1965 zugunsten des dominikanischen Militärs angerichtet hatte. Wichtigere Ergebnisse dieser Rede werden an der Reaktion der US-Regierung abzulesen sein, wenn sie wieder einmal mit einer gewalttätigen Revolution in Lateinamerika konfrontiert wird.

Was meine Kritik und die meiner Kollegen am Krieg in Vietnam betrifft, so bleibt ihre sichtbare Wirkung abzuwarten. Bisher jedenfalls hat sie die Regierung Johnson nicht von der Notwendigkeit überzeugen können, die Politik der militärischen Eskalation zu überprüfen. Vielleicht werden sich diejenigen von uns, die die Verwicklung der USA in den vietnamesischen Bürgerkrieg beklagen – wie die britische Labour Party zur Zeit von Suez und die französischen Intellektuellen, die sich den Kolonialkriegen der Vierten Republik widersetzten –, einstweilen damit begnügen müssen, der Welt zu demonstrieren, daß in Amerika die Unterstützung der gegenwärtigen Politik kein monolithischer Block ist und daß es in der amerikanischen Demokratie noch andere Meinungsströmungen gibt, Strömungen, die, auch wenn sie vorübergehend abgestorben sind, doch wahrscheinlich wiederbelebt werden und die amerikanische Außenpolitik der Zukunft beeinflussen werden, wie sie es schon in der Vergangenheit taten. Diese Funktion allein gibt der Meinungsabweichung im Falle Vietnam Sinn und Zweck.

Ehe ein Politiker überlegt, wie er versuchen will, die Ereignisse zu beeinflussen, muß er entscheiden, auf welche Ereignisse er Einfluß nehmen und welche er weitgehend den Beschlüssen anderer überlassen will. Der Senat besteht aus hundert Einzelpersonen mit fünfzig separaten Wählerschaften und stark variierenden Wissensgebieten und Interessen. Mit eigener Anstrengung kann ein Senator wenig erreichen; wenn er eine Wirkung auf die Politik des Staates erzielen will, dann muß er seine Kollegen beeinflussen. Manchmal, aber nicht oft, kann man die Unterstützung eines Kollegen durch Charme gewinnen; mit Sicherheit kann man sie aber durch Grobheit einbüßen. Gelegentlich kann man sie durch überzeugende Rhetorik gewinnen; häufiger noch erreicht man sie, indem man die eigene Unterstützung für eine Frage gegen die des Kollegen in einer anderen Frage einhandelt, oder einfach durch die allgemeine Praxis, daß man seine eigene Initiative auf Fragen von ungewöhnlichem Interesse oder Bedeutung beschränkt und im übrigen den Empfehlungen des Ausschusses zustimmt. In einigen Fällen könnte ein Senator auch seine Kollegen beeinflussen, indem er auf ihre Wähler Einfluß nimmt.

Einige werden dieses Verhalten einer Aushilfe auf Gegenseitigkeit als unmoralisch empfinden. Ich halte es nicht für unmoralisch, weil ich meine Wünsche und mein Urteil nicht höher stelle als die meiner Kollegen. Auf keinem Gebiet der Politik bin ich ganz sicher, daß meine Ansichten völlig richtig sind, aber es gibt einige Gebiete, auf denen ich mich meines Urteils ziemlich sicher weiß; gerade in diesen Fragen versuche ich meine Meinung zur Geltung zu bringen. Auf anderen Gebieten sind meine Kenntnisse begrenzt, und dort lasse ich anderen den Vortritt. Und es gibt noch andere Gebiete, auf denen ich durch die ausgeprägte Meinung meiner Wähler von einer führenden Rolle oder einer Initiative ausgeschlossen bin.

Ein Politiker hat nicht das Recht, zu verlangen, daß er von öffentlicher Beurteilung ausgenommen wird; er kann jedoch hoffen, daß er grundsätzlich nach seinen Leistungen in seinen hauptsächlichen Tätigkeitsbereichen beurteilt wird. Er kann auch hoffen, daß er nicht als Heiliger oder als ein Vorbild bemessen wird, sondern als menschliches Wesen, das von seinen Wählern mit einer großen Verantwortung betraut wurde, dem aber Gott die gleichen Probleme der Urteilsfähigkeit und der Versuchung auferlegt hat, von denen die übrige Menschheit geplagt wird.

Durch menschliche Unzulänglichkeiten behindert, wie er es ist, trägt der amerikanische Politiker dieser sechziger Jahre unseres Jahrhunderts eine Verantwortung, wie sie kein Politiker irgendeines Landes zu irgendeinem Zeitpunkt der Geschichte zuvor hatte. Er vertritt die mächtigste Nation der Welt in einem geschichtlichen Augenblick, da mächtige Nationen die Mittel in die Hand bekommen haben, mit denen die Menschheit vernichtet werden kann. Die ganze traditionelle Einstellung unserer Vorfahren zu Krieg und Frieden, den Konflikten der Nationen und der Brüderlichkeit der Menschen ist in Frage gestellt worden und muß neu überdacht werden. Es ist die Sache des Politikers, bei diesem schicksalhaften Prozeß des Umdenkens die Führung zu übernehmen. Wenn er dies tut, handelt er im Sinne eines höheren Patriotismus. Und er handelt dann nach den Worten Albert Camus', der gesagt hat: «Wenn wir zuweilen die Gerechtigkeit über unser Land zu stellen schienen, so lag der Grund darin, daß wir unser Land in der Gerechtigkeit lieben wollten, so wie wir es in der Wahrheit und in der Hoffnung zu lieben begehrten.»[7]

Anmerkungen

1 John Stuart Mill: ‹Considerations on Representative Government›, New York (Harper and Brothers) 1867, p. 116.

2 Theodore Sorensen: ‹Kennedy›, München (Scherz) 1966, S. 675.

3 ‹Speech to American Alumni Council at West Sulphur Springs, West Virginia›, July 12, 1966.

4 William S. White: ‹Asian Doctrine›, in: The Washington Post, July 19, 1966.

5 Thomas Jefferson: ‹Letter to William Charles Jarvis›, September 28, 1820.

6 ‹Comments on the Dominican Republic›, in: Congressional Record, October 22, 1965, p. 27465.

7 Albert Camus: ‹Zweiter Brief›, a. a. O., S. 18.

Teil II

Revolution außerhalb der Grenzen

Was unsere Zeit in der Tat kennzeichnet, ist der Einbruch der Massen und ihrer erbärmlichen Lebensbedingungen in das Bewußtsein der Zeitgenossen. Man weiß nun, daß sie existieren, während man geneigt war, es zu vergessen.

Wenn man es weiß, so nicht etwa, weil die... Eliten empfindsamer geworden wären, keine Bange, sondern weil die Massen stärker geworden sind und dafür sorgen, daß man sie nicht vergißt.

ALBERT CAMUS
‹Der Künstler und seine Zeit›, Dezember 1957

3

Amerika und die Revolution

In vielen Teilen der Erde sind Revolutionen im Gange, und in vielen heute noch ruhigen Ländern werden sie vorbereitet. Urheber der Revolution sind nicht die schweigenden und demoralisierten Armen, sondern eine neue Generation von mächtigen und berufenen Führern, die die Massen aus ihrer Trägheit aufwecken, ihnen Zorn und Hoffnung einflößen und ihnen die Disziplin vermitteln, die Zahl in Stärke verwandelt. Einige dieser neuen Revolutionäre sind Demokraten, aber die meisten sind es nicht. Ihr Hauptziel ist in jedem Falle eher die Modernisierung als die Demokratisierung, und sie sind mehr an materiellen Ergebnissen als an abstrakten Ideen interessiert. Mit welcher Ideologie sie beginnen, oder zu welcher sie sich auch bekennen, sie entdecken schnell genug, daß der Erfolg ihrer Revolutionen von sozialen und wirtschaftlichen Errungenschaften abhängt und daß politische Ideale nur insofern Bedeutung haben, als sie den Kampf um die Modernisierung fördern oder behindern.

Es bleibt deshalb die Frage, ob der künftige Verlauf der Revolution friedlich oder gewaltsam, demokratisch oder totalitär sein wird. Die gegenwärtigen Aussichten sprechen meiner Meinung nach dafür, daß es mehr gewaltsame und undemokratische Umwälzungen geben wird, denn die jüngsten Experimente mit der friedlichen Revolution sind enttäuschend verlaufen, und autoritäre Methoden scheinen größere und schnellere Ergebnisse zu versprechen. (Bei dieser Beobachtung möchte ich betonen, daß ich Gewalttätigkeiten erwarte, sie aber nicht begrüße.) Mit wenigen Ausnahmen sind die Nationen, die versucht haben, eine soziale Revolution mit demokratischen Mitteln durchzuführen, bei ihren Anstrengungen gestrauchelt, und so scheint die Überzeugung zu wachsen, daß die Aufgabe der Modernisierung zu groß ist und eine zu starke Zerreißprobe darstellt, als daß sie mit demokratischen Methoden verwirklicht werden könnte – die Überzeugung, daß in einer revoltierenden Gesellschaft wie in einer kriegführenden Armee die Demokratie nur als ein ferner Traum Platz hat.

Die Ereignisse der vergangenen zwanzig Jahre legen die Vermutung nahe, daß die Amerikaner die Möglichkeiten für soziale Revolutionen auf friedlichem Wege übertrieben günstig beurteilt haben. Die Umwandlung einer traditionellen Gesellschaft erfordert große Disziplin und gewaltige menschliche Opfer: Denn nicht nur muß der Reiche überredet werden, Privilegien aufzugeben, die er bisher als sein Geburtsrecht betrachtet hatte; auch der Arme, der praktisch überhaupt nichts besitzt, muß davon überzeugt werden, daß er eine Zeitlang mit sogar noch weniger auskommen muß, damit Investitionskapital bereitgestellt werden kann. Soweit wir die Geschichte und die menschliche Natur kennen, gibt es in der Tat wenig Grund zu der Annahme, daß die Menschen solche Opfer freiwillig bringen; im Gegenteil, es ist viel eher zu erwarten, daß die privilegierten Klassen der aufbrechenden Länder alles in ihrer Kraft Stehende tun werden, um ihre Privilegien zu verteidigen.

Revolution auf friedlichem Wege ist historisch eine Seltenheit. Im Westen haben England und einige seiner kolonialen Erben und einige der kleineren europäischen Länder den Übergang von der Autokratie zur Demokratie und vom Feudalismus zur Moderne mit mehr oder weniger friedlichen Mitteln vollzogen, aber dies waren Länder, die sich im großen und ganzen außerordentlicher Vorteile durch Reichtum, Lage oder Tradition erfreuten. Die anderen großen europäischen Nationen – wie vor allem Frankreich, Italien, Deutschland und Rußland – sind nur nach gewaltsamen inneren Umwälzungen zu dem geworden, was sie heute sind; auch ist interessanterweise festzustellen, daß keines dieser Länder nach einem Anfangsexperiment in Demokratie einem mehr oder weniger großen Rückfall in die Diktatur entging.

Man braucht schon den Optimismus eines Dr. Pangloss, wenn man erwartet, daß asiatische und lateinamerikanische Nationen, belastet mit in Westeuropa und Nordamerika unbekannten Problemen der Armut und der Bevölkerung, auf friedlichem Wege das erreichen, was Nationen mit weitaus größeren Vorteilen nur durch eine gewaltsame Revolution herbeiführen konnten. Die Geschichte wiederholt sich nicht und so etwas wie Unvermeidlichkeit gibt es wahrscheinlich nicht, aber die Vergangenheit läßt doch bestimmte Grenzen der Wahrscheinlichkeit und bestimmte Wahrscheinlichkeiten erkennen. Sie läßt für die «Dritte Welt» Asiens, Afrikas und Lateinamerikas nicht einen glatten Übergang zur Demokratie, sondern eine ausgedehnte Zeit der Unruhe erwarten. Sie läßt vermuten, daß sich das Leben des einfachen Menschen nicht schnell verbessern wird, sondern daß es für einige Gesellschaften eine Periode des unterbrochenen Fortschritts unter einer mehr oder weniger demokratischen Führung und für andere eine anhaltende Stagnation oder Verschlechterung und für wieder andere eine Zeitspanne schmerzlicher Opfer geben wird, die von autoritären Führern erzwungen, doch in den besser verwalteten Gesellschaften vielleicht durch eine ziemlich gleichmäßige Verteilung gemildert werden.

Diese Aussichten sind eher wahrscheinlich als unvermeidlich, sie sind aber keinesfalls wünschenswert. Wir müssen weit mehr noch als bisher auch in Zukunft alles in unseren Kräften Stehende tun, damit die Aussichten für eine friedliche und demokratische soziale Revolution in der unterentwickelten Welt verbessert werden. Wir täten jedoch gut daran, uns nicht länger der Täuschung hinzugeben, daß ein Erfolg wahrscheinlich ist. Wir täten zum Beispiel gut daran, nicht länger den Sieg der Allianz für den Fortschritt zu preisen, nur weil im Jahre 1965 in Lateinamerika fünfhunderttausend Häusereinheiten errichtet wurden, von denen tatsächlich nur 60 000 der Allianz für den Fortschritt zugeschrieben werden konnten; denn die weitaus wichtigere Tatsache ist die, daß die Anzahl der Familien, die eine Unterkunft brauchen, um eineinhalb Millionen angewachsen ist. Wir dürfen uns nicht länger täuschen über den wirtschaftlichen Fortschritt in vielen Ländern, die amerikanische Hilfe erhalten, sondern wir müssen zugeben, daß die Größe des Problems in gar keinem Verhältnis zu dem steht, was getan oder wahrscheinlich noch unternommen wird, um die Lage zu verbessern. Wir müssen der Tatsache ins Gesicht sehen, daß in Asien, Afrika und Lateinamerika demokratische Methoden häufiger fehlschlagen als sie Erfolg haben und daß gewaltsame Umwälzungen nicht nur möglich, sondern in der Tat sehr wahrscheinlich sind, solange eine schnell wachsende Bevölkerung auf eine sich langsam entwickelnde Wirtschaft Druck ausübt.

Das unrevolutionäre Amerika

Bei der Konfrontation mit der sozialen Revolution sind wir Amerikaner emotional und intellektuell in dreierlei Hinsicht belastet: Erstens durch die Tatsache, daß wir eine unrevolutionäre Gesellschaft sind; zweitens durch das Fehlen eines echten Einfühlungsvermögens für revolutionäre Bewegungen, was nicht die Folge von Hartherzigkeit, sondern unseres eigenen Mangels an Erfahrung mit einer sozialen Revolution ist; und drittens durch eine nationale Mythologie, wie sie in Reden zum 4. Juli oder in flotten Publikationen kultiviert wird, die behaupten, daß wir eine revolutionäre Gesellschaft *sind*, daß wir in Wirklichkeit die «wahre» Revolution gemacht haben, die eine Inspiration für alle revolutionären Bewegungen der Welt sein sollte.

Wir werden nie viel Verständnis für Revolutionen aufbringen, wenn wir uns nicht darüber klarwerden, was genau eine Revolution ausmacht und was nicht. Ein Teil des Problems ist die mangelhafte Präzision der Sprache. So wie das Wort «Moral» angewandt werden kann, sowohl eine tolerante Humanität als auch einen selbstgerechten Puritanismus zu beschreiben, so kann das Wort «revolutionär» auf Erscheinungen vom Terror Robespierres bis zu einer neuen Waschseifenmarke verwendet werden. Um der Klarheit willen schlage ich deshalb die folgende Unterscheidung vor: Wahre Revolution ist fast immer gewaltsam, und gewöhnlich ist sie außerordentlich gewaltsam; ihr Wesen ist die Zerstörung des sozialen Gefüges und der Einrichtungen einer Gesellschaft und ein nicht notwendigerweise erfolgreicher Versuch, eine neue Gesellschaft mit einem neuen sozialen Gefüge und neuen Einrichtungen aufzubauen. Die englischen Reformgesetze des 19. Jahrhunderts, das amerikanische *New Deal* und die Große Gesellschaft waren keine Revolutionen; sie waren eher Mittel zur Verhinderung einer Revolution, rechtzeitige Reformmaßnahmen, die den wachsenden Forderungen des Volkes so weit entgegenkamen, daß ein revolutionärer Druck abgewendet werden konnte.

Ich weiß nicht, warum einige Amerikaner es so schwernehmen, wenn man feststellt, daß ihre Gesellschaft eine unrevolutionäre ist. Mir scheint, daß der in unserem Wesen liegende Konservativismus das Ergebnis und die Belohnung eines der erfolgreichsten Experimente der Erde – nämlich mit einer Regierung durch das Volk – ist. Vor fast zweihundert Jahren hatten wir eine Revolution, eine begrenzte, aber erfolgreiche, und ein Jahrhundert später gab es eine weitere Revolution, eine tragische und erfolglose. Seither hat es bei uns keine gewaltsame Umwälzung mehr gegeben, denn wir hatten keine nötig, weil sich unsere Einrichtungen als dauerhaft und flexibel und als geeignet erwiesen hatten, einen allmählichen und geregelten Wechsel herbeizuführen, so wie sich die USA von einer isolierten Gesellschaft zur reichsten und mächtigsten Nation der Erde entwickelten. Revolution ist schließlich nicht an sich ein Segen; sie ist das Produkt eines sozialen und politischen Mißerfolgs und ihr einziges Verdienst ist, daß sie die Mittel zur Verfügung stellt, die notwendig sind, mangelhafte Einrichtungen abzuschaffen und Hoffnung auf soziale Gerechtigkeit zu eröffnen. Die Einschätzung, daß wir Amerikaner in einer unrevolutionären Gesellschaft leben, braucht uns nicht zu betrüben, sondern wir sollten sie als ein Zeichen für den Erfolg und als einen Grund zum Stolz auffassen. Jefferson hat einmal gefragt: «Welches Land hat jemals anderthalb Jahrhunderte ohne Aufruhr bestanden?»[1] Wir haben diese Grenze noch nicht erreicht, aber wir nähern uns ihr. Wir nähern uns dieser Grenze, weil die Revolution von 1776 ein Erfolg war und weil das durch sie geschaffene System bewiesen hat, daß es sich den wechselnden menschlichen Bedürfnissen anpassen kann.

Unser Mangel an Verständnis oder Einfühlungsvermögen für die großen Revolutionen unserer Zeit ist also ein Ergebnis des Erfolges und des Glücks. Er ist dennoch ein Hindernis für die Erkenntnis und ein Problem der Politik, denn unser Erfolg hat uns von einem großen Teil der allgemeinen menschlichen Erfahrung isoliert. Es ist deshalb wichtig, daß wir auf falsche Analogien verzichten und die sozialen Revolutionen der «Dritten Welt» als ein uns fremdes Phänomen anerkennen, als ein Phänomen, mit dem die Erfahrung der USA wenig anzufangen weiß, das aber nichtsdestoweniger unsere Sympathie und Unterstützung beanspruchen kann.

Die Anatomie der Revolution

Wie es Crane Brinton in seiner klassischen Studie dargelegt hat[2], sind große Revolutionen durch gewisse Gleichförmigkeiten, nicht Gleichheiten, sondern Ähnlichkeiten in Verlauf und Entwicklung charakterisiert. Das Studium dieser Ähnlichkeiten kann den Amerikanern helfen, Phänomene zu verstehen, die außerhalb ihrer eigenen Erfahrung liegen. Wenn wir die Revolutionen der Vergangenheit, wie die englischen, die französischen oder die mexikanischen, mustern, dann könnten wir zu der Erkenntnis kommen, daß vieles, was wir am gegenwärtigen China oder Kuba oder am Rußland der zwanziger und dreißiger Jahre so schockierend und barbarisch finden, mehr mit einem bestimmten Stadium der Revolution als mit kommunistischer Ideologie zu tun haben könnte.

Große Revolutionen machen mehr oder weniger ähnliche und bestimmbare Stadien durch. Eric Hoffer drückt dies so aus, daß Revolutionen von «Männern des Wortes», von Intellektuellen wie Rousseau, Mazzini oder Marx vorbereitet, daß sie von «Fanatikern» wie Robespierre, Lenin und Trotzki verwirklicht und von «praktizierenden Männern der Tat» wie Cromwell, Bonaparte und Stalin schließlich wieder auf die Erde zurückgebracht wurden.³ Nach Crane Brintons Analyse ist es großen Revolutionen eigentümlich, daß ihnen die Demoralisierung der traditionellen herrschenden Klassen vorausgeht und daß sie danach zunächst durch die Herrschaft von Gemäßigten gekennzeichnet wird, deren Mäßigung sie unfähig macht, der Gewalt, die sie selbst entfesselt haben könnten, gewachsen zu sein; dann folgt die Herrschaft der Extremisten, deren Extremismus in Terror degeneriert und die dann durch praktischere Männer abgesetzt werden, die die Gesellschaft zurück zur Normalität und Routine, das heißt zu einem Stadium bringen, das in der Französischen Revolution als «Thermidor» bekanntgeworden ist.

Die akute Phase jeder Revolution ist die Herrschaft der Extremisten. Sie werden durch die Dynamik des gewaltsamen Wechsels an die Macht gebracht, der, wenn er einmal begonnen hat, sich von sich selbst nährt und Fanatismus erzeugt. Brinton hat dies so dargestellt: «Die normalen sozialen Rollen des Realismus und Idealismus werden in der akuten Phase einer Revolution umgekehrt.»⁴

Die Extremisten großer Revolutionen – der englischen, französischen, russischen, chinesischen oder kubanischen – haben gewisse gemeinsame Charakteristika gezeigt, ungeachtet der Ideologie, zu der sie sich bekannten. Zunächst und vor allem haben sie ihre jeweiligen Ansichten mit fanatischer Intoleranz und einem rücksichtslosen Idealismus verbreitet, einem Idealismus, der wiederum dazu dient, die außerordentliche Grausamkeit in der Behandlung der Gegner zu rechtfertigen. Außerdem wurde in allen diesen Revolutionen im wesentlichen die gleiche Technik der revolutionären Aktion angewandt, wie Propaganda, Aufmärsche, Straßenkämpfe, Terror, Gewaltlosigkeit, Guerillakriegführung und andere Methoden in verschiedenen Kombinationen.

Sind sie erst einmal an der Macht, neigen die Extremisten dazu, all ihr früheres Interesse an Freiheit und Gesetzlichkeit aufzugeben oder zu verraten, und sie verwirklichen ihr Programm oder versuchen es auf autoritäre Art. In gewissem Maße ist die Diktatur – ganz abgesehen von den Zielen und der Ideologie der Revolution – dem revolutionären Prozeß angeboren. Denn die Revolution zerbricht die Gesetze und die Gebräuche einer Gesellschaft, und Gewalt wird erforderlich, damit die Anarchie verhindert wird. Robespierre hat dieses besondere Phänomen als den Despotismus der Freiheit gegen die Tyrannei bezeichnet; Marx nannte es die Diktatur des Proletariats.

Die Extremisten neigen auch zur Askese und zum Puritanismus. Als die Bolschewisten in Rußland an die Macht kamen, sagte man im Westen zunächst eine Herrschaft der Zügellosigkeit und der Ausschweifung voraus. Aber gleich den Chinesen von heute, erwiesen sich die Bolschewisten als so prüde und aggressiv tugendhaft wie die Kalvinisten des 17. Jahrhunderts. Auch heute noch ist Rußland gewiß eine der puritanischsten Gesellschaften der Welt.

Der Versuch, die menschliche Natur umzugestalten und mit Gewalt die kochendheiße Suppe durch die Kehle des gewöhnlichen Bürgers zu gießen, erzeugt in einer Revolution den Terror, der aber mit der Mäßigung des Thermidor endet, wenn es einmal klargeworden ist, daß sich die menschliche Natur ganz einfach dagegen sperrt, sich im Handumdrehen umgestalten zu lassen. Die Periode des Terrors ist Kennzeichen dafür, daß man über das revolutionäre Ziel hinausgeschossen ist, und sie stellt eine schon von vornherein zum Scheitern verurteilte Bemühung dar, die Kluft zwischen der menschlichen Natur und den Bestrebungen des Menschen zu überbrücken. Der gewöhnliche Mensch wird an die Grenzen des Erträglichen getrieben; er sehnt sich nach einer Rückkehr zur Routine; er hat die ständige Diät von Tugend und Selbstaufopferung satt und will mit seinen gewöhnlichen Vergnügungen und Fehlern in Ruhe gelassen werden. Gesellschaften wie Individuen können nur eine begrenzte Dosis von Tugend und hohen Idealen und von dem Bemühen, den Himmel auf die Erde herunterzuholen, ertragen. Wenn sie genug haben, läßt die Revolution nach, und der Terror macht der Thermidorreaktion Platz.

Thermidor bedeutet nicht Annulierung der Revolution; er ist eher eine Rückkehr zur Erde, ein Nachlassen des Fanatismus, eine Neubekräftigung der menschlichen Natur und eine Rückkehr zum alltäglichen Leben. Wie Brinton schrieb, «gibt es keinen ewigen Fanatismus oder auf jeden Fall hat es noch keinen gegeben. Christen und Moslems sind zu keinem gegenseitigen Verständnis gekommen, aber sie haben von Heiligen Kriegen gegeneinander Abstand genommen. Wahrscheinlich wird sich erweisen, daß der Kommunismus, sogar mit Lenin und Stalin als seine Propheten, ein weniger hartnäckiger Glauben ist als der Islam.»[5]

*Nationalismus und Kommunismus in der
amerikanischen Auffassung von Revolution*

In Lateinamerika und in Asien, wo große Revolutionen stattgefunden haben und vielleicht noch bevorstehen, ist die Politik der USA deshalb geschwächt worden, weil sie sich anscheinend nicht vorstellen konnten, daß der Kommunismus nicht in starren Bahnen zu verlaufen braucht und daß sein Fanatismus nachlassen könnte, und weil sie so ganz und gar nicht begreifen können, warum die Völker dieser Kontinente ihre Gesellschaftsordnungen nicht durch die gleichen geregelten Prozesse umgestalten können, die sich in den USA so gut bewährt haben. Das Ergebnis ist, daß sich unsere Sympathie trotz unseres echten Wohlwollens für die, die ihre Stimme gegen Armut und soziale Ungerechtigkeit erheben, und trotz der materiellen Unterstützung, die wir vielen armen Nationen der Erde gewähren, in Feindseligkeit verwandelt, wenn die Reform zur Revolution wird. Ist dann noch der Kommunismus im Spiel, wie es oft der Fall ist, dann nimmt unsere Feindseligkeit die Form einer ungebührlichen Panik an.

Betrachtet man unsere frühere Politik und die Haltung der USA gegenüber China und Vietnam, Kuba und der Dominikanischen Republik, so sieht es danach aus, daß wir unseren Begriff von «legitimen» und «annehmbaren» sozialen Revolutionen sehr eng fassen. Wir zählen nur jene dazu, die vor den fast unerfüllbaren Anforderungen bestehen, friedlich, geregelt und freiwillig, das heißt so zu sein, wie es nach unserer Meinung unserem eigenen glänzenden Vorbild entspricht. Während wir einerseits keinerlei Zweifel daran zulassen, daß der Kommunismus der Herd eines revolutionären Prozesses ist und erst dann Ruhe geben wird, wenn er die Welt beherrscht, entsprechen andererseits unserer Abscheu vor der Gewaltanwendung der Linken keineswegs ähnliche Gefühle, wenn die Gewaltanwendung von der Rechten kommt.

So ist es dazu gekommen, daß unsere grundsätzliche Sympathie für die soziale Revolution in wachsendem Maße Lügen gestraft wird, weil wir sie in der Praxis bekämpfen.

Die amerikanische Auffassung von der Revolution wird also durch ein einfaches, aber bisher unüberwindliches Dilemma bestimmt: Wir verhalten uns gleichzeitig feindselig gegenüber dem Kommunismus und stehen dem Nationalismus mit Sympathie gegenüber; und wenn beide zu eng miteinander verbunden sind, dann erregen wir uns, sind enttäuscht, verärgert, niedergeschlagen und wankelmütig. Oder um ein einfaches Bild zu gebrauchen: bei einer Vorliebe für Mais und Widerwillen gegen Bohnen können wir uns nicht für ein Mais- und Bohnengericht erwärmen.

Die so entstandene Zwiespältigkeit hat die amerikanische Außenpolitik seit dem Ende des Zweiten Weltkriegs geschwächt. Solange uns Kommunismus und Nationalismus als getrennte Kräfte entgegentraten, war die Politik der USA weitgehend erfolgreich. In solchen Fällen wie der sowjetischen Bedrohung Westeuropas in den späten vierziger Jahren und der Kubakrise von 1962 kam die Gefahr ganz klar von der sowjetischen Macht, und die USA hatten wenig Schwierigkeiten, wirksame Gegenmaßnahmen zu beschließen. Im Fall der kolonialen Revolution in den meisten asiatischen und afrikanischen Ländern standen die USA weit an der Spitze, wenn es um die Unterstützung der nationalen Unabhängigkeitsbewegungen ging. Nur in solchen Fällen wie der kubanischen Revolution und dem Krieg in Vietnam, wo Kommunismus und Nationalismus eng miteinander verbunden sind, oder der Dominikanischen Republik, wo man – ohne daß es bewiesen werden konnte – befürchtete, daß der Kommunismus einen beherrschenden Einfluß ausübte, standen die USA beim Entwurf ihrer Politik vor einem grausamen Dilemma und erlebten bei ihrer Verwirklichung charakteristische Mißerfolge.

Aus komplizierten Gründen, die zu einem großen Teil von unseren Erfahrungen mit dem sowjet-kommunistischen Imperialismus der frühen Nachkriegszeit herrühren, neigten wir und neigen wir heute mehr denn je dazu, unserem Widerstand gegen den Kommunismus Vorrang vor unserer Unterstützung für den Nationalismus zu geben. Das Ergebnis war, daß wir mit gewissen Ausnahmen jenen echt nationalistischen Bewegungen, die von Kommunisten kontrolliert oder beeinflußt wurden, scharfen und meist erfolglosen Widerstand entgegensetzten. Die bemerkenswerteste und für uns lohnende Ausnahme war Jugoslawien, dessen nationale Unabhängigkeit wir seit 1948 unterstützt haben – mit dem Ergebnis, daß Jugoslawien als eine machtvolle Barriere gegen die sowjetischen Absichten in Südosteuropa bildete, eine stärkere Barriere, so sollte man hinzufügen, als viele nichtkommunistische Regierungen aufrichten konnten.

Wie klug oder unklug unser Eifer gegen den Kommunismus in der Vergangenheit gewesen sein mag – die Realitäten der Gegenwart erfordern eine Umkehr der Prioritäten von Widerstand gegen den Kommunismus und Unterstützung des Nationalismus. Grundlage meiner Kritik an der Politik der USA in Lateinamerika und in Südostasien, die in den folgenden Kapiteln dargelegt wird, ist meine Überzeugung, daß es den Interessen der USA besser dient, wenn man den Nationalismus unterstützt, als wenn man dem Kommunismus entgegentritt und daß es da, wo beide – Nationalismus und Kommunismus – in enger Verbindung miteinander stehen, in unserem Interesse liegt, lieber einer kommunistischen Regierung zuzustimmen, als die blutige und fast unmögliche Aufgabe zu übernehmen, eine echte nationale Bewegung zu unterdrücken.

Die These, daß wir der Errichtung einer kommunistischen Regierung irgendwo auf der Erde und unter irgendwelchen denkbaren Umständen «zustimmen» können oder zustimmen sollten, wird dies sicherlich viele Amerikaner und auch die höchsten Beamten unserer Regierung schockieren. Die Haltung des einzelnen dazu muß von seiner Beurteilung des Kommunismus als einer revolutionären Ideologie abhängen – nämlich davon, ob er sie als einen unerbittlichen und unabänderlichen Plan zur Welteroberung betrachtet oder als eine Ideologie, die subtiler und flexibler ist und die – je nach der Größe eines Landes, seinen Möglichkeiten, seinem nationalen Charakter, dem Stand seiner wirtschaftlichen Entwicklung und dem Stadium seiner Revolution – variiert.

Der Kommunismus als revolutionäre Ideologie

Das schlimme am Kommunismus ist nicht sein doktrinärer Gehalt, der schlimmstenfalls utopisch ist, sondern seine fanatische Selbstsicherheit, sein messianischer Eifer und seine Intoleranz gegenüber Andersdenkenden. Das schlimme ist nicht, daß er eine Welt von glücklichen und hochgesinnten «Werktätigen» verspricht – dies ist eine freundliche, wenn nicht gar verlockende Vision –, sondern es liegt in seinen maßlosen Anforderungen an die menschliche Natur, in seiner Intoleranz gegen menschliche Schwächen und in seiner Weigerung, den Menschen so zu nehmen, wie er ist und stets gewesen ist. Aus dieser Intoleranz erwächst die unerhörte Anmaßung des Rechtgläubigen, der allein weiß, was für alle Menschen am besten ist, und der, da er weiß, was am besten ist, auch das Recht und die Pflicht hat, es den Menschen aufzuzwingen. Das schlimme an Männern wie Lenin und Mao Tse-tung ist nicht ihre Philosophie, sondern ihre Inbrunst, die Tatsache, daß sie, wie Crane Brinton über die revolutionären Extremisten allgemein gesagt hat, «in verschiedenem Grade sehr hohe Ideale verbinden mit einer völligen Verachtung der Hemmungen und Grundsätze, die den meisten anderen Menschen als Ideale gelten»[6].

Wenn der Kommunismus sowohl böse in seiner Doktrin als auch unabänderlich in seiner Praxis wäre, dann bliebe uns nichts anderes übrig, als die kommunistischen Länder in einen mitleidlosen Kampf zu verwickeln, bis die eine oder die andere Ideologie vernichtet ist.

Mit dem Erzübel kann es keinen Kompromiß geben; denn Kompromiß ist eine Möglichkeit, widerstreitende Interessen miteinander zu versöhnen; ihm liegt die Voraussetzung zugrunde, daß auch Interessen des Gegners legitim sind und in bestimmtem Ausmaß Anspruch auf Verwirklichung haben. Wenn wir der Ansicht sind, daß die Ziele des Kommunismus keinerlei Legitimität beanspruchen können, daß es in kommunistischen Gesellschaften keine Spur von Anstand oder Menschlichkeit gibt, dann muß jeder Kompromiß als ein Pakt mit dem Teufel und unsere erklärte nationale Politik des «Brückenschlags» zur kommunistischen Welt als ein moralischer Ausverkauf betrachtet werden. Wenn diese Auffassung vom Kommunismus wirklich richtig wäre, dann würden es Ehre und Grundsätze erfordern, daß wir den Kampf mit allen erdenklichen Mitteln, einschließlich des Atomkrieges forcieren, um den Kommunismus zu vernichten und das weltweite Herrschaftsgebiet unserer eigenen Version von Demokratie zu errichten.

Ich glaube nicht, daß diese Ansicht vom Kommunismus richtig ist; ich glaube auch nicht, daß es richtig ist, den Kommunismus mit dem Nazismus gleichzusetzen. Der Nazismus war eine psychopathische Verirrung, war gewalttätige und degenerierte Romantik; der Kommunismus ist trotz all seiner Verzerrungen in der Praxis und trotz aller Verbrechen, die in seinem Namen begangen wurden, eine Doktrin der sozialen Gerechtigkeit und ein Produkt der westlichen Zivilisation, deren philosophische Wurzeln in einem humanitären Protest gegen die Ungerechtigkeiten des Kapitalismus des 19. Jahrhunderts liegen. Die religiöse Zeitschrift *Christianity and Crisis* hat das so ausgedrückt: «Was im Falle des Kommunismus auf dem Spiel steht, unterscheidet sich von dem, was im Falle des Nationalsozialismus auf dem Spiel stand. Der Stalinismus trug viele der schlimmsten Züge des Hitlerismus, aber er erwies sich als eine vorübergehende Phase des sowjetischen Kommunismus. Er zeigte sich weniger starr, als wir angenommen hatten, verschiedener Grade der Humanisierung, wenn nicht der Demokratisierung fähig. Er ist weder monolithisch noch eine permanente Sklaverei; und in seinen späteren Phasen wird eine Koexistenz sowohl in der Zusammenarbeit als auch beim Wettbewerb politisch und moralisch möglich. Wir bezweifeln, daß eine solche Koexistenz mit dem Nazismus möglich geworden wäre.»[7]

Sehr kritisch muß unterschieden werden zwischen der kommunistischen Philosophie und der Inbrunst, mit der sie praktiziert wird. Gerade die letzere stört uns zu Recht, und trotz der Tatsache, daß die

Doktrin selbst weltumspannende Ansprüche stellt, ist der Messianismus in der Praxis nicht so sehr ein Produkt des Kommunismus als vielmehr ein Stadium der Revolution, ein Stadium, vergleichbar der Periode des Terrors in der Französischen Revolution, dem – so läßt die Erfahrung vergangener Revolutionen annehmen – ebenso gewiß eine konservative Reaktion folgen wird. Das Stadium des revolutionären Extremismus gehört in einer Reihe kommunistischer Länder tatsächlich schon der Vergangenheit an, einschließlich der Sowjetunion, deren Verpflichtung zur Weltrevolution heute mehr eine rituelle als eine politische ist, so daß Rußland in den internationalen Beziehungen heute praktisch als eigentlich konservative Macht angesehen werden kann, als eine Nation, deren internationales Verhalten weit mehr vom Festhalten am Status quo bestimmt wird, als von ihrer philosophischen Verpflichtung zur Weltrevolution.

Die kommunistischen Länder sind von einheitlicher Festlegung auf einen Plan der Welteroberung weit entfernt, sie sind vielmehr durch stark voneinander abweichende Außenpolitik und sehr unterschiedlichen Auffassungen von ihren eigenen nationalen Interessen untereinander tief gespalten. Wir müssen also, wenn wir von einer Bedrohung durch die kommunistischen Länder sprechen, beachten, ob ihre Außenpolitik aggressiv oder freundlich ist – es sei denn, wir sind der Ansicht, daß die kommunistische Ideologie als solche eine Bedrohung der freien Nationen darstellt. Wenn wir die Prämisse akzeptieren, daß die Gefahr für uns mehr in der Aggression als im Kommunismus liegt, dann folgt daraus, daß die Existenz eines starken kommunistischen Staates, der ein Hindernis für die Expansion einer aggressiven kommunistischen Macht ist, unter dem Gesichtspunkt der amerikanischen Interessen wünschenswerter sein kann, als ein schwacher nichtkommunistischer Staat, der allein durch seine Schwäche ein Vakuum bildet, das zur Eroberung oder Untergrundtätigkeit einlädt.

Mir kommt es nicht auf die Feststellung an, daß der Kommunismus kein rauhes und für uns abstoßendes Gesellschaftssystem ist, sondern auf die Einsicht, daß seine Lehre erlösende Grundsätze des Humanismus enthält; daß das schlimmste am Kommunismus nicht seine Philosophie, sondern sein Fanatismus ist; daß die revolutionäre Leidenschaft nach den Erfahrungen der Geschichte wahrscheinlich abnimmt; daß der praktizierte Fanatismus in zahlreichen Ländern, einschließlich der Sowjetunion, *bereits nachgelassen hat;* daß es einigen Ländern unter der kommunistischen Herrschaft wahrscheinlich besser geht als unter den vorangegangenen Regimen; daß einige Menschen sogar unter dem Kommunismus leben wollen; daß die USA im allgemeinen mehr vom Erfolg des Nationalismus als von der Zerstörung des Kommunismus zu gewinnen haben; und daß schließlich – um auf das Thema der nächsten Kapitel vorzugreifen – die USA weder die Pflicht noch das Recht haben, alle diese Probleme für die revolutionären und die potentiell revolutionären Gesellschaften Asiens, Afrikas und Lateinamerikas vorzusortieren.

Anmerkungen

1 ‹Letter to William Stevens Smith›, November 13, 1787.

2 Crane Brinton: ‹The Anatomy of Revolution›, New York (Vintage) 1965.

3 Eric Hoffer: ‹Der Fanatiker›, Reinbek bei Hamburg (Rowohlt) 1965 (rowohlts deutsche enzyklopädie Bd. 220).

4 Brinton, a. a. O., p. 146.

5 Ebd., p. 234.

6 Ebd., p. 157.

7 John C. Bennett: ‹From Supporter of War in 1941 to Critic in 1966›, in: Christianity and Crisis, February 21, 1966, p. 14.

4

Revolution in Lateinamerika

Nirgendwo ist die Zwiespältigkeit in der Haltung der USA zur Revolution offenkundiger und belastender gewesen als in den Beziehungen der Vereinigten Staaten zu Lateinamerika. In Lateinamerika wie in Asien müssen sich die USA als unrevolutionäre Nation entscheiden, ob sie einer Revolution zustimmen oder versuchen sollen, sie zu unterdrücken.

Eingeengt zwischen einer echten Sympathie für soziale Reformen auf der einen Seite und einer starken Furcht vor einer Revolution nach kubanischem Modell auf der anderen Seite, sind die USA bisher nicht bereit oder nicht in der Lage gewesen, eine konsequente Politik zu verfolgen. Einerseits haben wir uns mit gewissen fortschrittlichen demokratischen Regierungen angefreundet und wir haben uns mit Lateinamerika in der Allianz für den Fortschritt zusammengeschlossen, deren Ziel eine soziale Revolution auf friedlichem Wege ist; andererseits haben wir zugelassen, daß unsere Furcht vor dem Kommunismus uns dazu getrieben hat, eine Anzahl von Regierungen zu unterstützen, deren Politik, um es milde auszudrücken, mit den Zielen der Allianz unvereinbar ist; und bei drei Gelegenheiten – in Guatemala 1954, in Kuba 1961 und in der Dominikanischen Republik 1965 – haben wir zur Gewalt gegriffen. Wir haben in allen drei Fällen rechtswidrig und unklug gehandelt, und wir waren auch insofern erfolglos, als jede dieser Interventionen fast mit Gewißheit die Anziehungskraft des Kommunismus für die jüngere Generation der gebildeten Lateinamerikaner verstärkt hat.

Die Vereinigten Staaten haben also in Lateinamerika zwei weitgehend unvereinbare politische Konzeptionen verfolgt – eine nicht konsequente Unterstützung sozialer Reformen und einen unterschiedslosen Antikommunismus, der uns oft mit militärischen Diktaturen und reaktionären Oligarchien auf freundschaftlichen Fuß gebracht hat. Dem Antikommunismus wird in wachsendem Maße Vorrang vor der Unterstützung von Reformen eingeräumt. Die maßgeblichen amerikanischen Politiker ziehen ganz offensichtlich reformfreudige demokratische Regierungen wirtschaftlichen Oligarchien und Militärjuntas vor, so lange die ersteren aggressiv antikommunistisch sind; aber der leiseste Verdacht einer kommunistischen Unterstützung scheint auszureichen, eine Reformbewegung in den Augen der Nordamerikaner zu diskreditieren und die Staatsmänner der USA in die erstickende Umarmung der Generale und der Oligarchien zu treiben.

Geleitet von einem Reflex, der ihnen von Fidel Castro eingeimpft wurde, haben die amerikanischen Staatsmänner eine Neigung entwickelt, Revolution mit Kommunismus zu identifizieren. Denn weil das eine mit dem anderen etwas zu tun hat, was tatsächlich der Fall ist, glauben diese Politiker, daß beides ein und dasselbe ist, was keineswegs zutrifft. Das durchdringende Mißtrauen der amerikanischen Staatsmänner gegen sozialrevolutionäre Bewegungen ist in der Tat eine unglückliche Erscheinung, denn die Möglichkeit neuer Explosionen ist in Lateinamerika sehr groß, und da sich die USA zum Feind der revolutionären Bewegungen machen, kann sich der Kommunismus zu ihrem Freund machen. Die vorherrschende antirevolutionäre Tendenz in der Politik der USA, die in der Furcht vor dem kubanischen Modell des Kommunismus ihren Ursprung hat, kann nur bewirken, daß der Kommunismus gestärkt wird.

Die Intervention in der Dominikanischen Republik

Die Allianz für den Fortschritt hatte in Lateinamerika die Hoffnung bestärkt, daß die USA eine von innen ausgehende soziale Revolution nicht nur tolerieren, sondern auch aktiv unterstützen würden. Die Intervention in der Dominikanischen Republik hat diese Hoffnung zumindest vorübergehend zerstört.

Die Wahl von Joachin Balaguer zum Präsidenten der Dominikanischen Republik am 1. Juni 1966 – ein Wahlakt, der von den meisten Beobachtern als fair und frei angesehen worden war – ist weitgehend als eine Rechtfertigung der militärischen Intervention der USA vom April 1965 und als Beweis dafür aufgefaßt worden, daß diese Intervention notwendig, berechtigt und klug gewesen ist. Wir, die wir die Intervention der USA kritisiert haben, müssen zugeben, daß in der Dominikanischen Republik schneller ein gewisses Maß an Ordnung und Stabilität wiederhergestellt worden ist, als es im Frühjahr und Sommer 1965 wahrscheinlich schien, und daß das Verdienst dafür eigentlich der US-Diplomatie, der Organisation der Amerikanischen Staaten (OAS), der Interamerikanischen Streitmacht, die bis zum Sommer 1966 in der Dominikanischen Republik blieb, der provisorischen Regierung, die vom September 1965 bis zum Juli 1966 amtierte, und der ihr folgenden gewählten Regierung gebührt.

Das ist jedoch alles, was man zugeben muß oder zugeben kann. Denn bestehen bleiben die Tatsachen, daß sich die USA auf eine einseitige militärische Intervention eingelassen und damit gegen das interamerikanische Recht, eine dreißig Jahre andauernde Politik der «guten Nachbarschaft» und den Geist der Charta von Punta del Este verstoßen haben; daß die Organisation der Amerikanischen Staaten sehr geschwächt wurde, weil sie – mit eigener Zustimmung – als ein Instrument der Politik der USA benutzt wurde; daß die Macht der reaktionären Militäroligarchie in der Dominikanischen Republik im wesentlichen unbeeinträchtigt blieb, daß den Vereinigten Staaten durch die Intervention das Vertrauen und die Wertschätzung der Reformwilligen und der jungen Menschen ganz Lateinamerikas verlorenging, gerade der Menschen, deren Anstrengungen für den Erfolg der friedlichen Revolution durch die Allianz für den Fortschritt so wichtig sind, und daß das Vertrauen auf das Wort und die Absichten der US-Regierung nicht nur in Lateinamerika, sondern auch in Europa und Asien und sogar in unserem eigenen Land schwer erschüttert wurde.

Die Erholung von einer Katastrophe verwandelt die Katastrophe durchaus nicht in einen Triumph. Wenn man die Wiederherstellung einer verfassungsgemäßen Regierung in der Dominikanischen Republik als Rechtfertigung der Intervention betrachtet, dann ist es so, als fasse man den Wiederaufbau eines abgebrannten Hauses als Rechtfertigung für den Brand auf. Ein guter Freund der USA, der ehemalige kolumbianische Präsident Alberto Lleras Camargo, der zu jener Zeit eine Europareise unternahm, hat die Wirkung der dominikanischen Intervention im Ausland später so beschrieben: «... Allgemein hatte man das Gefühl, daß sich das Weiße Haus einer neuen und offen imperialistischen Politik im Stil Theodore Roosevelts verschrieben hatte und daß – wenn schon Marineinfanterie im Gegensatz zu unzweideutigen Gesetzesnormen in der (westlichen) Hemisphäre intervenierte – man in Asien, Afrika und überall nur neue Gewaltakte erwarten konnte und vielleicht schon in sehr kurzer Zeit die Eskalation des Kalten Krieges in einen heißen...»[1]

Der Intervention der USA in der Dominikanischen Republik lag hauptsächlich die Tatsache zugrunde, daß wir für die Ursachen und die grundsätzliche Legitimität der Revolution in einem Land, in dem demokratische Verfahren keinen Erfolg hatten, kein Verständnis aufgebracht haben. Die Verwicklung einer unbestimmten Anzahl von Kommunisten in die dominikanische Revolution wurde so ausgelegt, daß damit die gesamte Reformbewegung wie ein vergifteter Brunnen entwertet wurde, und, anstatt unsere beträchtlichen Hilfsmittel aufzubieten, um durch Einflußnahme auf die demokratischen Kräfte, die aktiv um unsere Unterstützung ersuchten, mit den Kommunisten zu konkurrieren, intervenierten wir militärisch auf der Seite einer korrupten und reaktionären Militäroligarchie. Wir leisteten damit der Ansicht Vorschub, daß die USA in Lateinamerika der Feind der sozialen Revolution und damit der Feind der sozialen Gerechtigkeit sind.

Es ist unbestreitbar evident, daß die amerikanischen Streitkräfte am 28. April 1965 in Santo Domingo nicht, wie offiziell behauptet wurde und behauptet wird, hauptsächlich deshalb landeten, um amerikanische Menschenleben zu retten, sondern aus dem wichtigsten, wenn nicht einzigen Grund, eine Revolution niederzuschlagen, von der man – auf Grund fragmentarischer Beweise und einer Überschätzung des kommunistischen Einflusses – annahm, daß sie entweder von den Kommunisten beherrscht sei oder bald unter die Kontrolle der Kommunisten geraten würde. Es ist hier nicht meine Aufgabe, den komplizierten Ablauf der Ereignisse zu beschreiben, die mit der Intervention zusammenhängen, sondern ich will nur jene hervorspringenden Tatsachen ins Gedächtnis zurückrufen, die die Behauptung bekräftigen, daß die USA in der Dominikanischen Republik in unangemessener Furcht vor einer inneren Revolution vorschnell und unklug gehandelt haben.

Als die dominikanische Revolution am Sonnabend, dem 24. April 1965, begann, hatten die USA drei Möglichkeiten: erstens konnten sie die Regierung Donald Reid Cabral unterstützen, eine Junta, die im September 1963 zur damals größten Bestürzung der US-Regierung die frei gewählte Regierung Juan Bosch gestürzt hatte, mit der die USA seither jedoch gut zusammengearbeitet hatten; zweitens konnten sie den revolutionären Kräften beistehen; und drittens konnten sie überhaupt nichts tun.

Die Regierung wählte das letztere. Als Reid Cabral am Sonntag, dem 25. April, morgens um Intervention der USA ersuchte, erhielt er keine zustimmende Antwort. Er trat dann zurück, und beträchtliche Meinungsverschiedenheiten entstanden über die Zusammensetzung der Regierung, die auf ihn folgen sollte. Die Partei von Juan Bosch, die PRD oder Dominikanische Revolutionäre Partei, ersuchte um eine «Präsenz der USA» bei der Übergabe der Regierungsgewalt, aber sie erhielt von den USA keinen ermutigenden Bescheid. So begann eine chaotische Situation, die zu einem Bürgerkrieg führte, da eine tatkräftige Regierung nicht vorhanden war.

Im Grunde war es so, daß sich das dominikanische Militär weigerte, Reid Cabral zu unterstützen und sich aber gleichermaßen Bosch oder einem anderen Führer der PRD als Reid Cabrals Nachfolger widersetzte. Die PRD, die von einigen Offizieren unterstützt wurde, gab bekannt, daß Rafael Molina Urena, Senatspräsident während des Bosch-Regimes, bis zur Rückkehr von Bosch als provisorischer Präsident regieren werde. Bei diesem Stand der Dinge stellten die militärischen Führer ein Ultimatum, das die Rebellen ignorierten, und am Nachmittag des 25. April (etwa um 16.30 Uhr) begannen die Luftwaffe und die Marine den Nationalpalast zu beschießen. Später an diesem Tag ersuchten die Führer der PRD die US-Botschaft, ihren Einfluß geltend zu machen und die Luftwaffe zu überreden, ihre Angriffe einzustellen. Die Botschaft stellte klar, daß sie nicht im Namen der Rebellen intervenieren werde, obgleich sie am folgenden Tag, am Montag, dem 26. April, das Militär doch überredete, die Luftangriffe für eine begrenzte Zeit zu beenden.

Dies war der erste entscheidende Punkt der Krise. Wenn die USA der Ansicht waren, daß Reid Cabral der Dominikanischen Republik die beste Regierung geben könnte, die sie gehabt hat oder bekommen konnte, warum reagierten die Vereinigten Staaten dann nicht energischer, um ihn zu unterstützen? Andererseits, wenn man annahm, daß die Regierung Reid Cabral nicht mehr zu retten war, warum boten die USA dann nicht den gemäßigten Kräften des Staatsstreichs Unterstützung an, wenn schon nicht dadurch, daß man die von der PRD ersuchte «Präsenz der USA» herstellte, dann wenigstens dadurch, daß man wissen ließ, die USA würden sich dem voraussichtlichen Wechsel der Regime nicht widersetzen oder dadurch, daß man die Rückkehr von Juan Bosch in die Dominikanische Republik förderte? Tatsächlich hat die US-Regierung nach den vorliegenden Beweisen keinerlei Anstrengung unternommen, sich im Anfangsstadium der Krise mit Bosch in Verbindung zu setzen.

Zu Beginn waren die USA somit nicht bereit, Reid Cabral zu unterstützen; sie halfen aber auch nicht Juan Bosch, wenn sie ihm nicht sogar entgegentraten. Die Ereignisse der Tage nach dem 24. April zeigten, daß Reid Cabral im Volk so wenig Anhang hatte, daß man mit einigem Grund argumentieren konnte, die USA hätten – außer durch eine bewaffnete Intervention – nichts tun können, sein Regime zu retten. Aber die interessantere Frage ist die, warum sich die USA so gegen eine Rückkehr Boschs an die Macht sträubten. Dies ist Teil der weitergehenden Frage, warum sich die Haltung der USA seit 1963 so sehr geändert hatte, als Bosch, damals an der Macht, von den Vereinigten Staaten so herzlich und häufig umarmt und unterstützt wurde, wie kaum ein lateinamerikanischer Präsident je zuvor.

Der nächste entscheidende Moment in den dominikanischen Ereignissen kam am Dienstag, dem 27. April, als die Rebellenführer, unter ihnen Molina Urena und der militärische Anführer der Aufständischen Francisco Caamaño Deñó, bei der US-Botschaft vorstellig wurden und um Vermittlung und Verhandlung nachsuchten. Zu diesem Zeitpunkt sah die militärische Lage für die rebellierenden oder konstitutionellen Kräfte sehr schlecht aus. Der amerikanische Botschafter W. Tapley Bennett, der viermal instruiert worden war, einen Waffenstillstand und die Bildung einer Militärjunta anzustreben, war der Ansicht, er habe nicht die Befugnis, zu vermitteln; Vermittlung hätte nach seiner Ansicht «Intervention» bedeutet. Zu diesem Zeitpunkt jedoch hätte eine Vermittlung ruhig und friedlich vorgenommen werden können. Vierundzwanzig Stunden später trat der Botschafter für die Entsendung der Marinetruppen ein, und von diesem Zeitpunkt an intervenierten die USA mehr als ein Jahr lang und so intensiv wie in den schönsten Tagen der Monroe-Doktrin.

Am Nachmittag des 27. April schienen General Wessin y Wessins Panzer drauf und dran zu sein, über die Duarte Bridge in die Innenstadt von Santo Domingo vorzudringen, und um die Sache der Rebellen schien es hoffnungslos zu stehen. Als sich die Rebellen in der amerikanischen Botschaft zurückgewiesen sahen, ersuchten einige ihrer Führer, unter ihnen Molina Urena, in lateinamerikanischen Botschaften in Santo Domingo um Asyl. Die US-Regierung legte diese Entwicklung als Beweis dafür aus, daß die nichtkommunistischen Rebellen den wachsenden kommunistischen Einfluß in ihrer Bewegung anerkannt hatten und als Folge davon die Revolution aufgaben. Molina Urena hatte aber nur erklärt, er ersuche um Asyl, weil er für die Sache der Revolution keine Hoffnung mehr sah.

Eine große Gelegenheit wurde am 27. April versäumt. Botschafter Bennett befand sich in einer Position, in der er eine möglicherweise entscheidende Vermittlung im Sinne einer demokratischen Lösung zustande bringen konnte. Aber er entschied dagegen – und zwar mit der unaufrichtigen Begründung, daß das Angebot seiner guten Dienste bei diesem Stand der Dinge eine «Einmischung» bedeutet hätte. Wie Murrey Marder – von der *Washington Post* – einer der Journalisten, die meines Wissens nicht als «voreingenommen» attackiert worden sind – geschrieben hat, «kann mit beträchtlichem

Nachdruck gesagt werden, daß die USA am späten Dienstag, dem 27. April, eine schicksalhafte Gelegenheit verschleudert haben, nämlich die Gelegenheit zu dem Versuch, den Fortgang der Ereignisse zu vereiteln, der dann die amerikanische Intervention hervorrief. Sie ließen zu, daß die relativ führerlose Revolte in Hände überging, von denen sie dann behaupten konnten, daß sie kommunistisch seien.»[2]

Der ausschlaggebende Grund für diesen Fehler war die Überzeugung der amerikanischen Regierungsbeamten, daß die Rebellenbewegung von den Kommunisten beherrscht wurde – eine Überzeugung, die sich jedoch bestenfalls auf fragmentarische Beweise stützte. Ein vielleicht ebenso wichtiger Grund für die Weigerung der US-Botschaft am 27. April, eine Vermittlung zu übernehmen, soll Berichten zufolge der Wunsch und, zu jenem Zeitpunkt, die Erwartung gewesen sein, daß die antirevolutionären Kräfte den Sieg davontragen. Die amerikanischen Beamten in Santo Domingo ließen deshalb eine wichtige Möglichkeit zur Minderung oder sogar zur Ausschaltung vorübergehen, als sie es unterließen, die gemäßigten Kräfte der Rebellen zu ermutigen und eine demokratische Lösung zu vermitteln.

Als Folge einer gewissen Desorganisation und Schüchternheit der antirevolutionären Kräfte, die niemand, weder die amerikanische Botschaft noch die Rebellen selbst erwartet hatten, kämpften die Aufständischen am Mittwochmorgen, dem 28. April, immer noch. Botschafter Bennett empfahl daraufhin dringend, daß den antirevolutionären Kräften unter dem Luftwaffengeneral de los Santos Cespedes aus den Beständen des US-Verteidigungsministeriums in Puerto Rico fünfzig tragbare Funkgeräte zur Verfügung gestellt werden sollten. Später an diesem Tag wiederholte Bennett diese Empfehlung und erklärte, daß es sich um eine Auseinandersetzung zwischen dem Castroismus und seinen Gegnern handele. Die antirevolutionären Kräfte selbst ersuchten um eine bewaffnete amerikanische Intervention an ihrer Seite. Dieses Ersuchen wurde zu jenem Zeitpunkt abgelehnt.

Im Laufe dieses Mittwochs verschlechterte sich die Lage jedoch schnell – sowohl im Hinblick auf die öffentliche Ordnung allgemein als auch besonders im Hinblick auf die Lage gegenrevolutionärer Kräfte. Am Nachmittag des 28. April ersuchte Oberst Pedro Bartolome Benoit, der Führer einer hastig zusammengestellten Junta, die USA erneut und diesmal schriftlich, um die Entsendung von Truppen mit der Begründung, daß eine Intervention der einzige Weg sei, eine Machtübernahme der Kommunisten zu verhindern; dabei wurde nicht erwähnt, daß die Junta nicht in der Lage war, das Leben amerikanischer Staatsbürger zu schützen. Washington schlug diese Bitte ab, und man ließ Benoit dann wissen, daß die USA nicht intervenieren würden, *es sei denn, er erkläre, daß er die in der Dominikanischen Republik befindlichen Bürger der USA nicht schützen könne.* Faktisch wurde Benoit dadurch mitgeteilt, daß die USA intervenieren würden, wenn amerikanische Menschenleben gefährdet wären. Und genau das geschah.

So standen die Dinge, als die USA am 28. April den Beschluß faßten, in Verletzung der Charta der Organisation der Amerikanischen Staaten (OAS) zu handeln. Dieser Beschluß prägte die folgenden Ereignisse: Das Fehlschlagen der Missionen von John Bartlow Martin und McGeorge Bundy, die Umwandlung der US-Interventionstruppe in eine interamerikanische Streitmacht, das erzwungene Stillhalten zwischen den Rebellen unter Caamaño Deñó und der Junta des Generals Antonio Imbert Barreras, die Vermittlung der OAS und die gewundenen und schließlich erfolgreichen Verhandlungen über die Bildung einer provisorischen Regierung. Auf jeden Fall wurde die allgemeine Richtung der Ereignisse weitgehend von jenem verhängnisvollen Beschluß des 28. April bestimmt. Als die Marinetruppen an jenem Tag erst einmal gelandet waren und vor allem, nachdem sie an den unmittelbar darauffolgenden Tagen mächtig verstärkt worden waren, waren die Würfel gefallen, die Vereinigten Staaten fanden sich zutiefst in den innerdominikanischen Konflikt verwickelt, und die Beziehungen der USA zu den Ländern ihrer Hemisphäre wurden in einer Weise belastet, wie nur wenige hatten voraussehen können und wie es niemand gewollt haben kann.

Die USA intervenierten in der Dominikanischen Republik, um den Sieg revolutionärer Kräfte zu verhindern, die man als kommunistisch beherrscht einstufte. Auf Grund der Berichte, die Botschafter Bennett nach Washington sandte, besteht kein Zweifel daran, daß eher die Furcht vor dem Kommunismus als die Gefahr für das Leben amerikanischer Staatsbürger sein wichtigster oder einziger Beweggrund war, als er eine militärische Intervention empfahl. Tatsächlich war in Santo Domingo kein Bürger der USA ums Leben gekommen, ehe die Marinetruppen nach dem 28. April den Schußwechsel mit den Rebellen begannen; Berichte über weitverbreitete Schießereien, durch die Bürger der USA gefährdet würden, erwiesen sich als weit übertrieben.

Die Frage nach dem Ausmaß des kommunistischen Einflusses ist deshalb entscheidend, aber sie kann nicht mit Gewißheit beantwortet werden. Nach Maßgabe der Beweise waren die Kommunisten an der Planung der Revolution nicht beteiligt – es gibt sogar einige Anzeichen dafür, daß sie von der Erhebung überrascht wurden –, aber sie versuchten sehr schnell, die Rebellion für ihre Zwecke auszunutzen und sie unter Kontrolle zu bringen. Es gibt keine Beweise dafür, daß die Kommunisten die Revolution zu irgendeinem Zeitpunkt tatsächlich unter ihre Kontrolle gebracht haben. Es gibt nur wenig Zweifel daran, daß sie innerhalb der revolutionären Bewegung Einfluß hatten, aber über das Ausmaß dieses Einflusses gibt es nur Spekulationen.

Die US-Regierung ist jedoch fast von Beginn an von der Voraussetzung ausgegangen, daß die Revolution kommunistisch beherrscht sei oder daß es mit Gewißheit dazu kommen werde und daß allein ein gewaltsamer Widerstand eine Machtübernahme der Kommunisten verhindern könnte. In ihrer panischen Furcht davor, daß die Dominikanische Republik vielleicht zu einem «zweiten Kuba» werden könnte, scheinen einige unserer Regierungsbeamten vergessen zu haben, daß faktisch alle Reformbewegungen irgendeine Unterstützung der Kommunisten auf sich ziehen, daß aber ein wichtiger Unterschied zwischen kommunistischer Unterstützung und der Beherrschung einer politischen Bewegung durch die Kommunisten besteht und daß es sehr wohl möglich ist, mit den Kommunisten um Einfluß in einer Reformbewegung zu konkurrieren, statt sie ihnen völlig zu überlassen, und daß – und dies ist das Wichtigste – wirtschaftliche Entfaltung und soziale Gerechtigkeit als solche die erste und verläßlichste Sicherheit gegen kommunistische Untergrundarbeit sind. Ich will keineswegs sagen, daß die Kommunisten an der dominikanischen Krise nicht beteiligt gewesen seien, sondern nur, daß die US-Regierung unter der Voraussetzung handelte, die Revolution werde von den Kommunisten *beherrscht* – eine Voraussetzung, die sich damals und seither nicht als stichhaltig erweisen konnte.

Da die Kommunisten an der Revolution teilgenommen, sie aber nicht beherrscht hatten, war es ein aus Panik und Furchtsamkeit geborener Fehler, in der Dominikanischen Republik zu intervenieren; dieser Fehler spiegelt aber auch eine bedrückende Fehlinterpretation der Natur der gegenwärtigen politischen Situation in Lateinamerika wider. Kommunisten gibt es in allen lateinamerikanischen Ländern, sie schalten sich in fast alle Revolutionen in Lateinamerika ein und versuchen sie unter ihre Kontrolle zu bringen. Wenn jede Gruppe oder jede Bewegung, der sich die Kommunisten zugesellen, in den Augen der USA damit automatisch verdammt wird, dann haben wir wirklich alle Hoffnung aufgegeben, daß wir, wenn auch nur in ganz geringem Maße, die revolutionären Bewegungen und Forderungen nach sozialen Veränderungen beeinflussen können, die Lateinamerika heftig beunruhigen. Schlimmer noch: wenn dies unsere Ansicht ist, dann haben wir uns zu Gefangenen der lateinamerikanischen Oligarchen gemacht, die vergeblich versuchen, den Status quo aufrechtzuerhalten – jener Reaktionäre, die die Bezeichnung «Kommunist» sehr weitherzig auszulegen pflegen, zum Teil aus emotionaler Voreingenommenheit und zum Teil mit dem Kalkül, den USA einen Schrecken einzujagen: damit wir ihre selbstsüchtigen und diskreditierten Ziele unterstützen.

Die soziale Revolution ist in Lateinamerika die Bewegung der Zukunft. Die Frage ist, ob es eine kommunistische oder eine demokratische Revolution sein wird, und die Wahl, die die Lateinamerikaner treffen, wird zum Teil davon abhängen, wie die USA ihren großen Einfluß nutzen. Man sollte restlos klarstellen, daß nicht soziale Revolution und konservative Oligarchie zur Wahl stehen, sondern die Alternativen, ob wir durch Unterstützung der Reformen den vom Volk akzeptierten Nonkonformisten Auftrieb geben oder ob wir, indem wir unpopuläre Oligarchien unterstützen, die heranwachsende Generation von gebildeten und patriotischen jungen Lateinamerikanern einer verbitterten und feindseligen Form des Kommunismus, wie der Fidel Castros auf Kuba, in die Arme treiben.

Wir können nicht beides zugleich haben; wir müssen zwischen den Zielen der Allianz für den Fortschritt und einem zum Scheitern verurteilten Versuch wählen, den Status quo in Lateinamerika aufrechtzuerhalten. Welche Wahl wir treffen werden, das ist die von Grund auf unbeantwortete Frage, die sich aus den unglückseligen Ereignissen in der Dominikanischen Republik ergibt; und das ist wirklich die von Grund auf unbeantwortete Frage, wie in Zukunft unsere Beziehungen zu Lateinamerika aussehen sollen.

Recht und Revolution

Weil das Recht seiner Natur nach eine Stütze des Status quo ist, handeln Revolutionäre vernunftgemäß, wenn sie versuchen, ihn umzustoßen, und Konservative tun das gleiche, wenn sie versuchen, ihn abzustützen. Konservative handeln nicht vernünftig, wenn sie in einem plötzlichen Anfall von antirevolutionärem Eifer ein zweideutiges Spiel mit dem Recht treiben. Wenn sie dies tun, verhalten sie sich eher wie die Verteidiger einer belagerten Festung, deren Artillerie durch die schützenden Mauern schießt statt über sie hinweg: vielleicht werden sie einige der Angreifer auf der anderen Seite vernichten, aber dabei öffnen sie ein schönes Loch, durch das der Feind bei seinem nächsten Angriff in die Festung eindringen kann. Genau das haben die USA getan, als sie einseitig in der Dominikanischen Republik intervenierten.

In Artikel 15 der Charta der Organisation der Amerikanischen Staaten heißt es: «Kein Staat und keine Staatengruppe hat das Recht, aus welchem Grund auch immer, direkt oder indirekt in die inneren oder äußeren Angelegenheiten eines anderen Staates einzugreifen.» Artikel 17 stellt fest, daß «das Territorium eines Staates unverletzlich ist; es darf, aus welchen Gründen auch immer, weder direkt noch indirekt und auch nicht vorübergehend Objekt einer militärischen Besetzung oder anderer Gewaltmaßnahmen sein, die von einem anderen Staat getroffen werden».

Diese Bestimmungen sind nicht doppelsinnig. Sie bedeuten, daß – mit einer Ausnahme, die noch angeführt wird – unter den Staaten Amerikas alle Formen einer gewaltsamen Intervention absolut verboten sind. Es könnte sein, daß es von den USA unklug war, 1948 in Bogotá diese Verpflichtung einzugehen; all das Gerede davon, daß der Grundsatz des Verzichts auf Intervention veraltet sei, wie man es heutzutage hören kann, zeigt deutlich das Bedauern einiger Regierungsbeamte der USA, daß wir uns dazu verpflichtet haben. Aber die Tatsache bleibt bestehen, daß wir zur Einhaltung dieses Grundsatzes nicht nur teilweise oder vorübergehend oder soweit wir es mit unseren lebenswichtigen Interessen vereinbar finden, sondern fast uneingeschränkt verpflichtet sind. Das entspricht unserem Wort, unserer Bürgschaft und unserer Bereitschaft, die feierlichen Verpflichtungen einzuhalten, die in einem Vertrag festgelegt sind, den der Senat am 28. August 1950 ratifiziert hat.

Es gibt Leute, die vielleicht der Gesetzesbestimmung zustimmen, die aber gleichzeitig argumentieren, daß solche Erwägungen mehr mit unseren Idealen als mit unseren Interessen zu tun haben und deshalb von zweitrangiger Bedeutung sind. Ich glaube nicht, daß das stimmt. Wir führen gegenwärtig in Vietnam Krieg, wie man uns sagt, vor allem deshalb, weil es eine Katastrophe wäre, wenn die USA ihr Wort nicht hielten und nicht zu ihrer Verpflichtung stünden; es handelt sich, wie man uns sagt, um eine Sache von lebenswichtigem, nationalem Interesse. Ich sehe nicht ein – ja, ich kann ganz und gar nicht einsehen –, warum es eine Sache von weniger lebenswichtigem

Interesse sein sollte, auf dem amerikanischen Kontinent eine klare und ausdrückliche vertragliche Verpflichtung einzuhalten, als die weitaus zweideutigeren und weniger formellen Versprechen einzulösen, die wir den Südvietnamesen gegeben haben.

Die einzige Ausnahme der Verbotsbestimmungen der Artikel 15 und 17 wird im Artikel 19 der OAS-Charta festgelegt. Darin heißt es, daß «Maßnahmen zur Aufrechterhaltung des Friedens und der Sicherheit im Einklang mit den bestehenden Verträgen keine Verletzung der Grundsätze darstellen, wie sie in den Artikeln 15 und 17 dargelegt sind». Artikel 6 des Vertrages von Rio stellt fest: «Wenn die Unverletzlichkeit oder die territoriale Integrität, die Souveränität oder die politische Unabhängigkeit irgendeines amerikanischen Staates angetastet werden sollte durch eine Aggression, die kein bewaffneter Angriff ist, durch einen außerkontinentalen oder einen innerkontinentalen Konflikt oder durch irgendeine andere Tatsache oder Situation, die den Frieden Amerikas gefährden könnte, dann soll das Konsultationsorgan sofort zusammentreten, damit Maßnahmen vereinbart werden können, durch die im Falle einer Aggression dem Opfer geholfen werden muß oder damit auf jeden Fall die Maßnahmen abgesprochen werden, die zur gemeinsamen Verteidigung und zur Aufrechterhaltung des Friedens und der Sicherheit des Kontinents getroffen werden sollten.»

Die USA hatten demnach, als die dominikanische Krise am 24. April 1965 ausbrach, eine rechtliche Handhabe. Wir hätten eine dringende Sitzung des OAS-Rates beantragen können, um Artikel 6 des Vertrages von Rio anzurufen. Aber wir taten das nicht. Die Regierung hat argumentiert, es sei keine Zeit gewesen, die OAS zu konsultieren, obgleich Zeit zur Verfügung stand, die Kongreßführer zu «konsultieren» oder zu informieren. Die USA haben demnach einseitig und illegal in der Dominikanischen Republik interveniert.

Wenn wir die lateinamerikanischen Länder im nachhinein von unserer Aktion benachrichtigt haben, so bedeutete dies nicht, daß wir uns an die Charta der OAS oder an den Vertrag von Rio gehalten haben; und selbst wenn wir sie *vorher* von den Tatsache *benachrichtigt* hätten, so hätten wir damit auch nicht nach den Vertragsbestimmungen gehandelt. Man handelt nicht im Einklang mit geltendem Recht, wenn man die interessierten Parteien im voraus davon unterrichtet, daß man es brechen wird. Das interamerikanische Recht sieht die Konsultation vor, damit ein *kollektiver Beschluß* gefaßt werden kann.

Nur auf der Grundlage einer vorhergehenden Konsultation und

eines Übereinkommens hätten wir legal in der Dominikanischen Republik intervenieren können.

Wenn die Lateinamerikaner noch schleichende Zweifel gehabt haben sollten, ob die USA wirklich willens waren, die OAS-Charta zu brechen, so wurden sie nach der dominikanischen Intervention schon bald vom US-Repräsentantenhaus behoben. Am 20. September 1965 nahm das Repräsentantenhaus mit schweigender Zustimmung der Exekutive eine Resolution an, die – in klarer und offener Verletzung der OAS-Charta – die einseitige Gewaltanwendung gegen jede Drohung des Kommunismus in der Hemisphäre vorsieht. Für diese Aktion des Repräsentantenhauses wurden die USA schnell belohnt. In Lateinamerika kam es zu einmütigen Kundgebungen der Empörung. Der kolumbianische und der peruanische Kongreß und das lateinamerikanische Parlament, das vierzehn Staaten vertritt, verurteilten den amerikanischen Schritt durch Annahme entsprechender Entschließungen. Der kolumbianische Kongreß bezeichnete in einer einstimmig angenommenen Resolution die Aktion des US-Repräsentantenhauses als «offen rückschrittlich und im Gegensatz zu dem rechtlichen und politischen System Lateinamerikas stehend».

Möglicherweise hätten unsere lateinamerikanischen Partner eine Entscheidung verzögert, wenn wir sie in der vom Vertrag von Rio vorgesehenen Weise über die dominikanische Revolution konsultiert hätten; möglicherweise hätten sie ihre Zustimmung zu einer kollektiven Intervention verweigert. Meiner Meinung nach rechtfertigte die Situation jedoch in keinem Falle eine militärische Intervention – außer zu dem begrenzten Zweck, die US-Bürger und andere Ausländer zu evakuieren. Aber selbst wenn uns eine Intervention gerechtfertigt vorgekommen wäre, hätten wir sie nicht ohne die vorherige Zustimmung unserer lateinamerikanischen Verbündeten unternehmen dürfen. Wir hätten das deshalb nicht tun dürfen, weil das Wort und die Ehre der Vereinigten Staaten in der dominikanischen Krise genauso sehr – mindestens so sehr – auf dem Spiel standen, wie sie in Vietnam und Korea oder Berlin auf dem Spiel stehen und an allen Orten rund um den Erdball, zu deren Verteidigung wir uns verpflichtet haben.

Es gibt noch einen allgemeineren bereits dargelegten Grund, warum sich die USA an das Recht halten sollten. Die Vereinigten Staaten sind eine konservative Macht in dem Sinne, daß Stabilität und Ordnung in den meisten Fällen ihren wichtigen Interessen dienen. Das Recht ist die grundlegende Voraussetzung für Stabilität und Ordnung sowohl in der einzelnen Gesellschaft als auch in den internationalen Beziehungen. Als konservative Macht haben die USA ein sehr starkes Interesse daran, daß die Herrschaft des Rechts in den internationalen Beziehungen aufrechterhalten bleibt und ausgebaut wird. Wenn das Völkerrecht gewahrt bleibt, erhalten wir Stabilität und Ordnung und die Möglichkeit, das Verhalten derjenigen vorauszusagen, denen wir durch gegenseitige auf dem Gesetz beruhende rechtliche Verpflichtungen verbunden sind. Wenn wir selbst das Recht brechen, dann werden wir, welche kurzfristigen Vorteile wir auch damit erlangen, ganz offenkundig andere ermutigen, ebenfalls das Recht zu brechen; wir fördern dann Unordnung und Instabilität und fügen dadurch unseren langfristigen Interessen einen unermeßlichen Schaden zu.

Einige verteidigen die einseitige Intervention der USA in der Dominikanischen Republik mit der Begründung, daß der in der Charta der OAS niedergelegte Grundsatz des Verzichts auf Intervention veraltet sei. Dieses Argument ist aus zwei Gründen unheilvoll. Erstens rechtfertigt die Behauptung, der Interventionsverzicht sei veraltet, zwar die Bemühung, die Charta der OAS auf dem angemessenen Rechtsweg zu ändern, nicht aber eine Verletzung der Charta. Zweitens wird die Ansicht, daß der Grundsatz der Nichteinmischung veraltet sei, von gewissen Regierungsbeamten der USA vertreten; die meisten Lateinamerikaner würden argumentieren, daß dieses Prinzip, weit davon entfernt, veraltet zu sein, das Herzstück des interamerikanischen Systems war und bleibt. Solange dieser Grundsatz gewahrt bleibt, stellt er für sie nämlich etwas dar, wovon sich viele in den USA kaum vorstellen können, daß andere es für nötig halten könnten: einen Schutz vor den USA.

Manche Nordamerikaner scheinen anzunehmen, daß die USA, wenn sie tatsächlich von Zeit zu Zeit und manchmal mit Gewalt an den lateinamerikanischen Angelegenheiten «teilnehmen», mit den besten Absichten so handeln, gewöhnlich wirklich mit dem Ziel, die Lateinamerikaner vor einer Intervention irgendeines anderen zu schützen und daß man dies deshalb nicht eigentlich als «Intervention» auffassen kann. Das Ärgerliche an dieser Ansicht ist, daß sie von unseren Nachbarn im Süden nicht geteilt wird. Die meisten von ihnen glauben vielmehr, daß sie Schutz vor den USA benötigen, und die Geschichte der Monroe-Doktrin und der «Roosevelt-Ergänzung» läßt ihre Befürchtungen als nicht gänzlich unbegründet erscheinen. «Gute Absichten» sind keine gesunde Grundlage, wenn es darum geht, die Erfüllung vertraglicher Verpflichtungen zu beurteilen. Fast jeder, einschließlich der Kommunisten, glaubt an seine eigenen «guten Absichten». Dies ist ein sehr subjektives Kriterium für das Verhalten einer Nation, und es hat zu einem guten Ausgang nicht mehr als eine zufällige Beziehung. Ob berechtigt oder nicht, viele Lateinamerikaner fürchten sich vor den USA; wie sehr das auch unsere Gefühle verletzen mag – sie ziehen es vor, ihrer Sicherheit eine etwas objektivere Norm zugrunde zu legen als die guten Absichten der USA.

Die Norm, auf die sie sich am meisten verlassen, ist der Grundsatz der Nichteinmischung; so veraltet er gewissen Regierungsbeamten der USA auch erscheinen mag – in Lateinamerika bleibt er lebenswichtig und zweckmäßig. Wenn wir ihn verletzen, stürzen wir nicht den bloßen «Buchstaben des Gesetzes» um, sondern wir verletzen das, was für die Lateinamerikaner ihr Lebensnerv ist.

Zwei Revolutionen: Kuba und Mexiko

Die beherrschende Kraft in Lateinamerika ist das Streben einer wachsenden Zahl von Menschen nach persönlicher und nationaler Würde. Nach Ansicht der heranwachsenden Generation ist dieses Streben hauptsächlich zwei Bedrohungen ausgesetzt: der Reaktion im eigenen Land und einer fremden Vorherrschaft. Die Aktionen der USA in der Dominikanischen Republik, ihre bereitwillige Anpassung an die Herrschaft konservativer Oligarchien und Militärdiktaturen und ihre aktive Unterstützung solcher Regime durch militärischen Beistand – der militärische Beistand wird im 11. Kapitel erörtert – liefen darauf hinaus, daß sich die USA auf ein Bündnis mit beiden einließen. Dadurch haben wir die Würde und die Selbstachtung junger und idealistischer Lateinamerikaner verletzt, und viele von ihnen fragen sich vielleicht, ob die Vereinigten Staaten nicht eines Tages gegen soziale Revolutionen in ihrem eigenen Land intervenieren werden, ob ihnen nicht vielleicht eines Tages in ihrer eigenen Heimatstadt jenseits der Barrikaden US-Marinetruppen gegenüberstehen werden.

Für den Kampf gegen Revolution und ausländische Herrschaft in Lateinamerika gibt es zwei verwendbare Modelle – zwei Vorbilder: Kuba und Mexiko. Welches von beiden die neue Generation aktiver, ausgeprägter und reformwilliger Lateinamerikaner für sich einnimmt, wird in hohem Grade von der Haltung der USA gegenüber künftigen revolutionären Bewegungen abhängen. Ich glaube deshalb, daß man aus einer Rückschau auf die kubanische und die mexikanische Revolution einiges lernen kann.

Sowohl Kuba als auch Mexiko haben in unserem Jahrhundert tiefgreifende soziale Revolutionen erlebt. Beide wurden mit Gewalt vollzogen; beide brachten über eine große Zahl unschuldiger Menschen Leiden und Ungerechtigkeit; beide haben in ihrem Anfangsstadium eine erfolglose militärische Intervention der USA ausgelöst. Die kubanische Revolution steht nach dem Darstellungsschema Crane Brintons noch immer unter der Herrschaft der Extremisten, obgleich ihr Extremismus im Schwinden sein könnte. Mexiko hat seinen Thermidor lange hinter sich gelassen, ist jetzt eine Ein-Parteien-Demokratie und unterhält, obwohl – nach meiner Ansicht: weil – es vom Einfluß der USA freier ist als die meisten lateinamerikanischen Länder, freundliche und würdige Beziehungen zu den Vereinigten Staaten.

Wie unrein der Marxismus der kubanischen Revolution auch sein mag, so ist er doch ohne Frage kubanisch. Ministerpräsident Chruschtschow soll gegenüber Präsident Kennedy in Wien geäußert haben, er halte Fidel Castro nicht für einen «wahren» Kommunisten; niemand hat jedoch überzeugend behauptet, daß Castro kein «wahrer» kubanischer Nationalist ist, wenn auch ein gewalttätiger, undemokratischer und antiamerikanischer Nationalist.

Castro ist nach den Aussagen amerikanischer und europäischer Besucher beim kubanischen Volk sehr populär. C. K. McClatchy von der *Sacramento Bee* besuchte Kuba im Sommer 1965 und berichtete, daß Fidel, wie er allgemein genannt wird, ein Nationalheld ist. Er wird bewundert, weil er schneller als jeder andere Kubaner Zuckerrohr schlagen kann, weil er wie Mickey Mantle einen Baseball trifft und weil er länger und feuriger als jeder andere reden kann. Er wird bewundert, so schreibt McClatchy, weil er «die Revolution personifiziert»[3].

Wie ist es möglich, daß eine Regierung, die die Freiheiten des Einzelnen unterdrückt, die gleich im Anschluß an ihre Machtübernahme nach Schauprozessen in einem Sportstadion ihre Feinde exekutieren ließ, daß eine Regierung, die die mutigen Männer der Schweinebucht für eine Lösegeldzahlung der USA einbehielt, von ihrem Volk nicht gefürchtet und verabscheut wird?

Die Antwort liegt, glaube ich, in solchen Tatsachen, wie sie McClatchy berichtet hat:

«Vor der Revolution war von den 22 Meilen Badestrand, die Havanna umgeben, nur ein kleines Stück für die Öffentlichkeit freigegeben; heute stehen alle Strände der Bevölkerung frei zur Verfügung, und sie werden von Tausenden von Kubanern besucht, die dort früher niemals Zugang hatten.»

Das Erziehungswesen wurde einschneidend umgestaltet. Das Analphabetentum ist weitgehend reduziert worden, und heute gibt es zweimal so viele Schulen wie vor der Revolution. Ein Student der University of Havanna sagte zu McClatchy: «Früher durften nur die Kinder der Reichen die Universität besuchen. Heute ist jeder zugelassen, der qualifiziert ist.»

Ehemals landlose Bauern arbeiten heute auf Kooperativen oder haben kleine Stücke enteigneten Landes erhalten. Vom Staat beschäftigte Arbeiter erhalten Wohnung, ärztliche Fürsorge und ein Gehalt.

Fast jeder, der über das Schulalter hinaus ist, hat Arbeit; vor der Revolution lag die Arbeitslosigkeit bei etwa zwanzig Prozent, das ist einer der höchsten Werte in allen Ländern der Erde.

Aber das Wichtigste ist das Gefühl der Würde und des Nationalstolzes, das mit der Revolution verbunden ist. Nachdem Kuba sechs Jahrzehnte lang eine Wirtschaftskolonie der Vereinigten Staaten war, sind die Kubaner trotz wirtschaftlicher Mißerfolge und eines ernsten Mangels an gewissen Verbrauchsgütern doch ungeheuer stolz darauf, daß Castro dem nordamerikanischen Giganten mit Erfolg trotzte. Die anhaltende Feindseligkeit der USA stärkt ohne Zweifel Castros Glorie mutiger Unabhängigkeit.

Vielleicht hat es niemals einen Chance für eine friedliche demokratische Revolution auf Kuba gegeben. In einem Interview mit Herbert Matthews erläuterte Castro am 29. Oktober 1963, wie und warum er ein Marxist-Leninist wurde. Er sagte, er sei, erfüllt von dem Gedankengut seiner Herkunft und seiner Erziehung, als ein von Jesuiten geschulter Sohn eines Landbesitzers auf die Universität gegangen. Als Student las er marxistische Literatur, und dann, als ihm 1953 in Santiago wegen Beteiligung am Angriff der Studenten auf die Kasernen von Moncada der Prozeß gemacht wurde, legte er dar, was er «eine sehr radikale Revolution» nannte. Aber, so erzählte er Matthews, «ich glaubte, daß sie im Rahmen der Verfassung von 1940 und innerhalb eines demokratischen Systems vollzogen werden könnte». Seine Bekehrung sei «ein allmählicher Prozeß, ein dynamischer Prozeß» gewesen, «bei dem mich der Druck der Ereignisse zwang, den Marxismus als die Antwort auf das, was ich suchte, anzuerkennen». Castro sagte weiter, die Reaktion der USA auf seine «Agrarreform» vom Mai 1959 «hat mich erkennen lassen, daß es keine Chance gab, eine Übereinkunft mit den Vereinigten Staaten herbeizuführen. So wie sich die Ereignisse entwickelten, wurde ich allmählich zum Marxisten-Leninisten. Ich kann nicht genau sagen, wann, es war eben ein allmählicher und natürlicher Prozeß.«⁴

Die kubanische Revolution zeigt einige Anzeichen dafür, daß sie vom Extremismus in ihre Thermidorperiode übergehen könnte. Es handelt sich, wie im 3. Kapitel aufgezeigt, um einen Prozeß, den andere große Revolutionen durchlaufen haben: Die Französische Revolution wurde schließlich von der Dritten Republik institutionalisiert, die russische von Stalin und vielleicht mehr noch von Chruschtschow. In jedem Fall war das Charakteristikum des Übergangs nicht die Preisgabe der revolutionären Ideologie, sondern ihre allmähliche Umformung von praktizierter Politik zur patriotischen Liturgie.

Ein wichtigeres Beispiel für Lateinamerika ist die mexikanische Revolution, die 1910 ausbrach, die aber erst nach zehn Jahren extremer Gewalttätigkeiten – Plünderungen, Brandstiftungen und antireligiöser Grausamkeiten – in das Stadium der Institutionalisierung überging. Die mexikanische Revolution war ein Klassenkampf, in dem Landbesitzer ermordet und ausländische Eigentümer enteignet wurden. In den ersten Jahren der Revolution fielen die USA zweimal in Mexiko ein, einmal zur See bei Veracruz, um eine Beleidigung der Fahne zu sühnen, und einmal auf dem Landweg bei der fruchtlosen Verfolgung des Banditen Pancho Villa.

Durch ihre Verwicklung in den Ersten Weltkrieg wurden die USA von Mexiko abgelenkt, aber nach dem Krieg wuchsen die Stimmen für eine Besetzung Mexikos und eine Unterdrückung der Revolution. Präsident Coolidge, ein Mann, mit der Tugend der Demut ausgestattet, vermied eine Intervention und schickte einen Beauftragten, Dwight Morrow, nach Mexico City, der erfolgreich über das enteignete amerikanische Öl und die Rechte an Bodenschätzen verhandelte. Dann, in einer Anwandlung von gutem Willen, überredete Morrow Charles A. Lindbergh, mit seinem Flugzeug nach Mexico City zu fliegen.

Mexiko ist heute ein politisch stabiles Land, und seine Wirtschaft entwickelt sich eindrucksvoll. In der Frage der dominikanischen Intervention und vorher beim Ausschluß Kubas aus der Organisation der Amerikanischen Staaten, stimmte Mexiko mit den USA nicht überein; außerdem haben die Mexikaner diplomatische Beziehungen mit Kuba und unterhalten zwischen Mexico City und Havanna eine Luftlinie. Aber Mexiko hat bessere Beziehungen zu den Vereinigten Staaten als die meisten Länder Lateinamerikas, und dies meiner Ansicht nach nicht trotz seiner Unabhängigkeit, sondern *wegen* seiner Unabhängigkeit. Ich bin sicher, daß gerade diese Unabhängigkeit es dem mexikanischen Volk ermöglichte und selbstverständlich erscheinen ließ, Präsident Johnson so freundlich und begeistert zu begrüßen, und gerade weil Präsident Diaz Ordaz nicht verdächtigt werden konnte, eine Marionette der USA zu sein, war es ihm möglich und selbstverständlich, sich seinem Volk bei diesem herzlichen Empfang anzuschließen. Die Beziehungen beider Länder sind durch gegenseitigen Respekt und Selbstachtung gekennzeichnet, und all dies nahm seinen Anfang, als sich die USA vor vierzig Jahren mit der mexikanischen Revolution arrangierten.

Ich bin nicht so unvorsichtig, vorauszusagen, daß sich die Beziehungen zwischen den USA und der kubanischen Revolution auf die gleiche glückliche Weise entwickeln, doch ich schließe diese Möglichkeit auch nicht aus. Ich möchte aber hervorheben, daß die USA hier bereits mit höchst lohnenden Ergebnissen für beide Seiten zu einer großen sozialen Revolution in Lateinamerika ein Verhältnis gefunden haben und daß diese Erfahrung wichtige und offenkundige Konsequenzen für unsere künftigen Beziehungen zu einem Kontinent hat, dem neue – friedliche oder gewaltsame – Revolutionen gewiß sind.

Entwurf für einen neuen Kurs in den interamerikanischen Beziehungen

Es ist für die USA noch nicht zu spät, eine wichtige und wirkungsvolle Rolle zu übernehmen, indem sie den Lateinamerikanern dazu verhelfen, daß ihr Verlangen nach Demokratie und sozialer Gerechtigkeit in Erfüllung geht. Es sind schließlich die gleichen Ziele wie die, die wir für uns in unserer eigenen Gesellschaft ebenfalls anstreben. Obgleich wir eine unrevolutionäre Gesellschaft sind, standen wir traditionsgemäß der Sehnsucht der Völker überall auf der Erde nach Demokratie und sozialer Gerechtigkeit mit Sympathie gegenüber. Trotz eines harten puritanischen Zugs in unserem nationalen Charakter glaube ich nach wie vor, daß der demokratische Humanismus in uns stärker ist, eine elementare Anständigkeit, die uns trotz schmerzlicher Mißgriffe dazu getrieben hat, soziale Gerechtigkeit in unserer eigenen Gesellschaft zu suchen und sie in anderen zu fördern – nicht nur, weil dies weise und politisch angebracht war, sondern auch, und vielleicht sogar vorwiegend, weil es anständig war, so zu handeln.

Wenn wir uns so verhalten, dann halten wir uns an unseren besten Charakterzug, und es liegt zweifellos in unserem eigenen Interesse, daß wir uns zum Freund der sozialen Revolution in Lateinamerika machen. Dies wird eine neuerliche Verpflichtung und verstärkte Mitwirkung in der Allianz für den Fortschritt notwendig machen. Es wird auch eine Abwendung von den militärischen und wirtschaftlichen Oligarchien notwendig machen, welche kurzfristigen Vorteile ihre Unterstützung auch bringen mag. Es könnte die Zustimmung zu einer allmählichen Enteignung der in amerikanischem Besitz befindlichen Unternehmen von uns fordern. Ganz bestimmt aber wird es notwendig sein, daß wir große und schnelle Veränderungen anerkennen, die nicht alle notwendigerweise auf friedlichem Wege vor sich gehen.

Wenn wir einen derartigen neuen Kurs einschlagen, dann müssen wir auch die Tatsache akzeptieren, daß Lateinamerika langsam seine Rechte wahrzunehmen beginnt und nicht länger als besonderer Schützling der USA betrachtet werden kann. Wir müssen darauf vorbereitet sein, mitanzusehen, daß die lateinamerikanischen Länder, deren Verbindungen zur Außenwelt traditionsgemäß über Washington gingen, in neue Beziehungen zu Europa, Asien und Afrika eintreten, die uns nicht immer gefallen werden. Wir müssen zu der Einsicht kommen, daß Vormundschaft nicht länger eine arbeitsfähige Grundlage für unsere Beziehungen zu Lateinamerika ist und daß die Völker Lateinamerikas, wie der chilenische Präsident Edouardo Frei Montalva während eines Besuchs in Frankreich im Sommer 1965 gesagt hat, «eine wahre politische und wirtschaftliche Unabhängigkeit wünschen; sie wünschen ein System ohne Hegemonie».

Die USA sind eine Weltmacht mit weltweiten Verpflichtungen, und für sie ist das interamerikanische System ein vernünftiges Mittel, Recht und Ordnung in dem Gebiet aufrechtzuerhalten, das den USA am nächsten liegt. Wenn es in dem Maße funktioniert, wie wir es wollen, dann liegt einer der wichtigen Vorteile des interamerikanischen Systems darin, daß es die Beziehungen innerhalb der westlichen Hemisphäre stabilisiert und folglich den USA freie Hand läßt, sich auf ihre globalen Verpflichtungen zu konzentrieren. Für die Lateinamerikaner dagegen bedeutet das interamerikanische System politisch und psychologisch gesehen eine Einschränkung. Es bewirkt sozusagen, daß sie in der westlichen Hemisphäre wie in einem Hühnerstall eingesperrt sind und das Gefühl haben, es gebe keine Möglichkeit, aus der gewöhnlich gutgemeinten, oft aber erstickenden Umarmung der Vereinigten Staaten auszubrechen. In ihrem tiefsten Innern, daran zweifle ich nicht, möchten die meisten Lateinamerikaner uns los sein, so wie sich ein Sohn oder eine Tochter, wenn sie erwachsen werden, einem übermäßigen elterlichen Schutz entziehen wollen. Sehr viele jener Lateinamerikaner, bei denen Castro immer noch einigen Anklang findet, fühlen sich – dessen bin ich sicher – von ihm nicht deshalb angezogen, weil sie vom Kommunismus betört sind, sondern weil Kuba, wenn auch um den Preis der Abhängigkeit von der Sowjetunion, aus dem Einflußbereich der USA ausgebrochen ist.

Es liegt in der Natur der Dinge, daß sich kleinere Nationen im Schatten der großen und mächtigen Nationen nicht sehr wohl fühlen, gleichgültig, ob sich letztere wohlwollend oder anmaßend verhalten. Belgien hat sich gegenüber Deutschland und Frankreich stets unbehaglich gefühlt, und Irland hat niemals viel Zuneigung für Großbritannien aufbringen können. Und in den letzten Jahren haben einige der osteuropäischen Regierungen gezeigt, daß sie trotz der kommunistischen Ideologie, die sie mit der Sowjetunion teilen, so gut sie können und so weit sie es riskieren können, von der anmaßenden Macht Rußlands loszukommen versuchen. Es ist natürlich und unvermeidlich, daß die lateinamerikanischen Länder zum Teil gleiche Gefühle gegenüber den USA hegen.

Vielleicht sind also nicht engere Beziehungen und neue durch Abmachungen festgelegte Bande, sondern Lockerungen der bestehenden Beziehungen und Verbindungen die dringlichste Voraussetzung für ein neues und freundliches Verhältnis zwischen Lateinamerika und den USA auf lange Sicht. Es ist ein alter psychologischer Grundsatz – oder in dieser Sache geradezu eine Binsenweisheit –, daß diejenigen persönlichen Bindungen am stärksten sind und am längsten halten, die auf dem Grundsatz der Freiwilligkeit beruhen; denn freiwillige Bindung ist zu definieren als eine Übereinkunft, die jemand eingehen kann oder nicht. Ich wüßte nicht, warum derselbe Grundsatz nicht auch für die Beziehung zwischen Nationen gelten sollte. Wenn das so ist, dann müßte als erster Schritt zu stärkeren Bindungen zwischen Lateinamerika und den USA eine Lage geschaffen werden, die es den lateinamerikanischen Ländern überläßt und es ihnen freistellt, bestehende Verbindungen aufrechtzuerhalten oder zu lösen, und, was vielleicht noch wichtiger ist, neue Vereinbarungen sowohl untereinander als auch mit Nationen außerhalb der Hemisphäre zu treffen, an denen die USA nicht teilnehmen.

Ich glaube ferner, daß es gut wäre, wenn die lateinamerikanischen Länder ein eigenes Programm des «Brückenschlags» zur Welt außerhalb der westlichen Hemisphäre – zu Europa, Asien und Afrika und wenn sie es wollen, auch zu den kommunistischen Ländern – in Angriff nähmen. Solche Beziehungen würden – dessen kann man sicher sein – für die nächste Zukunft eine Lockerung des Verhältnisses zu den USA mit sich bringen, aber auf lange Sicht, dessen bin ich gewiß, würden sie die Bande zu den USA sowohl glücklicher als auch stärker gestalten, glücklicher, weil sie auf der Grundlage der Freiwilligkeit beruhen, und stärker, weil sie wie nie zuvor der Würde und Selbstachtung Rechnung tragen.

Diesen Empfehlungen, sich mit der sozialen Revolution zu arrangieren und die festen Bande zwischen den USA und Lateinamerika zu lockern, liegt die Hoffnung zugrunde, daß die USA durch ein kluges und rechtzeitiges Verhalten die revolutionären Kräfte in einem konstruktiven Sinne beeinflussen können. Viele Lateinamerikaner, darunter eine eindrucksvolle Zahl junger katholischer Geistlicher, versuchen, die von dem chilenischen Präsidenten Frei proklamierte «Revolution in Freiheit» in die Wirklichkeit umzusetzen. Es besteht eine Chance, daß sie mit unserer Sympathie und Hilfe Erfolg haben werden, obgleich weder die historische Wahrscheinlichkeit noch das Ausmaß der Anstrengungen, die im Rahmen der Allianz für den Fortschritt unternommen werden, viel Anlaß zum Optimismus geben.

Die harte Tatsache ist, daß sich die Bedingungen in Lateinamerika so schnell und in solchem Maße verschlechtern, daß alle laufenden Bemühungen, das Blatt zu wenden, dagegen nicht aufkommen. In dem Maße, wie der Druck eines unkontrollierten Bevölkerungswachstums steigt, werden sich wahrscheinlich mehr und mehr Lateinamerikaner die Haltung eines verzweifelnden jungen Vaters aus den Slums von Lima zu eigen machen – er könnte auch in Rio oder Recife, in einem Dorf auf Haiti oder in den Bergen Boliviens leben –, der einem amerikanischen Schriftsteller sagte: «Ich würde lieber ein Gewehr nehmen und meine Art Gerechtigkeit durchsetzen als meine Kinder verhungern sehen.»[5]

Irgendwo in den Bergen Kolumbiens liegt in einem Grab ohne Namen der Leichnam eines jungen Priesters, der an der Spitze einer kommunistischen Guerillabande niedergeschossen worden war. Er hieß Camilo Torres und gehörte einer der vornehmsten Familien Kolumbiens an. Nachdem er darum gebeten hatte, ihn von seinen Pflichten als Geistlicher zu entbinden, ging er im November 1965 in die Berge, denn, so sagte er: «Jeder aufrichtige Revolutionär muß einsehen, daß nur noch der Weg in Waffen bleibt.» Man möchte hoffen, daß Pater Torres unrecht hatte, aber vielleicht hat er recht gehabt.

Am Tage nach seinem Tod erschienen an den Fassaden der University of Bogotá Plakate mit der Aufschrift:

CAMILO! WIR WERDEN NICHT UM DICH WEINEN.
WIR WERDEN DICH RÄCHEN.

Anmerkungen

1 Alberto Lleras Camargo: ‹The Price for the Intervention›, in: *Vision*, June 24, 1966.
2 ‹Crisis Under the Palms›, in: *The Washington Post*, June 27, 1965, p. E3.
3 C. K. McClatchy: ‹Cuban Dignity Has Soared›, in: *The Washington Post*, September 26, 1965, p. E4.
4 Herbert L. Metthews: ‹Return to Cuba›, in: *Hispanic-American Report* (Stanford University), p. 11.
5 Tad Szulc: ‹Latin America›, New York (Atheneum) 1966, p. 41.

5
Die vietnamesische Revolution

Während die Allianz für den Fortschritt ins Stocken geraten ist, kämpfen und sterben amerikanische Soldaten in einer anderen Revolution – genauer gesagt, in einem asiatischen Bürgerkrieg, der zu einem Konflikt zwischen den USA und dem asiatischen Kommunismus ausgeweitet worden ist.

Der Krieg in Vietnam hat wie kein anderer Krieg des 20. Jahrhunderts das amerikanische Volk gespalten und beunruhigt. Viele von uns, vielleicht die meisten, halten diesen Krieg für notwendig und gerecht, aber viele andere zweifeln und sind beunruhigt: Einige sind nicht davon überzeugt, daß die Regierung in Saigon Rettung verdient; einige fürchten, daß die USA unbeabsichtigt die Rolle der alten europäischen Kolonialmächte übernommen haben, und einige können ganz einfach nicht verstehen, welchen lebenswichtigen Interessen damit gedient wird, daß man amerikanische Soldaten zum Kämpfen und Sterben in einen Bürgerkrieg schickt, der sich fast zehntausend Meilen von ihrer Heimat abspielt.

Warum kämpfen die Amerikaner in Vietnam? Aus sehr ähnlichen Gründen, glaube ich, wie wir sie hatten, als wir 1954 in Guatemala, 1961 in Kuba und 1965 in der Dominikanischen Republik militärisch interveniert haben. In Asien wie in Lateinamerika haben wir unserem Widerstand gegen den Kommunismus Vorrang gegeben vor unserer Sympathie für den Nationalismus. Wir taten dies, weil wir den Kommunismus als etwas absolut Böses ansahen, als eine durch und durch verderbliche Doktrin, die den ihr unterworfenen Völkern Freiheit, Würde, Glück und die Hoffnung nimmt, diese jemals erreichen zu können. Ich glaube, daß die amerikanische Außenpolitik in vielem mit dieser Auffassung vom Kommunismus zusammenhängt. Ich glaube, daß dies der Hauptgrund für unser Engagement in Vietnam und für das Hervortreten einer «Asien-Doktrin» ist, die dazu führt, daß die Amerikaner allmählich die Rolle eines Gendarmen in ganz Südostasien übernehmen.

Man sagt, daß wir gegen die Aggression Nordvietnams und weniger gegen die Ideologie aus dem Norden kämpfen und daß die «andere Seite» nur aufhören muß, «das zu tun, was sie tut», damit der Frieden wiederhergestellt werden kann. Aber was tun die Nordvietnamesen anders, als daß sie sich an einem Bürgerkrieg beteiligen – nicht in einem fremden Land, sondern jenseits einer Demarkationslinie, die zwischen zwei Teilen desselben Landes verläuft – an einem Bürgerkrieg, an dem sich Amerikaner aus einem Land, das zehntausend Meilen jenseits des Ozeans liegt, ebenfalls beteiligen. Unterscheidet sich das, was sie tun, von dem, was der amerikanische Norden vor hundert Jahren dem amerikanischen Süden angetan hat – mit Ergebnissen, die wenige meiner Landsleute aus dem Süden heute bedauern?

Was ist eigentlich ihr Verbrechen? Sie behandeln ihr eigenes Volk rauh, und sie sind grausam in ihrer Kriegführung; aber diese Attribute unterscheiden sie kaum von den Südvietnamesen, für die wir kämpfen. Das Verbrechen der Nordvietnamesen, das sie zum Feind Amerikas macht, besteht darin, daß sie Kommunisten sind, daß sie eine Philosophie praktizieren, die wir als böse ansehen. Nachdem alle die offiziellen Erklärungen von Aggression, von Verteidigung der Freiheit und der Unverbrüchlichkeit unseres Wortes wieder und wieder deklamiert worden sind, bleiben nur noch zwei wesentliche Gründe für unser Engagement in Vietnam übrig: Die Auffassung, daß der Kommunismus eine böse Philosophie ist und daß wir die rächenden Engel Gottes sind, deren heilige Pflicht es ist, böse Philosophen zu bekämpfen.

Wenn wir den Kommunismus als böse Philosophie sehen, so blicken wir durch ein verzerrendes Prisma, durch das wir eher Projektionen unserer eigenen Ansichten wahrnehmen, als das, was in Wirklichkeit da ist. Wenn wir durch dies Prisma blicken, dann sehen wir die Vietkong, die Dorfältesten die Kehlen durchschneiden, als grausame Mörder; die amerikanischen Piloten, die unsichtbare Frauen und Kinder mit Napalm anzünden, sehen wir jedoch als tapfere Freiheitskämpfer; Überläufer der Vietkong sind in unseren Augen Menschen, die den Kommunismus ablehnen, aber die viel zahlreicheren Überläufer der Saigoner Armee haben nach unserer Ansicht nur einfach den Wunsch, in ihr Heimatdorf zurückzukehren; wir sehen die puritanische Disziplin des Lebens in Hanoi als Versklavung, aber das Chaos und die Korruption des Lebens in Saigon als Freiheit; Ho Tschi-minh ist in unseren Augen ein verhaßter Tyrann, aber Nguyen Cao Ky ist der Verteidiger der Freiheit; die Vietkong sind in unseren Augen Marionetten Hanois und Hanoi die Marionette Chinas, aber die Regierung in Saigon ist für uns der standhafte Verbündete Amerikas; und schließlich sehen wir in China, das keine Truppen in Südvietnam hat, den wahren Aggressor, während wir mit Hunderttausenden von Soldaten einer ausländischen Intervention Widerstand leisten.

Diese Vorstellungen sind nicht offenkundig falsch, aber sie sind verzerrt und übertrieben. Welche Schuld auch auf unserer Seite vorliegen mag, so ist es doch wahr, daß die größere Schuld bei den Kommunisten liegt, die tatsächlich Vereinbarungen gebrochen, nicht anstößige Regierungen gestürzt und ganz allgemein eine Menge dazu getan haben, um uns zur Feindseligkeit zu provozieren. Es sind aber *unsere* Versäumnisse, die wir korrigieren müssen, und wir haben die Kraft dazu. Tun wir dies, dann werden wir unseren Gegnern ein konstruktives Beispiel geben. Als die weitaus mächtigeren Kriegführenden wären wir eher in der Lage, die Initiative zu ergreifen und einigen Großmut zu zeigen, aber wir denken nicht daran, das zu tun. Statt dessen verfolgen wir einen militanten und gefährlichen Kurs, der in der amerikanischen Geschichte ohne jedes Beispiel ist.

Die «Asien-Doktrin»

Abgesehen von der Monroe-Doktrin haben die USA traditionsgemäß eine Politik der einseitigen Verantwortlichkeit für ganze Regionen und Kontinente zurückgewiesen. Im 19. Jahrhundert haben sich die USA an der europäischen Politik fast gar nicht beteiligt und in Asien nur eine Rolle am Rande gespielt. Sie haben es vorgezogen, sich selbst als ein Beispiel für Fortschritt und Demokratie zu betrachten, das andere nachahmen konnten oder nicht, je nachdem, ob sie es passend fanden. Im 20. Jahrhundert verwickelten uns Ereignisse, die sich unserer Kontrolle entzogen, in zwei Weltkriege und legten uns Verpflichtungen auf, die weit über unsere Landesgrenzen hinausgingen. Bis noch vor ganz kurzer Zeit wurde jedoch unsere Politik bei der Übernahme dieser Verpflichtungen durch zwei außerordentlich wichtige Grundsätze bestimmt: erstens dadurch, daß diese Verpflichtungen auf bestimmte Länder und bestimmte Ziele beschränkt waren, und zweitens dadurch, daß sie kollektiv eingelöst werden sollten – entweder im Rahmen der Vereinten Nationen oder in Zusammenarbeit mit unseren Verbündeten.

Die jetzt hervortretende «Asien-Doktrin» stellt, da sie einseitig und in ihren Zielen faktisch unbegrenzt ist, eine radikale Wende der amerikanischen Außenpolitik dar. Ohne Anrufung der Vereinten Nationen und mit nur flüchtiger Unterrichtung der nichtfunktionie-

renden Südostasiatischen Vertragsorganisation (SEATO) haben es
die Vereinigten Staaten auf eigene Faust unternommen, für ihre
Protegés den Sieg im vietnamesischen Bürgerkrieg zu erkämpfen und
danach eine «Große Gesellschaft» in Asien aufzubauen, was immer
das am Ende bedeuten sollte.*

Die amerikanische Politik in Europa bestand nach dem Zweiten
Weltkrieg aus kollektiven Maßnahmen zur Eindämmung des sowjetischen
Machtbereichs. Der Marshall-Plan, obgleich von den USA
finanziert, wurde als ein kooperatives Programm für den wirtschaftlichen
Wiederaufbau Europas entworfen und auch weitgehend so
verwirklicht. Trotz überragenden Vorrangs der amerikanischen Militärmacht
wurde der Nordatlantikpakt als ein System der kollektiven
Verteidigung Europas und des Nordatlantiks ins Leben gerufen,
da ist er geblieben.

Wir sprachen in jenen Tagen nicht von einem *New Deal* oder einem
Fair Deal für Europa; wir begnügten uns damit, den wirtschaftlichen
Wiederaufbau zu unterstützen und die Sowjetmacht in Schach
zu halten.

Der Koreakrieg wurde im Namen der Vereinten Nationen für ein
letztlich begrenztes Ziel geführt, die USA stellten den Großteil der
ausländischen Streitkräfte, aber sehr viele andere UNO-Mitglieder
schickten Truppen, und die Vereinten Nationen selbst nahmen weisunggebend
an der Führung des Krieges teil. Nachdem man den verhängnisvollen
Versuch der Besetzung Nordkoreas aufgegeben hatte,
der Hunderttausende von chinesischen Soldaten in den Konflikt hineingezogen
hatte, wurde der Krieg für ein begrenztes Ziel geführt,
und zwar um eine klare Aggression, die das stalinistische Rußland
angestiftet hatte, zurückzuschlagen.

In Vietnam kämpfen die USA faktisch allein und für unklare
Ziele – in einem Krieg, der kein internationaler Konflikt ist, sondern
eine Erhebung in einem Teil eines geteilten Landes, die von dem anderen
Teil unterstützt wird. Abgesehen von den symbolischen Streitkräften,
die Australien und Neuseeland wegen ihrer eigenen politischen
Ziele stellen, ist in Vietnam neben der starken amerikanischen
Armee als einzige andere ausländische Streitmacht nur eine koreanische
Truppe von vierzigtausend Mann im Einsatz, die von den USA
stark subventioniert wird. Außer Friedensvorschlägen, die der UNO-
Generalsekretär vorgelegt hat, spielen die Vereinten Nationen in

---

* Erklärungen des Präsidenten und des Vizepräsidenten, die eine «Asien-
Doktrin» definieren, werden im 2. Kapitel, Seite 56 f, angeführt.

diesem Krieg keine Rolle und werden von den Kriegführenden allgemein ignoriert. Tatsächlich stehen viele Mitgliedstaaten der UNO dem amerikanischen Engagement in Vietnam äußerst kritisch gegenüber, und es ist höchst unwahrscheinlich, daß die Vereinigten Staaten in der UNO-Vollversammlung eine Mehrheit für ihre Politik zusammenbringen könnten, wenn darüber abgestimmt werden sollte. Was die SEATO betrifft, so werden die militärischen Anstrengungen Amerikas von dreien ihrer sieben Mitglieder nicht aktiv unterstützt, und zumindest eines, Frankreich, steht der amerikanischen Politik äußerst kritisch gegenüber.

Die amerikanischen Kriegsziele sind zugleich mit den Kämpfen in Eskalation geraten. Noch vor wenigen Jahren war nur eine Handvoll amerikanischer Berater eingesetzt. Sie sollten die Südvietnamesen bei der Niederschlagung der Rebellion unterstützen. Dabei war jedoch klar und deutlich festgestellt worden, daß es Sache der Südvietnamesen selbst wäre, ihre Schlacht gegen die Vietkong zu gewinnen oder zu verlieren. Als sie faktisch verloren war, änderten die USA jedoch ihre Politik und schickten ihre eigene Armee, damit sie die Kriegsanstrengungen übernehme. Von Beginn 1965 an wurden die amerikanischen militärischen Anstrengungen von der Rebellenbekämpfung zu einem umfassenden Land- und Luftkrieg ausgeweitet, und die politische Verpflichtung Amerikas ist zu einer «Asien-Doktrin» geworden. Sie schließt nicht nur die Verpflichtung der USA ein, den Vietnamkrieg zu gewinnen, sondern auch die Zusagen, in Saigon eine populäre, stabile und demokratische Regierung einzusetzen und sie dann auf unbestimmte Zeit zu schützen, eine massive amerikanische militärische Macht in Südostasien aufrechtzuerhalten, um allen nichtkommunistischen Ländern dieses Gebietes ständigen Schutz vor einem Angriff oder vor Untergrundtätigkeit zu gewährleisten, und schließlich gewaltige wirtschaftliche Hilfe zur Verfügung zu stellen, damit der Traum von der «Großen Gesellschaft» für Hunderte von Millionen Asiaten in Erfüllung geht.

Es ist eine Ironie der Geschichte, daß zur selben Zeit, da zufällig die Überreste der Monroe-Doktrin abgeschrieben werden, die USA möglicherweise mit einer ähnlichen Doktrin ihre vorrangige Verantwortung für Asien formulieren. Man fragt sich verwundert, ob die «Asien-Doktrin» den Vereinigten Staaten wohl die gleiche reiche Ernte von Zuneigung und Demokratie einbringen wird, wie die Monroe-Doktrin, und ob China die amerikanische Hegemonie so bereitwillig akzeptieren wird, wie sie von Kuba und der Dominikanischen Republik anerkannt worden ist. Und man wüßte gern, ob jemals jemand daran gedacht hat, die Asiaten zu fragen, ob sie sich wirklich der «Großen Gesellschaft» anschließen wollen.

Anlaß für dieses massive Engagement der USA in Asien ist natürlich der Krieg in Vietnam. Aber ihm liegen die Priorität des Antikommunismus vor der Sympathie für den Nationalismus in der amerikanischen Politik und die schrecklichen Schwierigkeiten zugrunde, die wir antreffen, wenn wir mit einer kommunistischen Partei konfrontiert werden, die zur selben Zeit eine örtliche nationalistische Partei ist. Deshalb scheint es angebracht, die nationalen Ursprünge des vietnamesischen Kommunismus zu untersuchen und zu erörtern, welche Konsequenzen sie für die USA haben könnten.

Nationaler Kommunismus in Vietnam

Kern der Tragödie Vietnams ist die Tatsache, daß die mächtigste nationalistische Bewegung in diesem Land gleichzeitig auch eine kommunistische ist. Ho Tschi-minh ist nicht ein bloßer Agent des kommunistischen Chinas und noch weniger der «internationalen kommunistischen Verschwörung», wovon so viel die Rede ist. Er ist überzeugter Nationalist und Revolutionär und Führer der Rebellion seines Landes gegen den französischen Kolonialismus. Er ist aber auch Kommunist, und dies ist der Hauptgrund, warum ihn die USA zumindest seit 1950 als ihren Feind betrachten.

Während der chaotischen letzten Monate des Zweiten Weltkriegs trat Ho Tschi-minh als Führer der vietnamesischen nationalistischen Bewegung hervor. Er war weit herumgekommen und hatte viele Dinge unternommen, seit er im Jahre 1912 Vietnam als Küchenjunge auf einem französischen Schiff verlassen hatte. Er war in Frankreich und England, in Afrika und in Amerika. Auf der Pariser Friedenskonferenz von 1919 versuchte er ohne Erfolg, den vietnamesischen Nationalismus zu fördern, und 1920 wurde er Gründungsmitglied der Französischen Kommunistischen Partei. Seither ist er aktiver Kommunist, aber stets vietnamesischer Kommunist gewesen. «Dies bedeutet», schreibt Bernard Fall, «daß Ho wahrscheinlich eine instinktive vietnamesische Furcht vor einer chinesischen Vorherrschaft (welche Farben China auch tragen möge) hegt, so wie nach Ansicht der meisten Beobachter *jedes* Deutschland für Chruschtschow ein wenig verdächtig sein dürfte.»[1]

Ho Tschi-minh verbrachte die zwanziger und die dreißiger Jahre an kommunistischen Parteischulen in der Sowjetunion, arbeitete mit der kommunistischen Armee in China zusammen und agitierte gegen die französische Herrschaft in Indochina. Seit 1941 organisierte er die Vietminh als eine von Kommunisten beherrschte vietnamesische nationalistische Bewegung. Obgleich sie nicht in größere Kampfhandlungen gegen die Japaner verwickelt waren, beschäftigten sich die Vietminh mit Spionage- und Guerillatätigkeit nach einem Programm, das ihnen die Aufgabe stellte, sowohl Japan als auch die Vichy-Verwaltung zu bekämpfen und auf die Unabhängigkeit Vietnams hinzuarbeiten. Die Regierung Tschiang Kai-schek ließ Ho verhaften und warf ihn für ein Jahr ins Gefängnis; sie ließ ihn jedoch 1943 frei, weil er sich als der einzige vietnamesische Führer erwies, der in ganz Vietnam wirksame Kontakte für die Spionagetätigkeit unterhielt. Die Vietminh wurden in der Folge von der chinesischen nationalistischen Regierung subventioniert und gefördert. Bis 1945 hatten die Vietminh schließlich unter der Führung von Vo Nguyen Giap, des heutigen nordvietnamesischen Verteidigungsministers, eine Armee von etwa zehntausend Soldaten aufgestellt.

Die Verhandlungen zwischen den Vietminh und Frankreich, die im September 1945 begonnen hatten, wurden durch ein Abkommen vom 6. März 1946 abgeschlossen, mit dem Frankreich die «Demokratische Republik Vietnam» als einen «freien Staat mit eigener Regierung, eigenem Parlament, Armee und Finanzwesen, der einen Teil der Indochinesischen Föderation und der Französischen Union bildet» anerkannte. Die Franzosen verpflichteten sich, durch eine Volksbefragung feststellen zu lassen, ob die drei Teile des Landes, Tonking, Annam und Cochinchina, vereinigt werden sollten. Die Vietnamesen stimmten ihrerseits der Stationierung von fünfzehntausend französischen Soldaten nördlich des 16. Breitengrades zu, unter der Bedingung, daß sie nach und nach im Laufe von fünf Jahren durch vietnamesische Truppen ersetzt werden sollten.

Im Frühjahr 1946 reiste Ho Tschi-minh nach Frankreich, um ein endgültiges Abkommen auszuhandeln, das die Übereinkunft vom 6. März in die Tat umsetzen sollte. Frankreich, daran muß man sich erinnern, befand sich zu jener Zeit in den Wehen der Krise, die die Geburt der Vierten Republik begleitete; seine Diplomatie spiegelte die Verwirrung, die Halsstarrigkeit und das festeingeprägte Gefühl für ein Unrecht wider, die für eine große Nation charakteristisch sind, die grausam gedemütigt wurde – ein Verhalten, so könnte man beiläufig anmerken, das für Frankreich im Jahre 1946 und für China 1966 verständlich, das aber absolut grotesk für eine Nation ist, die wie die USA auf dem Gipfel ihres Reichtums und ihrer Macht steht.

Auf jeden Fall gerieten die Verhandlungen bald in eine Sackgasse, wobei die Franzosen auf einer von Frankreich geführten Indochinesischen Föderation bestanden, deren auswärtige Beziehungen und deren Streitkräfte im wesentlichen unter französischer Kontrolle bleiben sollten.

Danach konnte die Diplomatie nichts mehr ausrichten. Im Spätjahr 1946 häuften sich die Gewalthandlungen. Am 20. November griffen französische Streitkräfte die Vietminh in Haiphong an, töteten sechstausend Vietnamesen und eröffneten so den ersten Indochinakrieg, der bis 1954 dauern sollte.

Dieser Überblick, so kurz er ist, macht eine äußerst wichtige Tatsache deutlich – die Verschmelzung von Nationalismus und Kommunismus in Vietnam unter der Führung von Ho Tschi-minh. Es ist nicht sinnvoll zu sagen, die Vietminh seien mehr nationalistisch als kommunistisch oder mehr kommunistisch als nationalistisch: sie sind beides. Diese Verschmelzung ist unter dem Gesichtspunkt amerikanischer Interessen und Vorzugswünsche ein Unglück, aber sie ist auch eine Tatsache, mit der wir uns arrangieren können und sollten. Sogar heute, nach allem, was die USA getan haben, um die südvietnamesische Regierung zu stützen, gibt es nur einen Politiker, dessen Namen die Bauern überall in Vietnam kennen: Ho Tschi-minh.

Es ist wichtig, ganz klarzumachen, was mit «Nationalismus» gemeint ist. Dieser Begriff wurde am besten von Hans Kohn als eine «Geisteshaltung» beschrieben, in dem die Nation als «die ideale Gestalt der politischen Ordnung und die Nation als Quelle aller schöpferischen Kulturkräfte und des wirtschaftlichen Wohlstandes» angesehen wird.[2] So verstanden ist der Nationalismus nicht notwendigerweise human oder demokratisch, sozial konstruktiv oder bereit, individuelle Bedürfnisse zu berücksichtigen. Er ist lediglich machtvoll – machtvoll in dem Sinn, daß er in der Lage ist, die Loyalität und die aktive Unterstützung einer großen Zahl einfacher Menschen zu mobilisieren. Wenn man Ho Tschi-minh oder die Vietminh oder die Vietkong als «nationalistisch» bezeichnet, so besagt das nicht, daß sie als Heilige zu betrachten sind. Im Gegenteil: sie haben immer wieder gezeigt, daß sie Patrioten sind, daß sie sich mit der Nation und ihrer Mystik identifiziert haben, mit jenem «Gemütszustand», der mehr als jeder andere in unserer Zeit die einfachen Menschen zur Tat der Loyalität, der Tapferkeit und der Selbstaufopferung begeistert.

Für unsere Interessen ist an Ho Tschi-minhs Nationalismus sein Zusammenhang mit dem von Bedeutung, was Bernard Fall «das zweitausend Jahre alte Mißtrauen in Vietnam gegenüber allem Chinesischen» genannt hat.³ Der vietnamesische Kommunismus ist deshalb ein potentielles Bollwerk – vielleicht das einzige potentielle Bollwerk – gegen die Beherrschung Vietnams durch China. Aus diesem Grunde, glaube ich, sollten wir, wenn es nicht schon zu spät ist, mit Nordvietnam und den Vietkong eine Übereinkunft zu erzielen versuchen. Im 9. Kapitel werde ich vorschlagen, wie dies nach meiner Ansicht erreicht werden kann.

Amerika in Vietnam

Wie kam es dazu, daß die USA, die nach dem Zweiten Weltkrieg die ersten Befürworter der kolonialen Befreiung waren und durch die Freilassung ihrer eigenen philippinischen Kolonie im Jahre 1946 ein Beispiel gaben, sich selbst in Indochina in einen Kolonialkrieg und dann in einen Bürgerkrieg hineinziehen ließen?

Präsident Roosevelts Haltung gegenüber Indochina in den Kriegsjahren war vom traditionellen amerikanischen Antikolonialismus geprägt. In einem Memorandum an Cordell Hull schrieb Roosevelt im Januar 1944: «Frankreich hat dieses Land – dreißig Millionen Menschen – fast hundert Jahre in seinem Besitz gehabt, und dem Volk geht es schlechter als zu Beginn... Frankreich hat es hundert Jahre lang gemolken. Das Volk Indochinas verdient etwas Besseres als dies.»⁴

In den Nachkriegsjahren nahm der amerikanische Enthusiasmus für den vietnamesischen Nationalismus so schnell ab, wie die amerikanischen Sorgen mit dem Kommunismus wuchsen, das heißt in der Tat sehr schnell. In unbestimmtem, aber zweifellos bedeutendem Maße wurde das anfängliche amerikanische Engagement in Vietnam durch zwei außerhalb liegende Faktoren beeinflußt: Durch Korea und McCarthy. Nachdem Nordkorea den Süden des Landes in einem direkten und unzweideutigen Akt der Aggression überfallen hatte, begannen die USA, verständlicher-, aber unzutreffenderweise, den Krieg der Franzosen in Indochina als Parallele zum Krieg in Korea zu betrachten. Sie übersahen dabei die höchst wichtigen Beweggründe des Nationalismus und des Antikolonialismus. Diese Beurteilung des Indochinakriegs wurde durch die McCarthy-Hysterie in den USA selbst verstärkt, die eine unterschiedslose Haltung von Furcht und Feindseligkeit gegenüber dem Kommunismus in allen seinen Formen begünstigte. In den späten vierziger und frühen fünfziger Jahren waren die Amerikaner nicht nur entschieden abgeneigt, zwischen den kommunistischen Bewegungen (mit der bemerkenswerten Ausnahme Jugoslawiens) zu unterscheiden, sondern zu jener Zeit sah auch die kommunistische Welt weit monolithischer aus, als ein paar Jahre später. Gerade unter diesen Umständen begann Ende 1950 die indirekte militärische Unterstützung der USA für die Franzosen in Indochina. Im September 1951 unterzeichneten die USA ein Abkommen über eine direkte Wirtschaftshilfe für Vietnam, und im Oktober 1952 traf das zweihundertste amerikanische Schiff mit militärischer Hilfe in Saigon ein.

Die Regierung Eisenhower ging 1954 bis an die Grenze des Möglichen, aber entschied damals gegen eine militärische Intervention der USA. Diese Entscheidung folgte hauptsächlich dem Rat des Generals Matthew Ridgway, des damaligen Stabschefs der Armee. In seinen 1956 veröffentlichten Memoiren beschreibt der General, wie er auf der Grundlage des Berichts einer Gruppe von Armee-Experten zu dem Schluß kam, daß es für die Vereinigten Staaten verheerend wäre, mit Landstreitkräften in Indochina zu intervenieren. Ridgway schreibt: «Wir hätten kämpfen können. Wir hätten siegen können, wenn wir bereit gewesen wären, den gewaltigen Preis an Menschen und Geld zu zahlen, den eine solche Intervention gefordert hätte – einen Preis, der meiner Ansicht nach schließlich genauso groß oder größer als der gewesen wäre, den wir in Korea gezahlt haben. In Korea haben wir gelernt, daß Luft- und Seemacht allein einen Krieg nicht gewinnen kann und daß unzureichende Landstreitkräfte ihn auch nicht gewinnen können. Für mich war es unglaublich, daß wir diese bittere Lektion so schnell vergessen hatten – daß wir nahe daran waren, den gleichen tragischen Fehler zu begehen. Aber er wurde dann Gott sei Dank doch nicht wiederholt.»[5]

Die Genfer Abkommen wurden im Juli 1954 unterzeichnet. Sie verboten ausdrücklich, daß zusätzliche militärische Kräfte nach Vietnam gebracht werden, und sie sahen ausdrücklich vor, daß bis zum Juli 1956 in Vietnam allgemeine Wahlen abgehalten werden sollten. Sie stellten auch eindeutig fest, daß die Demarkationslinie zwischen Nord- und Südvietnam am 17. Breitengrad «provisorisch ist und in keiner Weise als eine politische oder territoriale Grenzlinie aufgefaßt werden sollte». Dieser Sachverhalt wird von jenen übersehen, die behaupten, daß Nordvietnam eine Aggression gegen ein *fremdes* Land begeht und weniger eine Rebellion im Inneren unterstützt. In ihrer einseitigen Erklärung vom 21. Juli 1954 haben die USA im Hinblick auf die Genfer Abkommen darauf hingewiesen, daß sie sich «der

Androhung oder der Anwendung von Gewalt mit dem Ziel, die Abkommen zu stören, enthalten» wollten. Die USA erklärten, sie wollten «fortfahren, die Einheit durch freie Wahlen unter UNO-Aufsicht anzustreben, damit gewährleistet ist, daß sie auf eine faire Weise abgehalten werden».

Es ist nutzlos, wenn man versucht, jeder Seite ihren Teil der Schuld bei der Verletzung der Genfer Abkommen anzukreiden. Es genügt die Feststellung, daß sich alle Betroffenen Verstöße zuschulden kommen ließen, einschließlich der USA, die ihre Verpflichtungen von 1954 verletzten und Präsident Ngo Dinh Diem bei seiner Weigerung unterstützten, die in den Genfer Abkommen vorgesehenen Wahlen abzuhalten. Der Grund dafür war vermutlich, daß Diem einen Wahlsieg der Kommunisten fürchtete. Welche kurzfristigen Vorteile die vielen Verletzungen der Genfer Abkommen von beiden Seiten auch denen gebracht haben mögen, die sie begingen – zusammengenommen bewirkten sie, daß das Vertrauen jeder Seite auf das Wort der anderen zerstört wurde. Dadurch wurden aber die gegenwärtigen Aussichten auf eine neue Übereinkunft wesentlich verschlechtert. Deshalb braucht Hanois hartnäckige und rätselhafte Ablehnung von Verhandlungen nicht zu bedeuten, daß Nordvietnam den Krieg vorzieht oder auf den Sieg vertraut, sondern sie könnte einfach anzeigen, daß Hanoi sich nicht auf die Einhaltung einer ausgehandelten Übereinkunft verlassen möchte.

Durch eine Reihe kleiner Schritte, von denen jeder für sich allein nicht außerordentlich wichtig oder unwiderruflich war, haben die USA nach dem Rückzug Frankreichs allmählich das Engagement der Franzosen in Südvietnam übernommen. Das «Militärische Hilfe- und Beratungskommando» der USA übernahm 1955 die Ausbildung der südvietnamesischen Armee, und danach legten sich die USA durch wirtschaftliche und militärische Hilfe und öffentliche Erklärungen in wachsendem Maße auf das Regime Diem fest. 1960 erhöhte Präsident Eisenhower die Anzahl der amerikanischen Militärberater von 327 auf 685. Weitere Erhöhungen folgten, und bis zum Februar 1962 war die Zahl des amerikanischen Militärpersonals in Südvietnam auf viertausend gestiegen. Als Schritt für Schritt immer deutlicher wurde, daß die südvietnamesische Armee im Begriff war, zu unterliegen, verstärkte sich der Einsatz der USA. Das Ergebnis war, daß durch eine Reihe begrenzter Eskalationen (jede von ihnen war mehr oder weniger mit der offiziellen Auffassung vereinbar, daß dieser Krieg nicht unser Krieg war und daß er von den Südvietnamesen selbst gewonnen oder verloren würde) der Krieg tatsächlich zu unserem

Krieg wurde. Allmählich, fast unmerklich wurde die Verpflichtung, die Südvietnamesen in einem Krieg zu unterstützen, von dem es hieß, daß *sie selbst* ihn entweder gewinnen müssen oder verlieren werden, durch eine Verpflichtung ersetzt, «innerhalb unserer Möglichkeiten alle notwendigen Maßnahmen zu treffen, damit ein Sieg der Kommunisten verhindert wird». So jedenfalls hat es Verteidigungsminister McNamara ausgedrückt.[6]

Die USA sind heute in einen ziemlich großen Krieg «mit ungewissem Ausgang» gegen den Kommunismus in dem einzigen Land der Erde verwickelt, das unter kommunistischer Führung die Freiheit von der Kolonialherrschaft errungen hat. In Südvietnam wie in Nordvietnam sind die Kommunisten auch heute die einzige geschlossen organisierte politische Kraft. Diese Tatsache ist sowohl der Maßstab für unseren Mißerfolg als auch der Schlüssel für eine mögliche Befreiung aus dieser Situation.

Sogenannte «nationale Befreiungskriege» sind politische Kriege, deren Ausgang von einer Kombination politischer und militärischer Faktoren abhängt. Die kommunistischen Guerillas in Malaya konnten nicht ohne harten Kampf besiegt werden, aber aller Wahrscheinlichkeit nach hätten sie auch nicht geschlagen werden können, wenn Malaya nicht die Unabhängigkeit gewährt worden wäre. Auf den Philippinen sind die Hukbalahaps vor allem durch die politische Isolierung besiegt worden, die ihnen durch die Reformen des Präsidenten Ramon Magsaysay auferlegt wurde. Der Hauptgrund für den Erfolg der Vietkong in Südvietnam war nicht die Hilfe aus dem Norden, sondern das Fehlen einer zusammenhaltenden nationalistischen Alternativbewegung im Süden. Sowohl der Erfolg der Kommunisten in Südvietnam als auch ihre Mißerfolge in Indien, Burma, Malaya, Indonesien und auf den Philippinen lassen mit Sicherheit vermuten, daß der Erfolg «nationaler Befreiungskriege» mehr von der Schwäche des angegriffenen Regimes als von dem Umfang der Unterstützung von außen abhängt.

Unsere Suche nach einer Lösung für den Vietnamkrieg muß von der Anerkennung der allgemeinen Tatsache ausgehen, daß der Nationalismus in der Welt von heute die stärkste einzelne politische Kraft ist, und von der speziellen Tatsache, die sich aus der von mir aufgezeigten geschichtlichen Entwicklung ergibt und darin besteht, daß in Vietnam die wirkungsvollste nationalistische Bewegung von den Kommunisten beherrscht wird. Wir sind deshalb gezwungen, aufs neue zwischen dem Widerstand gegen den Kommunismus und der Unterstützung des Nationalismus zu wählen. Ich empfehle dringend, daß wir dieses Mal dem letzteren den Vorzug geben. Es ist ein grausames Dilemma, und wir müssen hoffen, daß wir es in Zukunft vermeiden können, indem wir rechtzeitig und unbeschränkt nichtkommunistische nationalistische Bewegungen unterstützen; aber dafür ist es in Vietnam zu spät. Wir sollten deshalb unbedingt versuchen, uns sowohl mit Hanoi als auch mit den Vietkong zu arrangieren, gewiß nicht, indem wir sozusagen «den Schwanz einziehen und davonlaufen», sondern indem wir den Vietkong einen Anteil an der südvietnamesischen Regierung nach den Richtlinien zugestehen, die im 9. Kapitel dargelegt werden.

Die gegenwärtigen Realitäten erfordern eine Überprüfung der Prioritäten in der amerikanischen Politik. Die Grundlage meiner Kritik an der amerikanischen Politik in Südostasien und Lateinamerika ist die Überzeugung, daß es den Interessen der USA dienlicher ist, den Nationalismus zu unterstützen, als dem Kommunismus Widerstand entgegenzusetzen, und daß es – wenn beide in derselben politischen Bewegung angetroffen werden – in unserem Interesse liegt, lieber einer Beteiligung der Kommunisten an der Regierung des betreffenden Landes zuzustimmen als die grausame und fast unmögliche Aufgabe zu übernehmen, eine echte nationalistische Revolution zu unterdrücken. In Vietnam haben wir zugelassen, daß unsere Furcht vor dem Kommunismus uns wieder einmal zum Feind einer nationalistischen Revolution macht, und dadurch haben wir Verheerendes angerichtet.

Anmerkungen

1 Bernard Fall: ‹The Two Vietnams› (Revidierte Ausgabe), New York (Frederick A. Praeger) 1964, p. 90.

2 Hans Kohn: ‹Die Idee des Nationalismus›, Frankfurt a. M. (S. Fischer) 1962, S. 22–23.

3 Fall, a. a. O., p. 403.

4 Department of State: ‹Foreign Relations of the United States, 1944›, seven vols. Washington (U.S. Government Printing Office) 1965, vol. 3, p. 773.

5 ‹The Memoirs of Matthew B. Ridgway›, New York (Harper & Brothers) 1956, p. 277.

6 Robert S. McNamara in: ‹Hearings on Military Posture and HR 9637 To Authorize Appropriations During Fiscal Year 1965 Before the Committee on Armed Services›, House of Representatives, 88th Congress, 2nd Session. Washington (U.S. Government Printing Office), p. 6905.

6

Die «Schaden-Streuung» des Vietnamkrieges

Die schädlichen Auswirkungen des amerikanischen Engagements sind keineswegs auf Vietnam beschränkt. Sie sind überall auf der Erde zu spüren, und ich wage die Vermutung, daß der Vietnamkrieg auf lange Sicht unsere Beziehungen zu Europa genauso nachhaltig beeinflussen wird, wie unsere künftige Position in Südostasien das getan hat; aber die vielleicht wichtigsten Auswirkungen des Krieges werden hier bei uns in den Vereinigten Staaten – in unserer Einstellung als Nation und in den Prioritäten unserer Politik – zu spüren sein. In diesem Kapitel werde ich die «Streuungs»-Effekte des Vietnamkrieges auf drei Gebieten erörtern: in unseren Beziehungen zur Sowjetunion und Osteuropa, in den Beziehungen zu unseren Verbündeten in Westeuropa und andernorts und in den USA selbst.

Die «Schaden-Streuung» im Osten

Ein osteuropäischer Diplomat sagte mir, für ihn habe der Vietnamkrieg wenig mit den Interessen seines Landes zu tun, es sei denn, daß er die Berichte der amerikanischen Presse lese, in denen die Anzahl der in einer bestimmten Woche oder in einem bestimmten Gefecht getöteten «*Kommunisten*» gefeiert wird. Das, so meinte der Diplomat, erinnere ihn daran, daß sich die USA nicht nur mit einigen vietnamesischen Rebellen, sondern mit dem Kommunismus allgemein als im Kriegszustand befindlich betrachten, und daß man sie deshalb als den Feind aller Kommunisten, einschließlich seiner selbst, und aller kommunistischen Länder, einschließlich seines eigenen, ansehen müsse.

Sowjetische Diplomaten geben nicht nur zu, sondern sie bemühen sich sehr, aus freien Stücken darzulegen, daß die Beziehungen zwischen den USA und der Sowjetunion «eingefroren» sind. Auf die Frage, was getan werde, um eine Verschlechterung der sowjetisch-amerikanischen Beziehungen für die Dauer des Krieges zu verhindern, antwortete ein sowjetischer Diplomat verächtlich: «Welche Beziehungen? Im Ballett?»[1]

Ich meine, solche Kommentare drücken die «schadenstreuende» Wirkung des Vietnamkrieges auf die Beziehungen der USA zu Osteuropa und der Sowjetunion recht angemessen aus. Wie schon allzu oft in der Vergangenheit drängt sich die Ideologie in die Interessen ein und leitet die Feindseligkeit von einem Ende der Erde zum anderen. Es ist ein Zeichen für die relative Reife beider Seiten, daß die so geschaffenen Konfliktimpulse bisher ziemlich schwach gewesen sind und daß weder wir noch die Russen gewillt waren, den Vietnamkrieg zu einer allgemeinen Wiederbelebung des Kalten Krieges auszuweiten; aber wir bewegen uns mit Sicherheit in diese Richtung. Der ideologische Aspekt des Vietnamkrieges unterminiert langsam die guten Beziehungen zwischen den USA und Osteuropa; die Entspannung, deren Fortschritt vor der Ausweitung des Krieges so viel Optimismus ausgelöst hatte, wurde aufgehalten und eine langsame, aber stetige Aushöhlung der Beziehungen hat eingesetzt. Wie weit sie fortschreiten wird und mit welchen verhängnisvollen Folgen, wird vom weiteren Verlauf und vom Ausmaß des Krieges in Vietnam bestimmt.

Einer der Hauptgründe dafür, daß die Dinge nicht noch viel schlimmer als ohnehin stehen, ist die Zurückhaltung, die die Sowjets bei diesem Krieg gezeigt haben. Sie liefern den Nordvietnamesen laufend Nachschubgüter, einschließlich von Boden-Luft-Raketen, die gegen amerikanische Flugzeuge eingesetzt werden, aber sie zeigen bis jetzt keine Neigung, sich direkt am Krieg zu beteiligen, und sogar ihre antiamerikanische Propaganda ist relativ mild. Wenn es umgekehrt wäre, wenn die Russen täglich Bombenangriffe gegen einen Verbündeten der USA flögen, so ist es fast unvorstellbar, daß wir uns darauf beschränken könnten, dem angegriffenen Land Ausrüstungsgüter zur Verfügung zu stellen. Wenn wir uns so verhielten, so kann man sich den ominösen Tag gut vorstellen, an dem die Superpatrioten unsere Regierung der Feigheit und des Verrats beschuldigen. Meine Meinung dazu ist, daß die Russen eine Scheu vor uns haben – nicht nur wegen unserer gewaltigen Macht, sondern auch wegen unseres Verhaltens in Ländern wie Vietnam und der Dominikanischen Republik, das unsere Politik den Russen als gefährlich unvorhersehbar erscheinen läßt.

Was ist daran so schlimm? könnte man fragen. Ist es nicht gut, den Russen ständig Rätsel aufzugeben? Schlimm daran ist, daß die sowjetisch-amerikanischen Beziehungen auf diese Weise auf eine ganz und gar unstabile Grundlage gestellt werden. Die Sowjetunion ist zwar nicht so mächtig wie die USA, sie ist aber eine sehr große

Macht, und es ist nicht wahrscheinlich, daß sie durch Furcht vor den USA unbestimmt lange in Schranken gehalten werden kann. Solange der Vietnamkrieg in seinem gegenwärtigen Ausmaß geführt wird, könnten sich die Russen im wesentlichen aus dem Konflikt heraushalten, obwohl das keineswegs sicher ist. Wird jedoch der Krieg wesentlich ausgeweitet, dann werden die Russen in wachsendem Maße von den Chinesen aufs Korn genommen werden, weil sie beiseite stehen, während die Amerikaner einen Verbündeten der Sowjetunion verwüsten. Wird ihr Prestige auf diese Weise beeinträchtigt, dann könnte die Furcht dem Zorn Platz machen, und die Sowjets könnten dann das gewaltige Risiko einer direkten Intervention in den Krieg auf sich nehmen.

Der wichtigste «Streuungs»-Effekt des Krieges auf die Ost-West-Beziehungen besteht im Augenblick darin, daß Möglichkeiten verlorengehen, die mit der amerikanischen Politik des Brückenschlags zum Osten verbunden sind. Dieser Verlust hat tatsächlich große Bedeutung: sie liegt darin, daß man auf wichtige Fortschritte auf dem Weg zu normalen Beziehungen zwischen den beiden großen Nationen verzichtet, die die Macht über Leben und Tod der gesamten Menschheit in Händen halten. Man kann hoffen, daß sich die sowjetisch-amerikanischen Beziehungen wieder zum Besseren entwickeln werden, aber man kann nicht sicher damit rechnen.

Die sowjetisch-amerikanische Kooperation, die zum Waffenstillstand im Indisch-Pakistanischen Krieg vom September 1965 führte, ist ein Beispiel für jene nützliche Zusammenarbeit, die der Vietnamkrieg in wachsendem Maß erschwert. Diese Zusammenarbeit – oder «Parallelität», wie man sie genannt hat – wurde möglich, weil der Kaschmirkrieg einer der wenigen internationalen Konflikte der Nachkriegszeit, und vielleicht der wichtigste war, bei dem die Interessen der Sowjetunion und der USA einander ähnlich waren. Wegen ihres gemeinsamen Interesses an einem Waffenstillstand, der weder Indien noch Pakistan demütigte und gleichzeitig bewirkte, daß China in seinen Schranken gehalten wurde, konnten die Sowjetunion und die USA entscheidend darauf hinwirken, daß beide Seiten der Resolution des UNO-Sicherheitsrates über einen Waffenstillstand zustimmten. Damit flößten sie den Vereinten Nationen, die noch an dem Fiasko wegen Artikel 19 der UNO-Charta kranken, wieder ein wenig Leben ein. Wie die Kontroverse um den Artikel 19 – als die Amerikaner Zwangsbeiträge für die Kosten der UNO-Friedensmissionen im Nahen Osten und im Kongo verlangten und die Sowjets sich weigerten – die Funktionsunfähigkeit der

Weltorganisation bei gegensätzlichen Positionen der USA und der Sowjetunion beleuchtete, so zeigte die Kaschmirkrise, daß die Vereinten Nationen in der von ihren Erbauern erdachten Weise arbeiten können, wenn die beiden Großmächte im wesentlichen einer Meinung sind.

Wenn es nicht die «Schaden-Streuung» von Vietnam gäbe, dann ließen sich noch andere Gebiete der Erde und andere Fragen finden, in denen Russen und Amerikaner auf dem Weg über die Vereinten Nationen zusammenarbeiten könnten. Jedoch sogar zur Zeit des Kaschmirkrieges waren amerikanische Regierungsbeamte bemüht, ihre Zusammenarbeit mit der Sowjetunion als eine Politik der «Parallelität» zu umschreiben, und sie benutzten dieses Wort offensichtlich, um die Vorstellung zu verscheuchen, daß eine Ähnlichkeit der sowjetischen und der amerikanischen Interessen mehr sein könnte, als nur ein Zufall, und um den Menschen allgemein zu versichern, daß der Kalte Krieg noch immer im Gange ist. Seit der Beendigung des Kaschmirkrieges und der Wiederherstellung der unangefochtenen Priorität der Vietnamfrage auf der internationalen Tagesordnung sind die Vereinten Nationen, von einer bedeutungsvollen Rolle bei der Friedenssuche ausgeschlossen, wieder zu einer impotenten und demoralisierten Organisation geworden.

Ein bemerkenswertes Opfer des Vietnamkrieges war ein Konsularabkommen zwischen der Sowjetunion und den USA, das im Juni 1964 unterzeichnet wurde und Mitte 1966 vom Senat noch immer nicht ratifiziert war, obgleich der Außenpolitische Senatsausschuß am 3. August 1965 günstig darüber berichtet hatte. Das Abkommen ist im wesentlichen eine Übereinkunft für die Erleichterung von Reisen und die ordnungsgemäße Abwicklung von Geschäften zwischen der Sowjetunion und den Vereinigten Staaten. Außer den normalen Bestimmungen von Konsularabkommen enthält es Sondervereinbarungen, die garantierten, daß uns Informationen erteilt werden über amerikanische Staatsbürger, die in der Sowjetunion verhaftet worden sind, und daß amerikanische Beamte Zutritt zu ihnen erhalten; dadurch erhalten Amerikaner einigen Schutz vor willkürlichen Polizeimethoden der Sowjets. Das Abkommen gewährt außerdem Konsularbeamten die gleiche Immunität vor der Verfolgung von Kapitalverbrechen, wie sie Diplomaten eingeräumt wird; sie können jedoch sofort ausgewiesen werden, wenn sie eine mit ihrem Status unvereinbare Tätigkeit ausüben. Die Opposition gegen diesen vernünftigen Vertrag regte sich, nachdem er vom Außenpolitischen Ausschuß gebilligt worden war. J. Edgar Hoover soll erklärt haben, daß die Arbeit des Bundeskriminalamtes (FBI) durch die Errichtung sowjetischer Konsulate «erschwert» würde, und die «Liberty Lobby», eine rechtsgerichtete Extremistenorganisation, überschwemmte die Senatoren mit Schriften, in denen das Abkommen verurteilt wurde. Die Führung des Senats hielt den Vertrag dann zurück, weil sie eine peinliche Niederlage fürchtete. Einige meiner Kollegen haben mir privat gesagt, sie wüßten, daß das Abkommen in Ordnung ist, sie wollten nur nicht zum gegenwärtigen Zeitpunkt darüber abstimmen – «nicht», so meinte ein Senator, «solange dieser Krieg anhält.»

Der Abbruch von Verhandlungen zwischen der rumänischen Regierung und der Firestone Tire and Rubber Company über den Entwurf und die Installierung zweier Anlagen für die Herstellung von synthetischem Gummi im Jahre 1965 war ein anderes Anzeichen für ein sich verschlechterndes Klima. Der Verzicht auf dieses Projekt wurde durch den Druck erzwungen, den eine Extremistenorganisation jüngeren Datums und ein Konkurrent von Firestone mit einer antikommunistischen Kampagne bewirkten. Unter anderem wurde behauptet, daß die Reifen aus der Produktion der rumänischen Werke letzten Endes von den Vietkong benutzt würden. In einer Rede vor dem Senat sagte ich am 26. Juli 1965: «Das wahrscheinliche Ergebnis dieser Angelegenheit wird es sein, daß dies den Vereinigten Staaten – an Stelle eines gesunden Profits für Firestone, eines soliden Gewinns für unsere Zahlungsbilanz und eines realen Fortschritts auf dem Wege zum Brückenschlag nach dem Osten – eine Ernte bösen Willens und den Ruf eintragen wird, sie seien nicht in der Lage, die Politik zu verwirklichen, die vom Präsidenten und vom State Department beschlossen wurde.» Einige Monate nach dem Firestone-Fiasko wurden mehrere amerikanische Tabakfirmen auf ähnliche Weise von rechts attackiert, weil sie Tabak in osteuropäischen kommunistischen Ländern kauften. Bei dieser Gelegenheit hat das Außenministerium schnelle und amtliche Unterstützung gewährt, was im Fall Firestone nicht der Fall war, und die Tabakfirmen konnten ihre Angreifer von der Rechten abwehren.[2]

Andere Vorschläge für verbesserte Beziehungen zwischen den USA und den kommunistischen Ländern wurden auf Eis gelegt.

Ein Vorschlag Präsident Johnsons, den Handel mit den kommunistischen Ländern durch gesetzliche Maßnahmen zu liberalisieren und auszubauen, wird in einem Kongreßausschuß zurückgehalten, der sich sogar weigert, *hearings* darüber abzuhalten. Die Äußere Mongolei, ein der Sowjetunion zugewandtes Land, mit dem die USA faktisch keinerlei Kontakt unterhielten, sah sich genötigt, ein amerikanisches Geschenk in Höhe von 25 000 Dollar zur Behebung von Überschwemmungsschäden zurückzuweisen, das eine Geste der USA für die Herstellung diplomatischer Beziehungen hätte sein können, die zuvor von der Äußeren Mongolei angestrebt wurden. Andererseits wurde ein Abkommen über die Eröffnung einer direkten Flugverbindung zwischen New York und Moskau geschlossen, und es besteht einige Hoffnung auf ein Verbot unterirdischer Atomversuche und mehr noch auf den Abschluß eines Vertrages, der die Verbreitung von Kernwaffen begrenzen würde.

Zum Ausgleich hat der Vietnamkrieg jedoch bisher in den Ost-West-Beziehungen drei hauptsächliche «Streuungs»-Effekte gehabt: erstens hat er ein stattliches Maß von Mißtrauen und Feindseligkeit gegen die USA bei osteuropäischen Nationen geschaffen, die höchst emsig bestrebt sind, die wirtschaftlichen, kulturellen und sogar die politischen Beziehungen mit dem Westen auszubauen; zweitens hat er das Streben der osteuropäischen Länder nach größerer Unabhängigkeit von der Sowjetunion geschwächt, und drittens hat er die sowjetisch-amerikanische Entspannung schwer belastet – wenn man überhaupt noch von einer Entspannung sprechen kann – und hat jede vielleicht noch vorhandene Hoffnung auf wichtige Übereinkommen in vielen Fragen geschmälert. Unsere Beziehungen sind, wenn nicht offen feindselig, so doch tatsächlich «eingefroren», wie die Russen sagen – eingefroren in Richtung auf aktive Feindseligkeit.

Die Ost-West-Beziehungen sind heute abhängig vom Krieg in Vietnam. Wenn er für unbestimmte Zeit weitergeht oder wenn sich seine Eskalation verstärkt, wird er die Aussichten auf eine Beilegung bestehender Probleme, vom Handel bis zur Zukunft Deutschlands, zunichte machen und schließlich die Russen, geschweige denn die Chinesen, in einen direkten Konflikt mit den USA hineinziehen. Wenn das geschieht, dann wird der «Streuungs»-Effekt von Vietnam in der Tat weit verheerender als der Krieg selbst sein.

Die Tatsache, daß die sowjetisch-amerikanischen Beziehungen nicht noch schlechter sind als ohnedies und daß einige begrenzte Übereinkünfte möglich erscheinen, ist fast mit Gewißheit China zuzuschreiben, dessen Feindseligkeit die Russen anscheinend dazu gebracht hat, an einer Aussöhnung zu verzweifeln und sich deshalb ein wenig dem Westen zu nähern. Solange der Vietnamkrieg anhält, kann dieser Prozeß nicht sehr weit fortschreiten; wenn aber dieser Krieg nicht wäre, könnte sich der Annäherungsprozeß bestimmt sehr weit entwickeln, weiter vielleicht, als sich heute jemand vorstellen kann.

Die «Schaden-Streuung» im Westen

Vietnam ist zum ausschlaggebenden Faktor für die Beziehungen Amerikas sowohl zu den Verbündeten als auch zu den Neutralen geworden. Die amerikanischen Regierungsbeamten sind in vielen Fällen mehr daran interessiert, was die Führer eines Landes über die Politik der USA in Vietnam sagen oder denken, als an wichtigeren Dingen wie an der innenpolitischen Entwicklung des betreffenden Landes oder an seinem Beitrag zu der Sicherheit seines eigenen Gebietes. Wir sind «Realisten», wir sind stolz auf unsere weltumspannenden Verpflichtungen und prahlen oft damit. Das geht sogar so weit, daß der Außenminister am 25. August 1966 vor dem Unterausschuß des Senats für militärische Bereitschaft erklärte, die USA würden gegen jeden Aggressor Gewalt anwenden und dies sogar dann, wenn kein Verteidigungsvertrag und keine amerikanische militärische Präsenz existiert und wenn der Kongreß in keiner Form zugestimmt hat. Aber dennoch ist unsere Teilnahme an den Angelegenheiten der Erde sehr einseitig geworden; wir hungern nach einem freundlichen Wort oder einem Zeichen der Unterstützung, und wir sind mehr als bereit, dafür eine schöne Belohnung zu zahlen.

Trotzdem versagen uns unsere wichtigsten Verbündeten ihre Unterstützung in der Vietnamfrage. Einige Länder gebrauchen starke Worte zu unserer Ermutigung; sie sehen, wie die USA als Führer der freien Welt ihre «Pflicht» tun, und sie haben sich ganz schön damit abgefunden, daß die amerikanischen Jungens im Dschungel Südostasiens kämpfen und sterben, während ihre eigenen jungen Männer in die Schule gehen, eine Stellung annehmen und eine Familie gründen; denn, so erklären sie uns, wenn die Amerikaner nicht in Vietnam kämpfen und sterben, dann könnten die Freunde der USA in anderen Teilen der Erde – sie selbst zum Beispiel – das «Vertrauen» zu Amerika verlieren. Wir sind für diese Hilfe sehr dankbar. Andere Länder, die für ihre Verteidigung durch finanzielle Unterstützung, durch Wirtschaftshilfe oder im Hinblick auf ihre Exportmärkte von den USA abhängig sind, finden, daß Schweigen die bessere Politik ist; gelegentlich halten sie ein mildes Lob für uns bereit, das uns glücklich macht, und gelegentlich teilen sie einen milden Tadel aus, der uns verärgert und verletzt. Wieder andere, die dank wirtschaftlicher Selbstversorgung, einer starken Führung oder eines stark entwickelten Sinns für nationale Würde keine Notwendigkeit verspüren, den USA zu gefallen, kritisieren die amerikanische Politik in Vietnam ganz offen; die Führer dieser Länder, die nicht begreifen, daß sie sich als «sicher» betrachten können, weil Amerikaner in Vietnam kämpfen, werden von amerikanischen Beamten als «senil» oder «exzentrisch» angesehen, und diese Beamten zeigen sich angesichts solcher Undankbarkeit und Abtrünnigkeit «traurig» und «irritiert», aber, Gott behüte, niemals zornig.

Es gibt drei mögliche Erklärungen dafür, daß sich fast alle Freunde der USA weigern, am Vietnamkrieg teilzunehmen; jede einzelne weist, wenn sie stichhaltig ist, darauf hin, daß mit der amerikanischen Politik etwas nicht stimmt. Erstens könnten unsere Freunde der Ansicht sein, daß es unter dem Gesichtspunkt ihrer eigenen Sicherheit gleichgültig ist, wer den Vietnamkrieg gewinnt. Zweitens könnte ihrer Meinung nach ihre eigene Sicherheit wohl mit auf dem Spiel stehen; doch sehen sie keinen Sinn darin, selbst einzugreifen, weil sich die USA im Rahmen der sogenannten «Rusk-Doktrin» einseitig verpflichtet haben, jedweder Bedrohung der freien Welt Widerstand zu leisten, und weil Amerika jedes Risiko und alle Kosten übernehmen wird, ohne Rücksicht darauf, was alle anderen tun. Drittens schließlich könnten unsere Verbündeten und unsere anderen Freunde zu dem Schluß gekommen sein, es sei weder notwendig noch möglich, daß eine westliche Armee einen erfolgreichen Landkrieg auf dem asiatischen Festland führt, da ihre und unsere Sicherheit von den Inseln und Gewässern vor den Küsten Asiens aus verteidigt werden könne, wo die amerikanische See- und Luftmacht vorherrscht.

Amerikanische Staatsmänner behaupten, daß die Glaubwürdigkeit unserer Garantien und Verpflichtungen unterminiert wird und daß Länder, die – von Thailand bis Deutschland – von der amerikanischen Unterstützung abhängig sind, ihr Vertrauen zu den USA verlieren werden, wenn diese in Vietnam größere Zugeständnisse machen.

Daran kann etwas sein, aber nicht viel. Tatsächlich neigen viele Verbündete der USA eher dazu, sich über ein unmäßig starkes Engagement der USA in Vietnam zu beunruhigen, als die Folgen eines amerikanischen Rückzuges zu fürchten, vorausgesetzt, daß dieser Rückzug geregelt und auf der Grundlage eines ausgehandelten Abkommens vollzogen wird.

Obgleich einige Deutsche angesichts der exponierten Lage ihres Landes und der Verwundbarkeit Berlins durch die in Vietnam demonstrierte Bereitschaft Amerikas, für einen Verbündeten zu kämpfen, sich beruhigt fühlen könnten, hört man auch deutsche Kommentatoren die Befürchtung äußern, daß die USA bei ihrer vorran-

gigen Beschäftigung mit Asien das Interesse an Deutschland und
Berlin verlieren könnten. Ein bekannter Professor der Freien Universität Berlin schrieb zum amerikanischen Einsatz in Vietnam:
«Die Amerikaner sind auf dem asiatischen Festland eine schwerwiegende und langfristige Verpflichtung eingegangen, wodurch ihr Interesse an Europa abnehmen muß. Dies könnte auch zu einer Verringerung der amerikanischen Streitkräfte in Europa führen, ohne
daß die europäischen Verbündeten der USA konsultiert werden. Die
Folge ist, daß sie das Vertrauen dieser Verbündeten in einem kritischen Zeitpunkt untergraben haben...»[3] Dies ist natürlich genau
das Gegenteil dessen, was die amerikanische Kriegspolitik bewirken
soll. Seit dieser Darlegung haben die USA tatsächlich einige Truppen aus Deutschland abgezogen, ohne die Deutschen zu konsultieren.

Ich habe den Verdacht, daß die gegenwärtige Krise in der NATO
etwas mit dem amerikanischen Engagement in Vietnam zu tun hat.
Präsident de Gaulle zum Beispiel hat auf seiner Pressekonferenz
vom 21. Februar 1966 Entsprechendes gesagt, indem er die seiner
Ansicht nach bestehende Gefahr, daß die USA ihre europäischen
Partner in außereuropäische Kriege verwickeln könnten, als einen
Grund für seinen Beschluß anführte, die französischen Truppen aus
der NATO zurückzuziehen. Man entdeckt in Europa eine wachsende
Beunruhigung über die amerikanische Politik, ein Gefühl, daß die
USA unzuverlässig werden und daß es besser – das heißt sicherer
– sein könnte, die Amerikaner auf Distanz zu halten. Man entdeckt
in dem Rückzug Frankreichs aus der NATO weit mehr als die besondere Empfindlichkeit de Gaulles: der französische Schritt könnte bezeichnend sein für einen in Europa weitverbreiteten Rückgang des
Vertrauens zur Politik und Urteilskraft der USA.

Es ist schwer für einen Amerikaner, sein Land so zu sehen, wie es
vielleicht ein Ausländer sieht. Ich möchte annehmen, daß viele Europäer, Asiaten, Afrikaner oder Lateinamerikaner, wenn sie das
Amerika von heute betrachten, von unserer gewaltigen Macht eher
eingeschüchtert als beruhigt sind – von der Macht unserer Kernwaffen, unserer Raketen und von der Macht einer Wirtschaft, die die
stärkste der Erde ist und vielleicht auch am schnellsten wächst. Es
ist eine unvernünftige, doch menschliche Reaktion, wenn sie von
der Existenz einer solchen großen Macht vielleicht eher alarmiert als
beeindruckt sind, selbst wenn ihre Sicherheit von ihr abhängt. Die
Verwendung der amerikanischen Militärmacht in Vietnam, das
Schauspiel, daß amerikanische Bomben auf den Dschungel und die
Dörfer Vietnams in gleichen Mengen fallen wie bei der Bombardie-

rung der großen deutschen Industriezentren auf dem Höhepunkt des Zweiten Weltkriegs, könnte unsere Freunde im Ausland – weit entfernt davon, sie zu beruhigen – eher verstören, angesichts der Zerstörungskraft der amerikanischen Machtmittel und ihrer offenkundigen Wirkungslosigkeit. Möglicherweise haben die Gewalttätigkeit und die fehlende Überzeugungskraft dieses Krieges bei vielen im Ausland Zweifel geweckt, ob es nicht schlimmer ist, von den USA gerettet als von ihnen im Stich gelassen zu werden. Sie könnten sich sogar an das beißende chinesische Sprichwort halten: «Im seichten Wasser wird der Drachen zum Spielzeug der Krabben.»

Ich bin auch geneigt, mich zu fragen, ob das Widerstreben unserer Verbündeten, eine Verantwortung außerhalb ihres Gebietes zu übernehmen, nicht indirekt mit der militärischen Verwicklung der USA in Südostasien zusammenhängt. Da diese Verwicklung auf eine Bereitschaft der USA schließen läßt, die Rolle eines Gendarmen in der Welt auch dann zu übernehmen, wenn dies höchstens mit einer symbolischen Unterstützung einiger weniger Verbündeter geschieht, könnten manche zu der Auffassung ermuntert werden, sie hätten es tatsächlich selbst dann nicht nötig, sich selbst zu engagieren, wenn ihre eigenen Interessen in Krisen wie dem Vietnamkrieg berührt werden, da sich die Amerikaner in jedem Fall darum kümmern werden. Warum soll man sich also nicht auf angenehmere Dinge zu Hause konzentrieren, und warum soll man nicht die Amerikaner Leben opfern und Kosten tragen lassen, da sie ja offensichtlich dazu bereit sind?

Dieser Verdacht mag unfreundlich sein, ich glaube aber, daß er nicht unbegründet ist. Es ist völlig natürlich, daß eine Nation, wie auch ein Individuum, jemand anders die schwere Arbeit tun oder eine unangenehme Last tragen läßt. Völlig selbstverständlich ist allerdings nicht – es ist sogar eine sehr verwirrende Frage –, weshalb der Partner *gewillt* sein soll, diese Arbeit zu übernehmen.

Der Grund ist, meine ich, ein Übermaß an Stolz, das der Macht entspringt. Macht kann die Urteilsfähigkeit untergraben und Größenwahn in die Köpfe sonst ganz vernünftiger Menschen und ganz vernünftiger Nationen einpflanzen. Wie schon dargetan, hat uns anscheinend die Vorstellung, für die ganze Welt verantwortlich zu sein, blind gemacht, und sie gibt dem Auftrieb, was ich die Arroganz der Macht nenne oder was die Franzosen vielleicht treffender mit «le vertige de puissance» (Machtrausch) bezeichnen, womit eine Art Taumel gemeint ist, den der Besitz großer Macht auslöst. Wenn also, wie ich vermute, zwischen dem In-sich-selbst-Vertieftsein einiger unserer

Verbündeter und der amerikanischen militärischen Verwicklung in Vietnam eine Beziehung besteht, so könnte dies mehr mit der Eitelkeit Amerikas als mit der Selbstzufriedenheit unserer Freunde zusammenhängen. Wenn die USA also auswärtige Verpflichtungen übernehmen, auf die sie schlecht vorbereitet sind, dann strapazieren sie nicht nur ihre Hilfsquellen, sondern sie ermutigen auch andere Nationen, ihre eigenen Verpflichtungen zu vernachlässigen; und diese Vernachlässigung kann natürlich nur den Vereinigten Staaten neue Lasten aufbürden. Bei diesen Gedanken komme ich nun zu den vielleicht verhängnisvollsten «Streuungs»-Effekten des Vietnamkrieges: seine Auswirkungen auf das amerikanische Volk und die amerikanische Nation.

Die «Schaden-Streuung» in den USA

Der Krieg in Südostasien hat das innere Leben der Vereinigten Staaten auf zwei wichtigen Gebieten in Mitleidenschaft gezogen: Er hat unsere Energien von dem Programm der Großen Gesellschaft abgelenkt, das so vielversprechend begonnen hatte, und er hat in den Köpfen des amerikanischen Volkes und seiner Führer das Anfangsstadium eines Kriegsfiebers ausgelöst.

Trotz des tapferen Geredes von «Kanonen *und* Butter» hat der Vietnamkrieg bereits auf die Große Gesellschaft zerstörende Wirkung ausgeübt. Der 89. Kongreß, der 1965 eine so wichtige Gesetzesarbeit auf dem Gebiet der inneren Entwicklung geleistet hatte, brachte 1966 viel weniger zuwege; zum Teil, das ist richtig, wegen seiner ungewöhnlichen Produktivität in der ersten Sitzungsperiode, aber mehr noch, weil der Kongreß als ganzes das Interesse an der Großen Gesellschaft verloren hat und politisch wie psychologisch gesehen zu einem «Kriegskongreß» geworden ist.

Es gibt so etwas wie Greshams Gesetz auch für die Politik eines Staates; Furcht vertreibt die Hoffnung, Sicherheit erhält Vorrang vor der inneren Wohlfahrt, und nur in dem Maße, wie ein Land Schlechtes erfolgreich abwendet, kann es sich auf jene Dinge konzentrieren, die die Stärke der Nation erneuern und dem Leben ihrer Menschen Glück bringen. Zwanzig Jahre lang – seit 1940 – war Amerika vornehmlich mit Gefahren beschäftigt, die von außen drohten, und dementsprechend hat es jene Fragen im Innern vernachlässigt, die wohldurchdachte staatliche Programme und beträchtliche öffentliche Ausgaben erfordern. Grund dafür waren natürlich die dringenden Anforderungen zweier Weltkriege und eines hartnäckigen Kalten Krieges, die es erforderlich machten, den kommunalen Körperschaften große Teile ihrer Mittel zugunsten der nationalen Sicherheit zu entziehen. Wir sahen uns gezwungen, unsere Hoffnungen aufzugeben und uns auf unsere Befürchtungen zu konzentrieren. Das Glück des Staates wurde zu einem Luxus, der so lange zurückgestellt werden mußte, bis die uns bedrängenden Gefahren verschwunden sind.

Anfang der sechziger Jahre fielen eine Tendenz und ein Ereignis zusammen, die es möglich zu machen schienen, daß die Prioritäten auf unserer nationalen Tagesordnung überprüft werden konnten. Die Tendenz war – nach, wenn nicht schon vor der kubanischen Raketenkrise von 1962 – auf eine relative Stabilität in den internationalen Beziehungen gerichtet, und diese beruhte auf einer zerbrechlichen stillschweigenden Übereinkunft der Großmächte, in friedlicher Koexistenz oder in einer Koexistenz des Wettbewerbs zusammenzuleben. Das Ereignis war der Amtsantritt einer schöpferischen neuen Regierung in den USA, die begierig war, zu einer Entspannung mit den Russen zu kommen, aber auch, einen Aufschub der internationalen Krise zu nutzen, um ideenreiche neue Programme für die Verbesserung des Lebens der Amerikaner zu entwerfen. In seinen drei Regierungsjahren hat Präsident Kennedy schöpferische und gut durchdachte Pläne für die Verbesserung der Gesundheit und Erziehung, für den Sieg über Armut, Schmutz und ein elendes Leben und für die geistige Bereicherung des amerikanischen Lebens vorangetrieben.

Präsident Johnson griff diese Neuerungen auf und baute sie aus. 1964 von einer großen Mehrheit des Volkes gewählt und von einer starken Mehrheit des Kongresses *unterstützt*, nutzte er sein außergewöhnliches Führungstalent und machte die erste Sitzungsperiode des 89. Kongresses zu der produktivsten im Laufe einer ganzen Generation. Mit einer Eintracht der Parteien, wie sie noch vor ein paar Jahren unvorstellbar gewesen wäre, stimmte der Kongreß 1965 einer Reihe weittragender Gesetze zu, mit deren Hilfe das Erziehungswesen ausgebaut, Gesundheitsfürsorge für die Alten geschaffen, die Armut in Stadt und Land bekämpft, unsere Städte modernisiert, unsere Ströme gereinigt und viele andere lange vernachlässigte Probleme in Angriff genommen werden sollten. Es schien, als könnten die USA darangehen, eine Art soziale Revolution in die Wege zu leiten.

Dann kam Vietnam. Krieg hatte es dort schon viele Jahre gegeben; aber vor 1965 war es ein kleiner und weit entfernter Krieg gewesen, und dazu ein Krieg, den, wie uns unsere Führer wiederholt versicherten, die Vietnamesen selbst gewinnen oder verlieren sollten. Doch in den ersten Monaten des Jahres 1965, wenn nicht früher, wurde es dann klar, daß die Regierung in Saigon im Begriff war, den Krieg zu verlieren; und wir intervenierten mit einer großen Armee und vertauschten die Rolle eines Ratgebers mit der eines Hauptkriegführenden. Als Folge dieser radikalen Veränderung der amerikanischen Politik in Südostasien mußten wir uns nach einem nur so kurzen Zwischenspiel wieder einmal von unseren Hoffnungen ab- und unseren Befürchtungen zuwenden, vom Bemühen um Erneuerung der nationalen Kräfte zur Vermeidung einer internationalen Katastrophe hinwenden.

Die vom 89. Kongreß gebilligte Gesetzgebung kann, wenn sie energisch genug ausgeführt wird und ausreichende Mittel zur Verfügung stehen, den Weg zu einer Ära des Überflusses und der Möglichkeiten für alle Amerikaner öffnen, aber zumindest in der gegenwärtigen Lage sind die begeisternde und die verpflichtende Kraft der Großen Gesellschaft verlorengegangen. Sie sind angesichts unseres sich steigernden Engagements in Vietnam verlorengegangen; und obgleich man annehmen könnte, daß die USA die materiellen Möglichkeiten besitzen, im Innern ihre Gesellschaft erneuern und gleichzeitig auswärts einen Krieg zu führen, zeigt sich doch bereits jetzt, daß wir für eine solche doppelte Anstrengung nicht die geistige Kraft haben. Politiker haben, wie andere Menschen auch, nur ein Gehirn, und es ist einzusehen, daß sie, wenn sie ihre ganze Zeit damit zubringen, über eine Sache nachzudenken, sich den Kopf nicht über etwas anderes zerbrechen. Der Präsident kann sich ganz einfach nicht über die Verwirklichung der Großen Gesellschaft in seinem Land Gedanken machen, während er Bombenflüge über Nordvietnam überwachen muß; und auch der Kongreß ist nicht besonders geneigt, über erweiterte innenpolitische Programme zu debattieren, geschweige denn, sie zu finanzieren, wenn er damit beschäftigt ist, über einen sich ausweitenden Krieg zu diskutieren und ihn zu finanzieren. Man kann auch vom amerikanischen Volk nicht erwarten, daß es sich besonders intensiv mit der Verbesserung seiner Schulen und Gemeinden befaßt, wenn es sich um Verlustlisten und die Gefahr der Kriegsausweitung sorgt.

Meiner Ansicht nach liegt eine Art Wahn in der leichtfertigen Behauptung, wir könnten die vielen Milliarden Dollar aufbringen, die notwendig sind, unsere Schulen, Städte und das öffentliche Transportwesen zu erneuern und die Verschmutzung der Luft und des

Wassers beseitigen, und zur selben Zeit Dutzende von Milliarden ausgeben, um in Asien einen Krieg «mit ungewissem Ausgang» zu finanzieren. Aber selbst dann, wenn die materiellen Mittel von einer wachsenden Wirtschaft irgendwie beschafft werden könnten, so glaube ich nicht, daß ein verärgertes und enttäuschtes Volk sehr lange die geistigen Kräfte für ein solches Unterfangen aufbringen kann.

Wie ich bereits in der Einleitung zu diesem Buch dargelegt habe, hängt die Wirksamkeit der Außenpolitik von der Stärke der Nation ab; und die Stärke der Nation ist weniger von ihren Aktionen im Ausland als von der Entwicklung, der Verwendung und der Erneuerung der ihr eigenen Kräfte, sowohl der materiellen wie der menschlichen abhängig. Die Erziehung unserer Kinder, die Verbesserung unserer Städte, die Beschaffung von Arbeitsplätzen für alle, die arbeiten wollen, das alles hat mit der Stärke unseres Landes zu tun und deshalb mit dem Erfolg unserer Außenpolitik. Wenn argumentiert wird, daß der Aufschub dieser Dinge der notwendige Preis für die Sicherheit der Nation ist, wie das schon in den vierziger und fünfziger Jahren geschah und heute wieder geschieht, bedeutet es genau das gleiche, als wenn man sagte, der Preis der Sicherheit sei die langsame Aushöhlung der Grundlagen dieser Sicherheit. Dies ist eine völlig unhaltbare Einstellung. Die Außenpolitik und die Innenpolitik sind in der Tat nicht voneinander zu trennen; auf lange Sicht hängt eine wirkungsvolle Politik auswärts von einer gesunden Gesellschaft im Innern ab.

Es stimmt etwas nicht mit einer Nation, wenn sie eine Außenpolitik treibt, die sie in die Angelegenheiten der meisten anderen Nationen der Erde verwickelt, ihre eigenen Bedürfnisse im Innern vernachlässigt oder deren Befriedigung aufschiebt. Das ist genauso ungereimt, als wenn jemand alle Lasten der Gemeindeverwaltung trägt, während seine eigenen Kinder umherstreunen und sein Haushalt in Unordnung ist. An einem solchen Verhalten ist etwas faul, unaufrichtig und ungesund. Ich kann mir nicht vorstellen, daß jemand echte Verantwortung für ein Gebiet seines Lebens tragen und ein anderes vernachlässigen kann. Ich neige mehr zu der Annahme, daß der den besten Beitrag für seine Gemeinde leistet, der damit anfängt, die Verantwortung für sich selbst und seine eigene Familie zu tragen. Demgemäß scheint es mir unnatürlich und ungesund zu sein, wenn sich eine Nation in weltweiten Kreuzzügen für einen Grundsatz oder ein Ideal engagiert und dabei die Bedürfnisse ihres eigenen Volkes vernachlässigt. Es scheint wirklich weit wahrscheinlicher zu sein, daß auf lange Sicht diejenige Nation der Menschheit den meisten Nutzen bringt, die damit anfängt, die Bedürfnisse jenes Teils der Menschheit zu befriedigen, der innerhalb ihrer eigenen Grenzen lebt.

Es dürfte ganz klar sein, daß hier nicht verlangt wird, die USA müßten auf ihre globalen Verantwortlichkeiten verzichten. Das wäre unmöglich – selbst wenn es wünschenswert wäre. Aber wir brauchen eine Rückkehr ins Gleichgewicht aus dem schweren Übergewicht, das die auswärtigen Verpflichtungen in den vergangenen zwanzig Jahren hatten – eine Rückkehr zum Gleichgewicht, die von den Präsidenten Kennedy und Johnson so hoffnungsvoll begonnen worden war, jetzt jedoch abgebrochen wurde, weil Amerika seine Energien wieder einmal an die Kriegführung wendet.

Die Abkehr von einer konstruktiven Beschäftigung nach einem so kurzen Zwischenspiel ist der erste und gegenwärtig sichtbarste «Streuungs»-Effekt des Vietnamkrieges für das Leben in Amerika. Die zweite, nicht weniger vorherrschende, ist die Anfachung eines Kriegsfiebers in den Köpfen unserer Mitbürger einschließlich unserer Führungskräfte. Das entwickelt sich gerade eben erst, aber wenn der Krieg anhält, die Verlustlisten länger werden und mehr und mehr amerikanische Familien betroffen werden, wird das Fieber steigen und die Geduld des amerikanischen Volkes wird wachsenden Forderungen nach einer Ausweitung des Krieges Platz machen, nach einem Blitzschlag, der plötzlich allem ein Ende macht. Wenn man den Meinungsumfragen glauben kann, hat das amerikanische Volk schon die Bombardierung von Raffinerien in Hanoi und Haiphong befürwortet – ich glaube nicht, aus Kriegslust, sondern in der vergeblichen Hoffnung, daß der Krieg durch solche Luftangriffe abgekürzt werden könnte. Wenn der Krieg lange anhält, wird sich die Forderung nach einer Ausweitung der Feindseligkeiten verstärken, zunächst vielleicht nach einer Blockade der nordvietnamesischen Häfen, dann, wenn das keinen Erfolg hat, nach einem konzentrierten Angriff auf die nordvietnamesischen Luftstützpunkte und dann, wenn die Nordvietnamesen ihre Flugzeuge auf Stützpunkte in China verlegen, nach einem Schlag gegen China; und dann werden wir einen allgemeinen Krieg in Asien, wenn nicht sogar einen globalen Atomkrieg haben.

Es hat schon eine unmerkliche Veränderung in Angelegenheiten gegeben, über die wir uns in den USA Gedanken machen und über die wir sprechen, und ohne Zweifel ist der Krieg die wichtigste Ursache dieser Veränderung. Millionen Amerikaner sehen auf den Titelseiten ihrer Zeitungen und auf ihren Fernsehschirmen fast täglich Berichte und Bilder der Kämpfe. Alle diese Kriegsberichte müssen ihre Wirkungen ausüben: die Ablenkung der Aufmerksamkeit von den

Aufgaben zu Hause, die allmähliche Leugnung der Menschenwürde des Gegners und wachsende Spannung, Zorn, Kriegsmüdigkeit und Kriegslust.

In der ersten Märzwoche 1966 verwickelten amerikanische Marineinfanteristen und südvietnamesische Truppen in der sogenannten «Operation Utah» die nordvietnamesischen Streitkräfte in ein blutiges Gefecht. Joseph Galloway von der amerikanischen Nachrichtenagentur *United Press International* verfaßte den folgenden Bericht über eine Episode der «Operation Utah»: «Wir standen auf dem Hügel, jubelten, pfiffen und gaben gute Ratschläge: ‹Tötet den Hundesohn... Holt ihn ein... Was ist los mit euch Knallköpfen?›

Der einsame Kommunist war etwa 50 Yards von uns entfernt, gerade vor der nächsten Erhöhung, er lief und sprang zur Seite, versuchte die Höhe zu erreichen. Etwa dreißig Marinesoldaten jagten ihn den mit Gestrüpp bedeckten Hügel hinauf.

Es war, als beobachtete man ein Spiel von der oberen Galerie des Yankee-Stadions aus. Wir befanden uns oberhalb des Kommunisten und seiner Verfolger und konnten jede Bewegung klar erkennen.

Die Marinesoldaten befanden sich unterhalb ihres Ziels und konnten es nicht gut sehen. Von Zeit zu Zeit feuerten sie darauf.

Plötzlich hatte eine der Kugeln getroffen. Der Kommunist fiel zu Boden. Dabei verlor er sein Gewehr.

‹Sie haben ihn gekriegt, sie haben ihn›, schrie neben mir einer von denen, die jubelten, ‹der ist wieder auf den Beinen›, sagte ein anderer, ‹der steht auf und läuft wieder... trefft ihn... trefft ihn.›

Ein neuer Treffer riß den Kommunisten zu Boden. Wieder stand er auf. Er bewegte sich schon langsamer, als die dritte und vierte Kugel in seinen Körper hineinknallten und ihn wieder umwarfen. Aber noch bewegte er sich, kroch hoch und über die Hügelkuppe hinweg.

Niemand wußte, ob er tot oder lebendig war. Die Marinesoldaten jagten ihn nicht weiter, als bis zur Spitze der Erhebung.»[4]

Die Leugnung der Menschenwürde des Gegners ist für alle Kriege charakteristisch. In seinem Bericht beschrieb Galloway nicht, wie ein Mensch, sondern wie etwas Abstraktes, etwas unter dem Menschen Stehendes, ein «Kommunist» getötet wurde, und es war so, als «beobachtete man ein Spiel von der oberen Galerie des Yankee-Stadions aus». Die Möglichkeit, daß der Gejagte *sich* als Patrioten betrachtet haben könnte, der kämpft, um sein Land von fremden Eroberern zu befreien, wäre natürlich keinem «von denen, die jubelten» je in den Sinn gekommen.

Am 20. April 1966 sagte Verteidigungsminister McNamara vor dem Außenpolitischen Senatsausschuß über den Gesetzentwurf für die Auslandshilfe aus. Zu Vietnam meinte er, seiner Meinung nach «sollten wir stolz darauf sein, was wir leisten». Der Minister ist stolz auf die große Zahl von Flugzeugen und Hubschraubern, die wir eingesetzt haben, und darauf, daß wir in der Lage sind, eine Armee von Hunderttausenden von Soldaten zehntausend Meilen von der Heimat entfernt auf einen Kriegsschauplatz zu schicken und sie zu versorgen. Das ist eine eindrucksvolle Leistung, das gebe ich zu. Aber bei diesem ganzen Stolz, bei dieser ganzen Handhabung einer Kriegsmaschinerie als Selbstzweck, vergißt man, *wozu* unsere Armee und ihre Ausrüstung dort sind – nämlich um Menschen zu töten und ganze Dörfer ebenso wie Brücken und Straßen in Nordvietnam zu vernichten.

Unter normalen Umständen würden die meisten Menschen die Frage, ob sie auf die Fähigkeit ihres Landes zum Töten und Vernichten stolz sind, sofort und instinktiv mit «nein» beantworten. Aber in einem Krieg ändert sich das, und je mehr einer die Menschenwürde seines Gegners leugnet – und das ist die letzte «Schaden-Streuung» eines jeden Krieges –, desto mehr beraubt er sich selbst der Menschenwürde. Nicht nur die von Natur aus kriegslustigen, die verstockten oder verdrehten Charaktere werden in einem Krieg entmenschlicht, sondern jeder – der gute und anständige Bürger, der sich um seine Kinder kümmert, der rücksichtsvoll zu seinen Nachbarn und gütig zu den Tieren ist. Er ist es, der schließlich das schamlose «Gebet des Krieges» von Mark Twain aufsagt:

«... O Herr, unser Gott, hilf uns, ihre Soldaten mit unseren Granaten in blutige Fetzen zu zerreißen; hilf uns, ihre lächelnden Felder mit den bleichen Körpern ihrer toten Patrioten zu bedecken; hilf uns, den Donner der Kanonen mit den Schreien ihrer Verwundeten zu übertönen, die sich vor Schmerzen krümmen; hilf uns, ihre bescheidenen Häuser mit einem Hurrikan des Feuers zu verwüsten; hilf uns, die Herzen ihrer friedfertigen Witwen mit fruchtlosem Schmerz zu quälen; hilf uns, ihnen das Dach über dem Kopf zu nehmen, auf daß sie und ihre kleinen Kinder ohne Freunde, in Lumpen, hungrig und durstig ihr verwüstetes und verlassenes Land durchwandern, ein Spielzeug der flammenden Sonnenstrahlen des Sommers und der eisigen Winde des Winters, gebrochen im Geist, zermürbt von der Not, Dich anflehend um den Schutz des Grabes, der ihnen verweigert wird. Um unseretwillen, die Dich anbeten, Herr, vernichte ihre Hoffnungen, mache ihr Leben zur Qual, verlängere ihre bittere Pilgerfahrt, mache ihre Schritte schwer, bewässere ihren Weg mit ihren Tränen, beflecke den weißen Schnee mit dem Blut ihrer wundgelaufenen Füße! Darum bitten wir, im Geiste der Liebe, in seinem Geiste, der die Quelle der Liebe und der der immergetreue Schutz und Freund all derer ist, die von Kummer heimgesucht werden und mit demütigem und reuevollem Herzen Seine Hilfe suchen. Amen.»[5]

Hinter dem «Gebet des Krieges» steht die Arroganz der Macht, die Anmaßung des sehr Starken, der Macht mit Weisheit verwechselt und der sich als Gendarm der Welt selbstgewählte Aufträge erteilt, um alle Tyranneien zu besiegen und seine Mitmenschen reich, glücklich und frei zu machen. Große Nationen haben sich in der Vergangenheit solche Aufträge erteilt, und sie haben Schlimmes angerichtet. Sie haben jenen, die ihre Almosenempfänger werden sollten, Elend und sich selbst Verderben gebracht.

Die USA zeigen einige Anzeichen für jene verhängnisvolle Anmaßung, jene Überspannung von Machtausübung und Sendungsbewußtsein, die schon früher großen Nationen den Untergang gebracht haben. Dieser Prozeß hat kaum begonnen, aber der Krieg, den wir jetzt führen, kann ihn nur beschleunigen. Wenn der Krieg anhält und ausgeweitet wird, und wenn sich dieser verhängnisvolle Prozeß weiter beschleunigt, bis die USA das werden, was sie jetzt nicht sind und was sie nie gewesen sind, nämlich ein Land, das unbegrenzte Macht und Herrschaft anstrebt und der Führer einer weltweiten Gegenrevolution ist – dann wird Vietnam tatsächlich eine gewaltige und tragische «Schaden-Streuung» zeigen.

Anmerkungen

1 Zitiert von Max Frankel: ‹U.S. Ties Abroad Strained by War›, in: *The New York Times*, August 11, 1966.

2 Siehe Kapitel 2, S. 66.

3 Richard Lowenthal: ‹America's Asien Commitment›, in: *Encounter*, October 1965, p. 58.

4 ‹Heavy Raids Mounted Against North Vietnam›, in: *The Washington Post*, March 9, 1966, p. A14.

5 Mark Twain: ‹Europe and Elsewhere›, New York (Harper & Brothers) 1923, p. 398.

7

Die chinesische Revolution

Bei allem, was wir im Hinblick auf Vietnam denken, sagen oder tun, ist eines uneingestanden immer gegenwärtig – das ist China. Wir führen gegen die Vietkong und die Nordvietnamesen Krieg, aber wir betrachten sie als Werkzeuge Chinas, und China und der chinesische Kommunismus sind das, was wir als die wahre Bedrohung der Sicherheit Südostasiens ansehen. Müßten wir uns nicht mit China befassen und damit, was China tun könnte, dem chinesischen Kommunismus und seiner möglichen Ausbreitung, dann könnte es relativ leicht sein, uns mit unseren Feinden in Vietnam zu einigen. Aber so können unsere Aussichten in Vietnam nicht von unserer Haltung gegenüber China und von der Haltung Chinas uns gegenüber getrennt werden. So getrennt und eigenständig sie auch ist: die vietnamesische Revolution ist dennoch verwandt mit der chinesischen Revolution; und aus Gründen, die ich noch darlegen werde, ist eine dauerhafte Lösung in Vietnam unwahrscheinlich, wenn sie nicht zusammen mit einem zumindest begrenzten Ausgleich zwischen den USA und China gefunden wird.

Die chinesische Revolution, ein epochales Ereignis in der Geschichte Asiens und der Welt, ist nach wie vor auf einem Höhepunkt, sie ist nach wie vor überzeugt, daß sie die menschliche Natur umwandeln kann, sie ist nach wie vor messianisch in ihren Zielen, wenn nicht sogar in ihren Handlungen, und sie ist erfüllt von leidenschaftlicher Feindseligkeit gegen ihre ausländischen Feinde, die wirklichen und die imaginären; sie ist nach wie vor, um beim Schema Crane Brintons zu bleiben, in ihrer extremistischen Periode, sie ist noch immer nicht zu jener Rückkehr auf die Erde bereit, die wir Thermidor nennen.

Die chinesische Revolution ist mehr als ein Aufstand des Neuen gegen das Alte innerhalb Chinas, vergleichbar der Erhebung der französischen Republikaner gegen das Ancien régime oder der russischen Kommunisten gegen das zaristische Regime. Sie ist darüber hinaus auch der Aufstand einer stolzen und alten Zivilisation gegen ausländische Mächte – gegen, nach chinesischer Auffassung, «Barbaren» –, die im 19. Jahrhundert über China hergefallen sind und auf die Wirtschaft, die überkommenen Einrichtungen und den nationalen Stolz Chinas verhängnisvoll eingewirkt haben.

China und der Westen:
Der verhängnisvolle Zusammenprall

Als China schließlich begann, die Technik und Technologie des Westens zu übernehmen, geschah das nicht in dem Wunsch, so wie Japan «verwestlicht» zu werden, noch weniger sollte es eine Zuneigung für den Westen zur Schau stellen. Diese Erneuerungsbewegung war eher der Vorläufer einer der großen Revolutionen der Geschichte, eine Anstrengung, die westliche Technik zur Abschüttelung der westlichen Macht zu benutzen, «ausländische Mittel anzuwenden und so chinesische Ideen zu schützen». Vor mehr als einem halben Jahrhundert, im Jahre 1903, passierte eine Gruppe junger Männer auf dem Wege zum Studium nach Europa die Provinzstadt Neichiang. Diese jungen Leute, so schrieb die örtliche Zeitung, sollten die Wissenschaft nach Hause zurückbringen, die China retten und es stark machen werde, so daß es sein Haupt wieder erheben könnte. «Wir wurden genug mit Verachtung behandelt. Jetzt werden wir auf eigenen Füßen stehen, den anderen Nationen gleichberechtigt, und die, die gekommen sind, uns auszuplündern, werden in ihr eigenes Land zurückkehren, wohin sie gehören, und uns in Frieden lassen.»[1]

Maßstab für Chinas Demütigung und Zorn ist sein ausgeprägter und althergebrachter Stolz. Chinas Stolz ist das Produkt einer Zivilisation, die dem Kontakt mit Ausländern sehr wenig verdankt und noch bis vor einem Jahrhundert keine wichtigen Verbindungen mit einer Zivilisation unterhielt, die so mächtig und hochentwickelt wie die seine war. Dadurch, daß rivalisierende Kultur- und Machtzentren fehlten, wurde den Chinesen das Gefühl eingeflößt, daß sie eher einer Zivilisation als einem Staat angehörten, und das war auch der Grund, weshalb sie alle Ausländer als Tributpflichtige und Barbaren ansahen.

Der historisch belegte Stolz Chinas ist auf weit mehr als auf einfachen Chauvinismus gegründet. Schon vor der Zeit Christus' hatten die Chinesen die Grundsätze und Methoden entwickelt, die ihr Reich bis zum 20. Jahrhundert zusammenhalten sollten. Zu der Zeit, als Marco Polo im 13. Jahrhundert China besuchte, war das chinesische Reich Europa in Wissenschaft und Technologie und ebenso in der Regierungsform ein gutes Stück voraus. China wurde zum

Zentrum der Zivilisation in Ostasien und zum Modell für kleinere Staaten, wie Korea und Vietnam, deren Herrscher die Verpflichtung übernahmen, dem chinesischen Kaiser als ihrem obersten Lehnsherrn Tribut zu zahlen. Als europäische Kaufleute, Missionare und Freibeuter zum erstenmal nach China kamen, fanden sie nicht ein Land mit einer primitiven und heidnischen Bevölkerung vor. Sie stießen auf eine reiche und alte Zivilisation, die jedoch in der technischen Entwicklung, vor allem auf dem Gebiet der Militärtechnik, zurückgeblieben war, zum Teil deshalb, weil die Chinesen, nachdem sie lange so mächtig und in Sicherheit gelebt hatten, einfach nicht glauben konnten, daß sie angegriffen werden könnten. Als Ergebnis stand China der Ausbeutung durch Ausländer offen, deren Unwissenheit über China nahezu grenzenlos war und deren Macht auf jeden Fall ihre Klugheit bei weitem übertraf.

Das Benehmen der Europäer, die nach China kamen, bestärkte die Auffassung der Chinesen, daß die Fremden «Barbaren» seien, während sich die Chinesen selbst in ihrem so ausgeprägten Stolz bis zum 19. Jahrhundert vom Westen fernhielten, an ihm nicht interessiert waren und nicht glauben konnten, daß die «Barbaren» irgend etwas von Wert anzubieten haben könnten. Als König Georg III. von England im Jahre 1793 den Vorschlag machte, einen ständigen Botschafter nach Peking zu entsenden, antwortete ihm Kaiser Chien-lung großartig:

«Was das Ersuchen in Eurer Denkschrift, o König, betrifft, einen Eurer Untertanen zu uns zu schicken, damit er sich am Hof des Himmels um den Handel Eures Landes mit China kümmere, so steht dies nicht im Einklang mit dem Staatssystem unserer Dynastie, und die Erlaubnis dafür wird definitiv verweigert... Der Hof des Himmels hat die Gebiete innerhalb der vier Meere befriedet und in Besitz genommen. Sein einziges Ziel ist es, alles in seinen Kräften stehende zu tun, eine gute Regierung auszuüben und sich um die politischen Angelegenheiten zu kümmern. Er legt keinen Wert auf fremde Juwelen und kostbare Gegenstände... Tatsächlich hat sich die Kunde von der Tugend und dem Nimbus der Himmelsdynastie bis in die ferne Weite verbreitet, und die Könige ungezählter Nationen sind zu Lande und zu Wasser gekommen und haben uns wertvolle Gegenstände aller Art gebracht. Folglich mangelt es uns an nichts, wie Euer Hauptgesandter und andere persönlich festgestellt haben. Wir haben niemals große Vorräte an fremden oder geistreich ersonnenen Gegenständen angelegt und benötigen auch keine weiteren Erzeugnisse Eures Landes...»[2]

Der Westen war nicht so leicht abzuschütteln. Im Laufe des 19. Jahrhunderts gelang es Soldaten, Händlern und Missionaren aus dem Westen, China in ein halbkoloniales Land zu verwandeln, und der Schock dieser Erfahrung sollte den Funken der chinesischen Revolution entzünden, die noch heute auf einem Höhepunkt ist. «So vollständig war die Katastrophe», sagte Professor John Fairbank von der Harvard University, «daß eine von Grund auf neue Ordnung errichtet werden mußte. Westliche Doktrinen aller Art wurden ausprobiert. Was sich als wirkungsvoll erwies, war der Leninsche Typ einer Parteidiktatur. Eine unter der Disziplin einer neuen Orthodoxie zusammengebrachten Elite organisierte so etwas wie eine alte chinesische Geheimgesellschaft, die in dem Bemühen geeint war, die Macht zu erlangen und ein starkes Staatswesen wiederherzustellen. Dieses nationalistische Ziel überflügelte jede andere Überlegung. Jener westliche Individualismus, den unsere Missionare propagierten, hatte keine Chance.»[3]

Bei dem Zusammenprall mit dem Westen wurde ein großes Reich, das allen anderen seiner Welt überlegen gewesen war, nicht nur gedemütigt, sondern auch mit der Vernichtung bedroht. Worte wie «Exterritorialität» und «ungleiche Verträge» sind viel zu reinlich und zu milde, um Chinas Erniedrigung durch den westlichen Imperialismus beschreiben zu können. Die Ankunft der westlichen Zivilisation im China des 19. Jahrhunderts bedeutete, klarer gesagt, daß Ausländer den Reichtum Chinas ausplünderten und daß die meisten Chinesen in ihrem eigenen Land auf einen demütigenden und untergeordneten Stand herabgewürdigt wurden. Die Missionare unterstanden nicht den chinesischen Gesetzen und behandelten die Chinesen als Heiden, abgesehen natürlich von den Bekehrten, die ihrerseits Immunität vor dem chinesischen Gesetz verlangten und ihre in Verbindung mit den Ausländern gewonnene Macht benutzten, um ihre Mitbürger einzuschüchtern. Ausländische Waren waren durch Verträge von den Binnenzöllen befreit, die die Mandschu-Dynastie Mitte des 19. Jahrhunderts als Buße für den Taiping-Aufstand verhängte. Das Ergebnis war, daß westliche Firmen ihre chinesischen Konkurrenten beim Verkauf von Produkten wie Nutzholz, Öl, Tabak und natürlich Opium ausschalteten. Jeder der katastrophalen Kriege, die China im 19. Jahrhundert mit dem Westen führte, hatte zur Folge, daß China eine gewaltige Entschädigung zahlen mußte oder daß das wirtschaftliche Leben des Landes aufs neue beeinträchtigt wurde.

Man kann sich schwerlich ein unmoralischeres Kriegsziel vorstellen als das des Opiumkrieges von 1839–1842, des ersten der Konflikte Chinas mit dem Westen. Er wurde dadurch heraufbeschworen, daß die chinesische Regierung die britischen Händler daran zu hindern suchte, der chinesischen Bevölkerung Opium zu verkaufen. Das zerrüttende Rauschgift zerstörte Gesundheit und Leben einer alarmierenden Zahl chinesischer Süchtiger, aber es war zugleich für die ausländischen und die chinesischen Opiumhändler eine reiche Einnahmequelle. Von den Ausländern waren vor allem britische Geschäftsleute, aber auch Amerikaner, Franzosen und andere am Opiumhandel beteiligt. Opium wurde ein wichtiger Faktor in der Handelsbilanz einiger westlicher Länder mit China. Als die chinesische Regierung 1839 versuchte, die Einfuhr von Opium zu verbieten, verweigerten die Briten ihre Zustimmung. Es folgte eine Reihe von Zwischenfällen, die in einem Krieg zwischen China und England gipfelten.

Pathos und Stolz sprechen mit in dem vergeblichen Appell des kaiserlichen Kommissars Lin Tse-hsü an Königin Victoria:

«Wenn uns die Barbaren auch nicht unbedingt mit Absicht Böses zufügen wollen, so kümmert sie es doch bei ihrer außerordentlichen Profitgier nicht, daß sie andere schädigen. Darf man fragen: Wo ist Ihr Gewissen? Ich habe gehört, daß das Opiumrauchen in Ihrem Land sehr streng verboten ist. Das ist deshalb so, weil der Schaden, der durch das Opium angerichtet wird, klar ersichtlich ist. Wenn das Opium Ihrem eigenen Land keinen Schaden zufügen darf, sollten Sie um so weniger zulassen, daß es andere Länder – und erst recht nicht China – schädigt. Unter allen Dingen, die China in fremde Länder exportiert, ist kein einziges, das dem Volke nicht nützlich ist; sie sind von Nutzen, wenn sie gegessen oder verbraucht oder wenn sie wiederverkauft werden. Alle sind sie von Nutzen. Gibt es eine einzige Ware aus China, die ausländische Länder irgendwie geschädigt hat?»[4]

Die große Königin blieb ungerührt, und im Vertrag von Nanking, der den Opiumkrieg beendete, wurde China 1842 gezwungen, Hongkong abzutreten, fünf Vertragshäfen für den britischen Handel zu öffnen, Zolltarifen zuzustimmen, die ohne die Einwilligung Großbritanniens nicht geändert werden könnten, und außerdem eine Entschädigung für vernichtetes Opium und für ihre Kriegsausgaben zu zahlen.

Nach dem Beispiel Großbritanniens erlangten auch andere Mächte durch Überredung und Gewaltandrohung Konzessionen von China. Die USA unterzeichneten zum Beispiel 1844 mit China einen Vertrag, nach dessen Bestimmungen die Vereinigten Staaten Handelsprivilegien und Exterritorialität für zivile und kriminelle Fälle für sich in Anspruch nahmen.

Der Opiumkrieg und der Vertrag von Nanking enthüllten die Verwundbarkeit Chinas und machten den Weg für eine weitgehende Ausbeutung durch ausländische Mächte frei. In den fünfziger Jahren des 19. Jahrhunderts vertrat der britische Premierminister Lord Palmerston die Ansicht, daß «der Zeitpunkt schnell heranrückt, zu dem wir genötigt sein werden, in China wieder einmal zuzuschlagen». Nach Palmerstons Worten «brauchen diese halbzivilisierten Regierungen, wie die chinesische, die portugiesische und die spanisch-amerikanische... alle acht oder zehn Jahre eine Tracht Prügel, damit sie in Zucht gehalten werden».

Die Chinesen haben in den folgenden Jahren oft eine «Tracht Prügel» bekommen. 1856 führten die Briten und die Franzosen wieder Krieg mit China. In den Verträgen von Tientsin wurden neue Konzessionen gewährt und alte erweitert. Die europäischen Mächte erwarben neue Handelshäfen und zusätzliche Hoheitsrechte über die chinesischen Zolltarife sowie andere Privilegien. Die Chinesen mußten Entschädigungen zahlen, und in einem der Verträge gab es auch einen Artikel, der den Schutz der Missionare garantierte, denn – so heißt es wörtlich im Vertrag – «die christliche Religion, wie sie von Protestanten und Römischen Katholiken ausgeübt wird, prägt die Ausübung der Tugend ein und lehrt den Menschen, so zu handeln, wie er selbst behandelt werden möchte».

Die Chinesen weigerten sich, diese Verträge zu ratifizieren. Die Feindseligkeiten wurden wiederaufgenommen und die Briten brannten den Sommerpalast des Kaisers in Peking nieder. Nach den Bestimmungen der Konvention von Peking 1860 wurden weitere Häfen geöffnet, neue Entschädigungen gezahlt und die Chinesen gezwungen, die Halbinsel Kowloon (gegenüber von Hongkong) an England abzutreten.

Die Verträge von 1842 und 1844 sowie von 1858 und 1860, die aus ziemlich offensichtlichen Gründen als die «ungleichen Verträge» bekannt sind, bildeten bis zum Zweiten Weltkrieg die Grundlage der Beziehungen Chinas zum Westen.

Die Chinesen hatten auch mit den Russen ihre Schwierigkeiten. Im Jahre 1858, als die Chinesen durch britische und französische Angriffe von der See her und durch die Taiping-Rebellion im Innern des Landes bedrängt wurden, präsentierten die Russen den Chinesen bestimmte territoriale Forderungen. Daraufhin waren die Chinesen gezwungen, alle bisher chinesischen Gebiete nördlich des Amur an

Rußland abzutreten. 1860 forderten und erhielten die Russen zusätzliche Gebietsstreifen an der Pazifikküste, darunter das Gebiet, in dem später der Hafen Wladiwostok angelegt wurde. Durch diese beiden Verträge eignete sich Rußland ein chinesisches Gebiet an, das größer als Texas ist.

In den letzten zehn Jahren des 19. Jahrhunderts schloß sich Japan den westlichen Mächten bei der Ausplünderung Chinas an. 1894 griff Japan China an, und mit dem Vertrag von Shimonoseki, der den Krieg beendete, mußten die Chinesen Japan große Gebiete abtreten und weitgehende Handelsprivilegien einräumen. Unter dem Druck der europäischen Mächte wurden die Japaner gezwungen, einige ihrer Forderungen, vor allem die Annexion von Port Arthur und der Halbinsel Liaotung, aufgeben, aber Japan erhielt die Insel Taiwan (Formosa) und ausgedehnte Handelsprivilegien, und natürlich mußte China eine Entschädigung zahlen.

Nachdem sich Deutschland dem Druck der anderen Mächte auf Japan angeschlossen hatte, die Halbinsel Liaotung an China zurückzugeben, forderte es jetzt eine «Belohnung». Die Chinesen sahen die Berechtigung einer solchen Forderung zwar nicht ein, wurden jedoch eines Besseren belehrt, als die Deutschen Truppen landeten. China sah sich daraufhin gezwungen, Deutschland den Hafen und die Bucht von Kiaochow auf neunundneunzig Jahre zu verpachten und Handelsprivilegien auf der Halbinsel Shantung zu gewähren.

Die anderen Mächte wollten auch «Belohnungen». Rußland verlangte und erhielt die Häfen Port Arthur und Dairen in Pacht und außerdem das Recht, eine Eisenbahn durch die Mandschurei zu bauen. Frankreich, das in den achtziger Jahren China gezwungen hatte, die französische Autorität in Indochina anzuerkennen, forderte und erhielt 1898 eine ausgedehnte Einflußsphäre in Südchina; unter anderem wurde den Franzosen die Bucht von Kwangchow auf neunundneunzig Jahre verpachtet. Die Briten wollten nicht ins Hintertreffen geraten. Auf ihr Verlangen hin wurde ihnen die Kontrolle der chinesischen Küstenzölle überlassen und eine Marinestation bei Weihaiwei verpachtet, außerdem wurde ihnen die Pacht von Kowloon auf neunundneunzig Jahre verlängert.

China wurde faktisch zu einer Kolonie vieler Herren. «Aber», meinte Sun Yat-sen, damals am Anfang seiner revolutionären Laufbahn, in einem wirklich bemerkenswerten historischen Understatement, «niemand der Herren fühlte sich für das Wohlergehen des Landes verantwortlich.»

Die «Gemeinschaft der rechtschaffenen und einträchtigen Fäuste»

(I-ho-tuan), besser unter dem Namen «Die Boxer» bekannt, war ein Geheimbund, dem vor allem verarmte Bauern angehörten. Ihre Beschwerden hätten sich auch gegen die Mandschu-Herrscher Chinas richten können, aber die Regierung hatte keine große Schwierigkeit, die Boxer zu überzeugen, daß die Ausländer schuld am Elend des Volkes seien. Überaus grausam fielen die Boxer im Jahre 1900 über die Ausländer und ihre chinesischen Anhänger her; besonders gegen Missionare und die von ihnen zum Christentum bekehrten Chinesen kannten sie keine Gnade. Die Boxer wüteten auch weiterhin gegen die Ausländer in Peking und belagerten das Gesandtschaftsviertel.

Eine internationale Streitmacht, der Japaner, Russen, Briten, Deutsche, Franzosen und Amerikaner angehörten, wurde nach Peking entsandt, um die Gesandtschaften zu befreien. Der Oberbefehlshaber des alliierten Expeditionskorps, der deutsche Generalfeldmarschall Graf Waldersee, erhielt vom Kaiser den Befehl, «keinen Pardon zu geben und keine Gefangenen zu machen», damit «niemals wieder ein Chinese es wagt, einen Deutschen auch nur scheel anzuschauen».

Die Verbündeten erwiesen sich den Boxern an Grausamkeit ebenbürtig. Die besiegten Chinesen wurden gezwungen, einen neuen Vertrag zu unterzeichnen, der den ausländischen Mächten das Recht gab, auf dem Gelände ihrer Gesandtschaften Truppen zu stationieren. Außerdem wurde ein neues chinesisches Zolltarifsystem eingeführt; China mußte eine Entschädigung in Höhe von 333 Millionen US-Dollar bezahlen und wurde verpflichtet, «Kriegsverbrecher» zu bestrafen.

Die USA erstatteten einen großen Teil der 25 Millionen Dollar ihres Entschädigungsanteils unter der Bedingung zurück, daß dieser Betrag für die Ausbildung chinesischer Studenten in den Vereinigten Staaten benutzt werden sollte. Für viele Amerikaner war dies ein Akt außergewöhnlicher Menschenfreundlichkeit. Die USA verkündeten danach ihre Politik der Offenen Tür gegenüber China. Diese Politik besagte, daß die territoriale Integrität Chinas gewahrt bleiben und daß der Handelsweg nach China für alle Nationen gleichermaßen gesichert sein müßte. Begrenzt und wirkungslos wie sie war, ließ die Politik der Offenen Tür die USA den Chinesen dennoch als die einzige ausländische Macht erscheinen, die vielleicht als Freund und möglicher Beschützer in Frage kam.

Die «Offene Tür» blieb die Grundlage der amerikanischen Chinapolitik, bis die Kommunisten 1949 die Macht übernahmen und Chinas Tür zustießen.

Die politische Geschichte ist weit davon entfernt, etwas über Schicksale in China unter der Einwirkung des westlichen Imperialismus mitzuteilen. Der Bericht eines chinesischen Ingenieurs, der 1913 mit seiner belgischen Frau und seinem Sohn nach China zurückkehrte, gibt ein wenig von dem Leben in China in diesem Jahr unter der Einwirkung des westlichen Imperialismus wieder. Er schrieb:

«Shanghai war eine tödliche Qual, denn es war nur zu klar, daß ich in meinem eigenen Land nichts als ein niederes und verachtetes Wesen war. Da waren Parks, Restaurants und Hotels, die ich nicht betreten durfte, aber meine Frau durfte. Ich hatte kein Recht auf den Boden einer chinesischen Stadt, die nicht den Chinesen gehörte; sie hatte das Recht aus einem anderen Grund, der Hautfarbe genannt wurde.

Wir gingen an Bord des englischen Schiffes, das von Shanghai nach Hankow fuhr; die erste Klasse war für Europäer reserviert, und ein anderes Schiff gab es nicht. Marguerite stützte sich mit den Armen auf die Reling und starrte auf den Fluß. Sie war mit unserem Sohn in der ersten Klasse, ich ging in die zweite. Ich hatte darauf bestanden. ‹Es ist für dich zu heiß hier unten.›»[5]

Einige Jahre früher hatte der junge Mann als Student in Shanghai in einem Brief an seinen Bruder geschrieben, daß er die Europäer nicht begreifen könne:

«Sie verwirren mich immerfort. Höchst rücksichtslos bei der Durchsetzung ihrer Interessen kümmern sie sich nicht im geringsten um das große Elend, das sie anrichten. Gleichzeitig sind ihre Zeitungen voll von großen Worten über ihren Edelmut, ihre Rechtschaffenheit und die guten Werke, die sie tun. Sie entrüsten sich über unsere öffentlichen Exekutionen und unsere Grausamkeit an Hunden. Aber die Liste ihrer Plünderungen und Morde in unserem Land zeigt ein solch gerechtfertigtes Mitleid nicht... Sie sind unlogisch und unbegreiflich, mein Bruder... Sie wissen nie, was sie wollen, außer daß sie stets mehr wollen. Unbegreiflich raffgierig, vergießen sie Tränen, wenn sie Bettlern etwas Geld geben...»[6]

Revolution in China

Die chinesischen Revolutionen im 20. Jahrhundert waren zum größten Teil die Folge der Verheerungen, die der Westen angerichtet hatte. Militärisch dem Westen unterlegen, aber unerschüttert in ihrem Glauben an die Überlegenheit ihrer eigenen Zivilisation machten sich die Chinesen zunächst durch die erfolglose demokratische Revolution Sun Yat-sens und dann durch die erfolgreiche kommunistische Revolution Mao Tse-tungs daran, jene westlichen Methoden der Wissenschaft und Technik, der politischen Organisation und militärischen Machthandhabung zu übernehmen, die es ermöglichen sollten, den Westen aus China zu verjagen. Es ist eine Ironie der Geschichte und bemerkenswert, daß die westliche politische Doktrin, die China schließlich übernahm, vom Westen selbst verworfen worden war.

China steht noch immer auf dem Höhepunkt der längsten und vielleicht vollständigsten Revolution des 20. Jahrhunderts. Von 1911–1949 war das Land ständig in Krieg und Chaos. Ehe die Kommunisten die Ordnung wiederherstellten, waren faktisch alle überkommenen Einrichtungen und Werte Chinas erschüttert worden: Die kaiserliche Dynastie, das klassische Erziehungssystem, die konfuzianischen Vorstellungen von Familie und Gesellschaft.

Der Republik gelang die Erneuerung nicht, aber die russische Revolution hatte auf ein demoralisiertes China die tiefgreifende Wirkung eines augenfälligen Modells für die fast über Nacht vollzogene Umwandlung einer Feudalgesellschaft in eine mächtige moderne Nation. In den zwanziger und dreißiger Jahren konnte die Kuomintang beim Zusammenschluß des Landes einige Fortschritte erzielen, und wenn nicht der Krieg gegen Japan gewesen wäre, hätten die Nationalisten ihre Autorität vielleicht durch eine lebensfähige Beherrschung Chinas fest etablieren können. Die Kommunisten schufen sich andererseits, wie der Harvard-Professor Benjamin Schwartz dargelegt hat, eine feste Ausgangsposition auf dem Land und gewannen vor allem unter den jungen Intellektuellen patriotische Unterstützung, weil sie die Japaner aktiv bekämpften, während sich die Kuomintang passiv verhielt und darauf wartete, daß die Amerikaner Japan überwältigten.[7] Durch die Unfähigkeit und die Demoralisierung der Kuomintang weitgehend unterstützt, gingen die chinesischen Kommunisten aus dem Zweiten Weltkrieg als die Verfechter eines echten chinesischen Nationalismus hervor.

China-Experten stimmen allgemein darin überein, daß das kommunistische Regime in einer festen Grundlage des Nationalismus Wurzel geschlagen hat. Professor C. P. Fitzgerald erklärt, daß Mao Tse-tung die marxistischen Ideen in der Tat zu chinesischen gemacht hat. Diese Ideen gestalten die chinesische Gesellschaft radikal, aber sie hatten für die Beziehungen Chinas zur Außenwelt weit weniger Bedeutung gehabt, als man einmal erwartet hatte. Fitzgerald schreibt:

«Die chinesische Meinung von der Welt hat sich nicht grundlegend geändert; sie wurde den Erfordernissen der modernen Welt angepaßt; dies ging aber nur so weit, daß China im Weltbild weiterhin die zentrale Stelle einnehmen konnte. Um das zu erreichen, war es notwendig, vom Westen eine neue Doktrin zu übernehmen und damit die unzureichenden und zu begrenzten Lehren des Konfuzius zu ersetzen. Nach einem langen Kampf fand China heraus, daß für das Land eine Doktrin geeignet war, die der Westen zurückgewiesen hatte; und es kann gut sein, daß allein schon dieser Umstand ein Grund dafür war, den Kommunismus, dieses verstoßene Produkt westlichen Ursprungs, in China willkommen zu heißen...»[8]

China hat demnach in diesem Jahrhundert zwei Revolutionen gleichzeitig erlebt: Eine Revolution im Innern, die – wenn auch innerhalb eines gewohnten autoritären Rahmens – das Leben und die Gesellschaft Chinas fast vollständig umgestaltet, und eine Revolution gegen die Ausländer, die Chinas Beziehungen zur Außenwelt nicht so sehr verändert als vielmehr versucht, sie so *wiederherzustellen*, daß sie dem Zustand zur Zeit seiner imperialen Größe gleichen. Während China seine Gesellschaft im Innern revolutioniert, scheint es seine traditionelle Auffassung von seiner Rolle in der Welt aufrechtzuerhalten, oder genauer gesagt, wiederzubeleben.

Wenn man zwischen den chinesischen Revolutionen gegenüber dem Ausland und im Innern unterscheidet, dann lag und liegt nach der Auffassung von Experten das Hauptgewicht auf der letzteren. Die Führer des kommunistischen Chinas sind, nach Ansicht des Harvard-Professor John Lindbeck, Spezialisten für Innenpolitik, aber Dilettanten der Außenpolitik. Obgleich sie die Entwicklungen in China als «Teil einer größeren transnationalen historischen Bewegung» betrachten, ist die Industrialisierung und soziale Umgestaltung Chinas die grundlegende Aufgabe, die sie sich gestellt haben, und sie beansprucht bei weitem den größeren Teil ihrer Möglichkeiten und ihrer Aufmerksamkeit.[9] In seiner Aussage vor dem Außenpolitischen Senatsausschuß vertrat Professor Morton Halperin die gleiche Ansicht. Die chinesischen Führer, meint Halperin, «sind bestrebt, ihre Anstrengungen sogar mehr noch als in der Vergangenheit auf die internen Fragen der chinesischen Revolution zu konzentrieren... Ich glaube, wenn die Chinesen überzeugt werden können, daß sie nicht unmittelbar von einem atomaren Angriff der USA bedroht werden, werden sie sich – während sie weiterhin revolutionäre Erklärungen abgeben – wahrscheinlich noch mehr von der Welt zurückziehen und sich ganz mit ihren inneren Schwierigkeiten und Möglichkeiten beschäftigen.»[10]

Theorie und Praxis der chinesischen Außenpolitik

Diese Ansichten der Experten sind nicht leicht mit der offiziellen amerikanischen Auffassung in Einklang zu bringen, daß sich China, ähnlich der deutschen Aggression in den dreißiger Jahren, auf einen unbegrenzten Eroberungsfeldzug einrichtet. Zur Unterstützung der These von solchen Absichten Chinas wird gegenwärtig die Doktrin angeführt, die der chinesische Verteidigungsminister Lin Piao im September 1965 aufgestellt hat. In der Doktrin Lin Piaos wird die Erde in zwei Teile eingeteilt: In die sogenannten «Städte» – die USA, Westeuropa und die Sowjetunion – und in die «ländlichen Gebiete» – Asien, Afrika und Lateinamerika – die, nach Lin Piao, allmählich die Städte einkreisen und erobern, so wie die chinesischen Kommunisten von den Landgebieten aus allmählich das gesamte chinesische Festland eingenommen haben.

All dies ist, um Churchill zu zitieren, «Gefasel». Es ist ohne Zweifel eine schreckeneinflößende Doktrin, aber es ist nur eine Doktrin und keine Tatsache. Die Chinesen verfügen über ein wildes Vokabular, aber man muß sicherlich etwas unterscheiden zwischen dem, was sie sagen und dem, was sie tun sowie zwischen dem, was sie vielleicht gerne täten und dem, was sie tun können oder wozu sie wahrscheinlich in der Lage sind. In Vietnam, daran sollten wir uns erinnern, standen Mitte 1966 dreihunderttausend amerikanische Soldaten, während die Chinesen nur Arbeitsbrigaden zur Unterstützung der Nordvietnamesen geschickt hatten. Einige Experten haben die Lehrsätze Lin Piaos keineswegs als einen Plan für eine chinesische Aggression ausgelegt, sondern als eine Formel für *innere* Revolutionen, die von der Erwartung Chinas ausgeht, daß andere Länder ihre eigenen Revolutionen in die Wege leiten und daß die Chinesen höchstens am Rande Hilfestellung leisten. Die aggressive Sprache Pekings verdunkelt die Tatsache, daß China in der Praxis seinen Nachbarn ein hohes Maß an Unabhängigkeit zugestanden hat, auch – und vielleicht vor allem – jenen Nachbarn, die nicht unter dem militärischen Schutz der USA stehen. Burma zum Beispiel ist, obgleich es schwach ist und keinem Bündnis angehört, unabhängig geblieben und wird, soweit man das feststellen kann, von seinem chinesischen Nachbarn in Ruhe gelassen. Nordvietnam ist, obgleich es zur Fortsetzung des Krieges von der Wirtschaftshilfe und Nachschubunterstützung Chinas abhängt, im wesentlichen sein eigener Herr geblieben und es scheint logisch, anzunehmen, daß Nordvietnam sogar noch unabhängiger von China wäre, wenn es keinen Krieg und statt dessen normale Beziehungen zu den USA gäbe. Die Erfahrung mit Nordkorea ist besonders interessant. Während und nach dem Koreakrieg hatten Hunderttausende von chinesischen Soldaten den Norden des Landes besetzt. 1958 zogen sich die Chinesen aus Nordkorea zurück, obgleich sie zu diesem Schritt durch keinerlei Druck von außen gezwungen wurden. Daraufhin entfernten die Nordkoreaner viele prochinesische Beamte aus ihrer Regierung und gewannen echte Handlungsfreiheit für ihre Beziehungen zu China auf der einen und zur Sowjetunion auf der anderen Seite. Im August 1966 gab die nordkoreanische Regierung öffentlich bekannt, sie werde den Kommunismus weder nach dem russischen noch nach dem chinesischen Vorbild, sondern auf seine eigene «koreanische» Weise aufbauen, und seither haben die Nordkoreaner deutlich erkennen lassen, daß sie sich im chinesisch-sowjetischen Streit auf die Seite der Russen stellen. Man weiß es natürlich nicht genau, aber möglicherweise ist der Gedanke, daß die Chinesen trotz ihrer farbigen Sprache ihre Nachbarn tatsächlich doch nicht physisch unterjochen wollen, bei näherer Prüfung vielleicht nicht so «undenkbar», wie es auf den ersten Blick den Anschein hat.

Um es noch einmal zu sagen: Es scheint eine Diskrepanz zwischen Mythos und Wirklichkeit, zwischen der amerikanischen Auffassung und der tatsächlich bestehenden Situation zu bestehen, und mir scheint, daß die Ursache dieser Verzerrung das ideologische Prisma ist, durch das die USA die Welt betrachten. China wird für aggressiv gehalten – nicht auf Grund dessen, was seine Führer wirklich tun, sondern auf Grund dessen, was sie sagen oder was ihre vermuteten Absichten sind. China wird nicht auf Grund seiner Aktionen für aggressiv gehalten, sondern man *nimmt an*, daß es aggressiv ist, weil es kommunistisch ist.

Die USA und China

Zwischen den USA, dem vielleicht unrevolutionärsten Land der Erde, und China, dem revolutionärsten, liegt eine Kluft der Unwissenheit und des gegenseitigen Mißverstehens. Am 10. Februar 1966 wurde im britischen Oberhaus die Chinafrage erörtert. In einer äußerst interessanten Rede sagte Lord Kennet: «Diese beiden Länder verstehen einander so wenig. Die USA sprechen immer von Frieden, aber sie bombardieren den Nachbarn Chinas. China beobachtet die Handlungen und ignoriert die Worte der USA. China spricht immer von Krieg, aber es gibt keinen einzigen chinesischen Soldaten außerhalb der

Grenzen Chinas. Amerika lauscht auf die Worte Chinas und ignoriert seine Handlungen. Das ist historisch festgelegt.»[11]

Ich hoffe, daß das Mißlingen einer Verständigung zwischen China und den USA nicht «historisch festgelegt», zumindest nicht historisch unabänderlich ist. Auf bescheidene Weise hat der Außenpolitische Senatsausschuß durch eine Reihe öffentlicher Vernehmungen versucht, eine gewisse Grundlage für eine Kommunikation zwischen China und den USA zu schaffen.* Experten, die vor dem Ausschuß aussagten, haben einige einschlägige Fragen gestellt und zum Teil auch beantwortet. Es waren Fragen wie die folgenden: Was für ein Volk sind die Chinesen? Bis zu welchem Grad werden sie von nationalen Gefühlen geleitet? Bis zu welchem Grad von Ideologie? Warum verhalten sich die chinesischen kommunistischen Führer so feindselig gegenüber den USA und warum befürworten sie eine gewaltsame Revolution gegen die meisten Regierungen der Erde? In welchem Maße wird ihre Meinung von der Welt durch die Isolierung und die Erinnerung an die schlimmen Erfahrungen der Vergangenheit verzerrt? In welchem Maße und mit welcher Wirkung auf ihre Regierung teilt das chinesische Volk mit den Amerikanern und allen anderen Völkern das, was Aldous Huxley die «einfache menschliche Vorliebe für Leben und Frieden» genannt hat?

Wir müssen Antworten auf diese Fragen suchen, wenn wir eine Entwicklung verhindern wollen, die in wachsendem Maße auf einen Krieg zwischen China und den Vereinigten Staaten hinzusteuern scheint. Wir müssen zu einigem Verständnis für die große chinesische Revolution kommen, für ihre Ursprünge, für das Stadium des Extremismus, in dem sie zu verhalten scheint, und für die Aussichten, daß sie sich in einem Thermidor abschwächt. Andere gewaltsame Revolutionen haben ihre Bahn zurückgelegt und sind in eine Art Normalzustand übergegangen, und die Experten stimmen darin überein, daß China irgendwann in der Zukunft, vielleicht wenn eine neue Führungsgeneration Mao und seinen Kollegen folgt, vielleicht erst nach zwei oder drei Generationen, zu einer mehr oder weniger normalen Gesellschaft mit mehr oder weniger normalen Beziehungen zur Außenwelt werden wird.

Wenn wir annehmen, daß die chinesische Revolution unabänderlich in ihrem extremistischen Stadium erstarrt ist, daß der chinesische Kommunismus, anders als der russische Kommunismus, uns gegenüber unversöhnlich feindselig bleibt, dann wäre es vermutlich

* Siehe 2. Kapitel, Seite 60.

logisch, daß wir die erste gute Entschuldigung benutzen und China besonders wegen seiner atomaren Kapazität einen verheerenden militärischen Schlag versetzen, so lange es noch relativ schwach ist. Es gibt eine Reihe zwingender Gründe – auch wenn wir einmal die starke Möglichkeit eines globalen Atomkrieges beiseite lassen –, warum eine solche Aktion, ein «Präventivkrieg» gegen China, eine der größten und vielleicht *die* größte Katastrophe in der amerikanischen Geschichte wäre. Erstens würde China dadurch vorübergehend, aber nicht auf die Dauer außer Gefecht gesetzt, während sich seine gegenwärtige Feindschaft in einen andauernden Haß verwandeln würde. Zweitens würde dem Gewissen der Völker der ganzen Erde, einschließlich, möchte ich meinen, des amerikanischen Volkes, Gewalt angetan. Drittens würde ein vorbeugender Krieg zur «Verteidigung» der Freiheit mit Gewißheit die Freiheit zerstören; denn man kann ganz einfach nicht barbarische Handlungen begehen, ohne selbst zum Barbaren zu werden, und man kann nicht menschliche Werte durch vorab berechnete und unprovozierte Gewaltanwendung verteidigen, ohne gerade den Werten, die man zu verteidigen versucht, einen tödlichen Schaden zuzufügen. Und wenn man schließlich von der Annahme ausgeht, daß sich der chinesische Kommunismus unabänderlich auf unsere Vernichtung festgelegt hat, so nimmt man an, daß ein ganzer Zweig der Menschheit von einer Grundgegebenheit der menschlichen Natur nicht betroffen ist, nämlich vom Wechsel und von der Veränderlichkeit: Es ist durchaus vernünftig, Veränderungen in China – und natürlich in jeder anderen Gesellschaft – zu erwarten, denn die Veränderung ist das Gesetz des Lebens, wenn es überhaupt ein Gesetz des Lebens gibt.

Angemessener ist für die USA die Frage, ob wir durch eine so feindselige Haltung nicht dazu beitragen, die extremistische Phase der chinesischen Revolution zu verewigen, und ob wir durch den Versuch, China aus der Isolation herauszuholen, nicht ein Fortschreiten Chinas zur Mäßigung fördern könnten. Meiner Ansicht nach wird die extremistische Phase der chinesischen Revolution durch die Feindseligkeit der USA wahrscheinlich verlängert, und ich hoffe, daß wir unsere Feindseligkeit eines Tages mäßigen werden und China die Freundeshand entgegenstrecken – sehr wohl wissend, daß sie fast mit Sicherheit zurückgewiesen werden wird, aber auch in dem Bewußtsein, daß die chinesische Vorstellung von einem feindseligen Amerika durch aufrichtige und wiederholte Freundschaftsangebote abschwächen und den Anbruch von Chinas Thermidor beschleunigen könnte.

Der althergebrachte Stolz Chinas kann ein Hindernis für eine Verständigung sein. Er schafft aber auch die Möglichkeit, die Mauer des Mißtrauens und der Feindseligkeit zu durchbrechen, indem man China mit der Achtung behandelt, die ihm als einer großen und alten Zivilisation gebührt. Heute ist China von der Außenwelt isoliert und steht ihr mißtrauisch und feindlich gegenüber. Ihre gesamte Geschichte hat zur Ansicht der Chinesen beigetragen, daß China eine höhere von feindlichen Barbaren angegriffene Zivilisation ist. Angesichts der so tragischen und einmaligen nationalen Erfahrungen Chinas ist kaum die Zuversicht am Platze, daß China schon sehr bald als ein vertrauenswürdiger und verantwortungsbewußter Partner in die Gemeinschaft der Nationen einbezogen werden kann. Mit viel Geduld und Einsicht von unserer Seite könnte China jedoch dazu gebracht werden, daß es seine Ansicht ändert und sich nicht länger als das Reich des Himmels in einer Welt von Barbaren betrachtet. Ganz allmählich könnte China dann dahin kommen, sich als eine von vielen großen Zivilisationen zu betrachten, die vieles anzubieten, aber auch von den Beziehungen zur Außenwelt viel zu gewinnen hat.

Es ist mir völlig klar, daß ich mehr, vielleicht weit mehr, als Gegenseitigkeit vorschlage. Das geschieht in dem Glauben, daß die USA als die stärkere Nation – stärker im Reichtum, stärker in Waffen und stärker in politischer Tradition – in ihrem eigenen nationalen Interesse und im Interesse des Friedens verpflichtet sind, einer Nation gegenüber Großmut zu zeigen, die gerade ein Jahrhundert der Krise und Demütigung hinter sich hat. Es ist engstirnig und unwürdig, wenn amerikanische Regierungsbeamte Vorschläge für Initiativen gegenüber China mit dem Hinweis auf die fruchtlosen Begegnungen in Warschau beantworten oder wissen wollen, «was sie uns angeboten haben». «Großmut ist in der Politik nicht selten die richtigste Weisheit», sagte Edmund Burke, «und ein großes Reich und kleine Geister passen schlecht zueinander.»[12]

Wenn wir uns dazu bringen können, China gegenüber verständnisvoll und großzügig aufzutreten, dann sind wir auf dem Weg zu einer Lösung der großen Probleme, die uns in Ostasien bedrängen. Die Aussichten für einen ehrenhaften und dauerhaften Frieden in Vietnam hängen auf jede Weise mit China und seinen Beziehungen zur Außenwelt zusammen, denn China ist die größte und wichtigste Macht Asiens. Nichts, was wir sagen oder tun, kann daran etwas ändern.

Anmerkungen

1 Zitiert von Han Suyin: ‹The Crippled Tree›, New York (Putnam's) 1965, p. 148.

2 Zitiert in ‹China's Response to the West: A Documentary Survey, 1839–1923›, ed. by Ssu-Yu Teng and John K. Fairbank. New York (Atheneum) 1965, p. 19.

3 John K. Fairbank: ‹U.S. Policy with Respect to Mainland China›, in: ‹Hearing on Military Posture›, a. a. O., p. 102.

4 Zitiert in: ‹China's Response to the West›, a. a. O., p. 25.

5 Han Suyin, a. a. O., p. 280.

6 Ebd., p. 159.

7 Benjamin I. Schwartz: ‹U.S. Policy with Respect to Mainland China›, in: ‹Hearings on Military Posture›, a. a. O., pp. 184–185.

8 C. P. Fitzgerald: ‹The Chinese View of Their Place in the World›, London (Oxford University Press) 1964, pp. 71–72.

9 John M. H. Lindbeck: ‹U.S. Policy with Respect to Mainland China›, in: ‹Hearings on Military Posture›, a. a. O., pp. 186–187.

10 Morton H. Halperin in: ‹Hearings on Military Posture›, a. a. O., p. 287.

11 ‹Debate in British House of Lords on Subject of China›, Nachdruck in: Congressional Record, March 8, 1966, p. 5046.

12 Edmund Burke: ‹Second Speech on Conciliation with America›.

It is fun to save . . .

... es macht Spaß zu sparen, heißt ein Slogan der Bankwerbung in den Vereinigten Staaten. Und die Amerikaner sparen.

Es ist smart, sparsam zu sein, ist das berühmte Losungswort des Warenhauses Macy. Und die Amerikaner kaufen. Sie kaufen, um zu sparen: den Winterpelz im Sommer, die Bettwäsche in der «Weißen Woche», die Riesenflasche statt der kleinen Flasche. Es scheint, als verschwende der Amerikaner sein Geld durch Sparen.

Sparen als Selbstzweck, als Tugend, nur um des Sparens willen? Nicht in den USA. Und doch: 90 Prozent aller amerikanischen Familien haben eine Lebensversicherung, zwei Drittel aller Amerikaner haben ein Sparkonto, und 30 Millionen Bürger der Vereinigten Staaten haben festverzinsliche Wertpapiere.

Pfandbrief und Kommunalobligation

Meistgekaufte deutsche Wertpapiere - hoher Zinsertrag - bei allen Banken und Sparkassen

Verbriefte Sicherheit

Teil III

Aussöhnung feindlicher Welten

...nicht ein Gleichgewicht der Kräfte, sondern eine Gemeinschaft der Kräfte; nicht organisierte Rivalitäten, sondern ein organisierter gemeinsamer Friede.

WOODROW WILSON

Rede vor dem Senat am 22. Januar 1917

8

Die menschliche Natur und die internationalen Beziehungen

Es gibt drei Möglichkeiten, die Auswirkungen der menschlichen Natur auf das Verhalten der Nationen zu betrachten. Es gibt die Methode des Moralisten oder des Theologen, der das Verhalten mit moralischen Maßstäben prüft, die Diskrepanz feststellt und dann gewisse Veränderungen des Verhaltens vorschreibt. Dann gibt es die Methode des Verhaltenswissenschaftlers, der das Spiel der Politik, so wie es gespielt wird, als gegeben hinnimmt, das Verhalten der Spieler im Hinblick auf eine Voraussage untersucht und hofft, daß er die so gewonnenen Erkenntnisse verwenden kann, um «unsere Seite» das Spiel gewinnen zu lassen. Schließlich wägt der Humanist das menschliche Verhalten vor dem Hintergrund der menschlichen *Bedürfnisse* ab, stellt die Diskrepanz fest, ebenso die irrationalen Elemente in der menschlichen Natur und die Begrenzungen, die sie dem Menschen auferlegen; dann versucht er innerhalb dieser Begrenzungen Wege zu finden, wie die Kluft zwischen Verhalten und Bedürfnissen verringert werden kann.

Verfeinerung des Wettbewerbsinstinkts

In diesem Kapitel wird die Methode des Humanisten empfohlen – angewandt auf die Diskrepanz zwischen dem ungehemmten Wettbewerbsinstinkt des Menschen und seiner Hoffnung auf ein Überleben in diesem ersten Augenblick der Menschheitsgeschichte, da die dem Menschen zur Verfügung stehenden Gewaltmittel ausreichen, seine Gattung auszulöschen. Anders als andere Lebensformen, die der Gefahr der Ausrottung gegenüberstanden, hatten wir einigen Einfluß auf die Entwicklung der Dinge, denn wir selbst haben die Mittel erfunden, die uns mit Vernichtung bedrohen. Diese Tatsache sagt mit Gewißheit mindestens ebensoviel über die Torheit wie über den schöpferischen Genius des Menschen aus; sie läßt aber auch vermuten, daß wir, die wir die Bedingungen für unseren kollektiven Tod geschaffen haben, doch zumindest irgendeine Entscheidung behalten, ob dieser Tod auch tatsächlich eintreten wird. Offensichtlich ist eine radikale Änderung des traditionellen Verhaltens notwendig. Die Frage unseres Zeitalters ist die, ob *innerhalb der Grenzen*, die durch die Natur des Menschen abgesteckt sind, eine Änderung möglich ist, die radikal genug wäre, die Kluft zwischen dem traditionellen politischen Verhalten und den Erfordernissen des Überlebens zu schließen.

Es ist schwer, an die Auslöschung der Menschheit zu glauben. Weil es uns gelungen ist, ein Gemetzel zu verhindern, seit die Kernwaffen vor etwas mehr als zwanzig Jahren erfunden wurden, scheint uns jetzt die Gefahr, daß dieses Gemetzel stattfindet, so entfernt wie der Tag des Jüngsten Gerichts. Hinweise darauf sind so häufig und vertraut geworden, daß sie ihre Bedeutung verloren haben. Die Aussicht auf unser Verschwinden von der Erde ist zu einem Klischee geworden, und man langweilt uns sogar damit. Es ist natürlich gut, daß uns die Wasserstoffbombe nicht alle zu nervlichen Wracks gemacht hat; aber es ist nicht gut, daß wir, weil wir an die Drohung nicht glauben können, so handeln, als bestehe sie nicht, und die internationalen Beziehungen weiter auf die traditionelle Weise handhaben, will sagen, so, daß wenig oder nichts getan wird, die Möglichkeit einer Katastrophe zu verringern.

Weder die Regierung noch die Universitäten nutzen ihre intellektuellen Möglichkeiten auf die bestmögliche Weise, um mit den Problemen von Krieg und Frieden im Atomzeitalter fertig zu werden. Beide scheinen sich im großen und ganzen die Auffassung zu eigen gemacht zu haben, daß es Sache eines geschickten «Krisen-Managements» sei, einen Atomkrieg zu verhindern – als ob die Methoden der Diplomatie und der Abschreckung, die uns in den vergangenen zwanzig Jahren durchgeholfen haben, nur so weit verbessert werden müßten, daß damit wir auch die nächsten zwanzig oder hundert oder tausend Jahre überstehen können.

Das Gesetz des Durchschnitts hat es schon mehr als gut mit uns gemeint, und es hat schon einige sehr eindringliche Warnsignale gegeben – vor allem im Oktober 1962. Während der Kubakrise sind wir nur wegen des geschickten «Krisen-Managements» von Präsident Kennedy und der umsichtigen Reaktion Ministerpräsident Chruschtschows einem Atomkrieg entgangen. Wir können bestimmt nicht mit dem unbeschränkten Überleben der menschlichen Rasse rechnen, wenn es von unbeschränkten Wiederholungen solcher Zusammenstöße abhängen muß. Früher oder später wird sich das Gesetz des Durchschnitts gegen uns wenden; ein Extremist oder ein Ignorant wird in diesem oder jenem bedeutenden Land zur Macht kommen, ein durchaus fähiger Staatsmann wird sich irren, oder die Dinge werden einfach aus der Hand gleiten, ohne daß jemand direkt verantwortlich ist – so wie es 1914 der Fall war. Niemand von uns – Professoren, Beamte oder Politiker – hat jedoch bisher ernsthaft und gemeinsam mit anderen versucht, das Überleben der Menschheit auf eine solidere Grundlage zu stellen, als es eine bisher nicht beendete Serie von Fällen ist, die uns mit knapper Not davonkommen ließen.

Wir müssen auf andere Weise als bisher versuchen, mit der Vorstellung fertig zu werden, daß eine weltweite Vernichtung im Bereich des Möglichen liegt. Wir müssen uns an den Gedanken gewöhnen, daß der Wettbewerbsinstinkt des Menschen, welch unabänderlicher Bestandteil der menschlichen Natur er auch sein mag, dennoch in Schranken gehalten, reguliert oder so umgeleitet werden muß, daß er nicht länger in eine weltumspannende, alles beendende Gewalttat zu explodieren droht.

Der erste Schritt zu einer Kontrolle des Wettbewerbsinstinkts ist es, seine Existenz zur Kenntnis zu nehmen. Es ist nutzlos, ihn für unmoralisch oder veraltet zu erklären und seine Abschaffung zu deklarieren; denn wie Sex, Hunger, Tod und Steuern läßt er sich nicht einfach abschaffen. Es nützt auch nichts, sich mit einem schrankenlosen Wettbewerb als einer unabänderlichen Lebenstatsache abzufinden, das zwar unvernünftige aber unvermeidliche Spiel der atomaren Politik resignierend mitzuspielen und unsere Anstrengungen auf die Kriegsspiele mit den Computern zu konzentrieren, die gewährleisten sollen, daß wir «als erster mit dem meisten ankommen», denn selbst wenn unser Gegner nur «als zweiter» und mit viel weniger «ankommt», so wird das wahrscheinlich noch ausreichen, um uns auszulöschen.

Wir können nationale Rivalitäten weder abschaffen noch dürfen wir ihnen uneingeschränkt zustimmen. Wir müssen ihnen irgendwelche Schranken auferlegen, so wie wir die Rivalitäten im Geschäftsleben und bei anderen Erscheinungen in unserer Gesellschaft eingeschränkt haben, um so die Gemeinschaft zu schützen, aber auch, um den Wettbewerb zu einer dauerhaften Einrichtung zu machen; denn wenn er sich in ungehemmter Rivalität austobte, würde er schnell damit enden, daß die kleinen und schwachen Gruppen von den großen und starken geschluckt werden. In der Außenpolitik wie in der Wirtschaft sind Wettbewerbsinstinkte natürlich und in bestimmten Grenzen schöpferisch. Aber sie neigen so leicht dazu, aus jenen Schranken auszubrechen und dann Verheerungen anzurichten, daß wir geeignete

Mittel finden müssen, sie auf ihr eigentliches Gebiet zu beschränken – nämlich darauf, Diener und nicht Herr der Zivilisation zu sein.

Vielleicht kann das Studium der Psychologie einen gewissen Aufschluß darüber geben, wo dies Gebiet beginnt und wo es endet, wo die Möglichkeit der menschlichen Natur, mit den Erfordernissen für das menschliche Überleben zu kollidieren, beginnt und ob und wie gegebenenfalls beide miteinander in Einklang gebracht werden können. Wenn man zugibt, daß die letzte Ursache für Krieg und Frieden die Natur des Menschen ist, dann folgt daraus, daß das Studium der Politik ein Studium des Menschen ist und daß – falls Politik je ein neues Gesicht annehmen soll – ein Wechsel nicht durch Computer oder schöne Worte herbeigeführt werden kann, sondern nur durch ein besseres Erkennen der Bedürfnisse und der Befürchtungen des einzelnen Menschen. Es ist seltsam, daß in einer Zeit, da die Universitäten solche Studien fördern, die nicht an bestimmte Disziplinen gebunden sind, nur wenig getan worden ist, die Einsichten der Individual- und der Sozialpsychologie auf das Studium der internationalen Beziehungen anzuwenden.

Psychologie, Ideologie und politisches Verhalten

Die Auffassungen der Menschen, wie Gesellschaften organisiert und zueinander in Beziehung gebracht werden sollten, nennt man Ideologien. Ein Verständnis der psychologischen Wurzeln von Ideologien könnte dazu beitragen, daß wir uns über unsere eigenen politischen Auffassungen und die Meinungen anderer gewisse Einsichten und Ausblicke verschaffen. In welchem Maße, so könnte man fragen, sind ideologische Auffassungen das Ergebnis eines logisch gültigen und objektiv intellektuellen Prozesses, und in welchem Maße werden sie uns von Umwelt und Erbmasse eingeflößt? Oder, um die Frage anders zu stellen, warum ist es so (wie im Falle von Gilbert und Sullivans Engländern, von denen jeder einzelne wie durch Zauberei entweder als «kleiner Liberaler» oder als «kleiner Konservativer» geboren wurde), daß die meisten jungen Russen im Glauben an den Kommunismus und die meisten jungen Amerikaner im Glauben an die Demokratie aufwachsen? Oder, wie ist das Zusammentreffen zu erklären, daß die meisten Araber an den Islam und die meisten Spanier an den Katholizismus glauben?

Wir müssen uns einigen Überblick über unsere Auffassungen verschaffen. Wenn, wie die Psychologen annehmen, die Quellen der ideologischen Einstellung weitgehend auf Zufall beruhen und irrational sind, so ist die politische Tragweite gewaltig. Von Ideologien nehmen wir an, daß sie den Menschen die Realitäten erklären und sie mit politischen Idealen erfüllen, für die sie, wie das üblich ist, zum Kämpfen und Sterben bereit sein sollten. Aber offensichtlich sind fast alle unsere ideologischen Auffassungen hauptsächlich nicht das Ergebnis eines unabhängigen intellektuellen Prozesses, sondern weitgehend die Folge der zufälligen Herkunft. Wer in den USA geboren wird, der wird mit größter Wahrscheinlichkeit im Glauben an die Demokratie aufwachsen; wer zufällig in Rußland oder China zur Welt kommt, wird mit genauso großer Wahrscheinlichkeit im Glauben an den Kommunismus heranwachsen. Daraus folgt anscheinend, daß bei einem Krieg, den die USA etwa mit Rußland oder China führten, nicht die grundlegende Auseinandersetzung zweier miteinander wetteifernder politischer Philosophien vorläge, sondern ein Konflikt zwischen zwei großen Gesellschaften mit Hunderten von Millionen Menschen, von denen die meisten kaum mehr Möglichkeiten hatten, ihre ideologischen Auffassungen auszuwählen, als sich für die Farbe ihrer Augen oder Haare zu entscheiden. Dies scheint, gelinde gesagt, ein willkürlicher Grund für die Tötung von Hunderten von Millionen Menschen in einem Atomkrieg zu sein.

Nach der Auffassung von Psychologen hat eine Ideologie die Anziehungskraft, den einzelnen Menschen gegen die Tatsache abzuschirmen, daß sein Leben im Maßstab des Universums nur ein gänzlich unbedeutendes Ereignis ist. Sie hilft uns dabei, unser Leben irgendeinem höheren Ziel zuzuordnen, und «die Welt für uns zu organisieren», indem sie uns ein, wenn auch nicht notwendigerweise genaues Bild der Realitäten vermittelt. Man sagt, daß die Weltanschauung oder die Ideologie eines Menschen die Signale filtert, die zu ihm gelangen, und den sonst unklaren Informationsteilchen Bedeutung und Form verleiht. Wenn zum Beispiel ein Chinese und ein Amerikaner den Vietnamkrieg völlig verschieden interpretieren, so geschieht dies nicht notwendigerweise, weil der eine oder der andere darauf aus ist, eine schlimme Lüge in die Welt zu setzen, sondern eher, weil jeder von ihnen durch sein ideologisches Weltbild gefilterte Informationen über die wirkliche Welt erhält, die Teile auswählt, die hineinpassen, und jene aussondert, die nicht zu seinem Bild passen. So ergeben sich zwei völlig verschiedene Interpretationen desselben Ereignisses.

Die Ideologie beeinflußt das Wahrnehmungsvermögen, das Wahrnehmungsvermögen formt die Erwartung, und die Erwartung bestimmt das Verhalten: so entsteht das, was man eine sich selbst erfüllende Prophetie nennt. So fürchtet China zum Beispiel die Vereinigten Staaten, da es aber nicht mächtig genug ist, droht es und prahlt, bestätigt die USA damit in ihrer Furcht vor China und veranlaßt Amerika, gegen die Chinesen zu rüsten. Dadurch wiederum wird die Furcht Chinas vor den Vereinigten Staaten verstärkt. Der Harvard-Professor Gordon Allport hat vor einigen Jahren festgestellt, daß «... zwar die meisten Menschen den Krieg beklagen und dennoch *erwarten*, daß es ihn weiterhin geben wird. Und *die Erwartung der Menschen bestimmt ihr Verhalten* ... Die unerläßliche Vorbedingung eines Krieges ist die, daß die Menschen den Krieg *erwarten* und sich auf ihn vorbereiten müssen, ehe sie, unter einer kriegsbereiten Führung, Krieg führen. So beginnen Kriege in dem Denken und Fühlen der Menschen.»[1]

Ein anderes auffallendes psychologisches Phänomen ist die Neigung von Gegnern, einander die Menschenwürde abzusprechen. Für die meisten Amerikaner ist China ein seltsames, entferntes und gefährliches Land, nicht eine Gesellschaft aus mehr als siebenhundert Millionen einzelnen Menschenwesen, sondern eine Art drohender Abstraktion. Wenn chinesische Soldaten zum Beispiel als «Horden chinesischer Kulis» bezeichnet werden, so ist es klar, daß man sie sich nicht als Menschen, sondern als etwas Erschreckendes und Abstraktes oder als etwas Seelenloses wie den Lavastrom eines Vulkans vorstellt. Sowohl China als auch Amerika denken aneinander in Abstraktionen. Für die Chinesen sind wir nicht eine Gesellschaft von Individuen, sondern die Verkörperung einer bösen Idee, der Idee des «imperialistischen Kapitalismus»; und für die meisten Amerikaner setzt sich China nicht aus Menschen zusammen, sondern es repräsentiert eine böse und erschreckende Vision, die Vision vom «aggressiven Kommunismus».

Offenkundig kann man diese Tendenz zur Eliminierung der Menschlichkeit mit dazu heranziehen, die Barbarei des Krieges zu erklären. Die Fähigkeit des Menschen, sich anständig zu benehmen, scheint direkt davon abhängig, daß er sich andere als Individuen mit menschlichen Motiven und Gefühlen vorstellt. Dagegen nimmt seine Fähigkeit, sich barbarisch zu verhalten, anscheinend dann zu, wenn er seinen Gegner nur als einen abstrakten Begriff wahrnimmt. Dies ist die einzige Erklärung, die ich für die Tatsache finde, daß genau dieselben guten und anständigen Bürger, die es niemals versäumen würden, einem hungrigen Kind zu essen zu geben, einen kranken Freund zu pflegen oder in der Kirche eine Münze in den Klingelbeutel zu werfen, die Anzahl der in einer bestimmten Woche oder einem bestimmten Gefecht getöteten Vietkong feiern oder vorschlagen können, man sollte aus Nordvietnam «eine Wüste machen» oder es «zurück in die Steinzeit bombardieren» – und das, obwohl die meisten oder fast alle Opfer unschuldige Bauern oder Arbeiter wären. Es ist auch die einzige Erklärung dafür, daß anständige Bürger mit Gleichmut die Anwendung von Kernwaffen gegen die «Horden chinesischer Kulis» erwägen oder sogar befürworten können. Ich bin sicher, daß diese offenkundige Gefühllosigkeit für die Einäscherung ungezählter Millionen unserer Mitmenschen nicht mit einer barbarischen unmenschlichen Einstellung zu Fremden zusammenhängt; es ist vielmehr die Folge davon, daß man die anderen überhaupt nicht für Menschen hält, sondern für die Verkörperung einer nach unserer Meinung bösen Doktrin.

Es gibt einen «Hang zur Konsequenz», der ein Land, wenn es sich erst einmal entschieden hat, ein anderes Land für gut oder schlecht, friedlich oder aggressiv zu halten, dahin bringt, auch die geringfügigste Information so auszulegen, daß sie in diese vorgefaßte Meinung hineinpaßt. So kommt es, daß sogar eine echte Konzession, die von der einen Seite angeboten wird, von der anderen höchstwahrscheinlich als ein Trick zur Erlangung unerlaubter Vorteile angesehen wird. Die Tatsache, daß die Nordvietnamesen alle amerikanischen Vorschläge für Friedensverhandlungen als betrügerische Anschläge abtun, läßt möglicherweise auf diese Tendenz schließen. Denn im Anschluß an frühere Verhandlungen ist die Regierung in Hanoi zuerst von den Franzosen 1946 und dann von Ngo Dinh Diem 1955, als er mit dem Einverständnis der Amerikaner die in den Genfer Abkommen vorgesehenen Wahlen verweigerte, verraten worden. Die Nordvietnamesen könnten deshalb jetzt glauben, die von den Amerikanern aufrichtig gemeinten Angebote eines Verhandlungsfriedens seien in Wirklichkeit nur Ränke, um ihnen mit Diplomatie das abzulisten, was die Amerikaner ihnen durch Gewalt nicht entreißen konnten.

Die Kluft in der Einschätzung einer Situation zwischen zwei gegnerischen Parteien wird noch dadurch erweitert, daß sie dazu neigen, jede Möglichkeit einer Verständigung mit dem anderen abzubrechen. Grund dafür ist zum Teil die Furcht, unbeabsichtigt «auf etwas zu verzichten» oder im eigenen Land für unloyal gehalten zu werden. Der Psychiater der Johns-Hopkins-Universität Dr. Jerome Frank hat dies die «Verräterfalle» genannt. Der Abbruch jeder Informationsverbindungen und die Weigerung, sie wiederherzustellen, haben zur Folge, daß allein feindselige Bilder verfügbar sind und die Feindschaft entsprechend verewigt wird. Dr. Frank hebt hervor, einer der Hauptvorzüge der Gruppentherapie sei es, daß der einzelne Patient nicht leicht ausscheren kann und somit dazu veranlaßt wird, bei der Behandlung auszuharren. Ich wünschte, daß Dr. Frank und seine Kollegen die Möglichkeit erhielten, die Führer Chinas und der USA ihrer Gruppentherapie zu unterwerfen.

Für sich allein genommen ist die Gesprächsmöglichkeit indessen von begrenztem Wert; in einer feindseligen Atmosphäre können die Dinge durch Kontakt sogar noch verschlimmert werden. Der Psychologe Muzafer Sherif hat in einem Versuchscamp mit elfjährigen Jungen ein Experiment in Konflikt und Zusammenarbeit angestellt. Die Jungen wurden in zwei Gruppen, die «Adler» und die «Klapperschlangen» aufgeteilt; jede richtete – von der anderen streng getrennt – ihre eigene Lagerordnung und Führung ein. Dann wurde eine Reihe gemeinsamer Wettkämpfe veranstaltet, wobei der Sieg einer Seite immer gleichzeitig die Niederlage der anderen bedeutete. Diese Wettspiele hatten ein hohes Maß gegenseitiger Feindseligkeit zur Folge; jede Gruppe entwickelte die Neigung, sich selbst mit rühmlichen Eigenschaften auszustatten und der anderen Eigenschaften zuzudiktieren, die dazu berechtigten, sie als einen Feind zu behandeln. Im nächsten Stadium des Experiments bemühte man sich, den Frieden einfach dadurch wiederherzustellen, daß man die beiden Gruppen in gesellschaftlichen Veranstaltungen zusammenbrachte. Das half jedoch nichts, denn die Jungen benutzten solche Gelegenheiten zu Beschuldigungen und Gegenbeschuldigungen. In der nächsten Phase des Experiments dachte man sich Probleme und Krisen aus, und zwar so, daß beide Gruppen in Mitleidenschaft gezogen wurden und eine Zusammenarbeit forderte. Zu solchen «Krisen» gehört es, daß die Wasserzufuhr des Lagers unterbrochen wurde, ein Lastwagen mit der Verpflegung für die Jungen in einen Graben fuhr und andere Situationen, mit denen man nur durch die Zusammenarbeit beider Gruppen fertig werden konnte. Die so herbeigeführte Zusammenarbeit hatte durchschlagende Wirkung: Die Feindschaft war bald so weit geschwunden, daß sich Jungen der einen Gruppe wieder jeweils in der anderen Freunde suchten.[2]

Nun kann man sicherlich aus einem Experiment mit wohl eingeordneten amerikanischen Schuljungen des bürgerlichen Mittelstandes keine wichtigen Schlüsse für die Außenpolitik ziehen. Der Versuch läßt indessen erwarten, daß solche Unternehmungen wie die sowjetisch-amerikanische Zusammenarbeit im Internationalen Geophysikalischen Jahr und bei vielen anderen möglichen Gelegenheiten (einige werden im 10. Kapitel aufgezeigt), die mit dem «Brückenschlag» zwischen Ost und West zu tun haben, erfolgversprechend sein könnten.

Dr. Brock Chisholm meint: «Was wir Erdenbürger vielleicht am meisten brauchen, ist, daß wir unsere Phantasie spielen lassen und unsere Fähigkeit entwickeln, die Dinge unseres zufälligen Lebensbereiches von außen zu betrachten.» Wir haben nach seinen Worten zumeist unsere Vorstellungskraft in unserem Leben nicht nach außen in Bewegung gebracht, sondern sie statt dessen in den Grenzen des eigenen nationalen und ideologischen Gesichtskreises fest verschlossen gehalten.[3]

Wenn wir unsere Vorstellungskraft freimachen, so hat das den offenkundigen Wert, daß es uns zu einigem Verständnis für die Weltanschauung von Menschen befähigt, deren Erfahrungen in der Vergangenheit, deren gegenwärtige Lage und Ansichten sich von den unseren unterscheiden. Vielleicht werden wir dann zum Beispiel begreifen können, wie einem zumute ist, der Hunger hat – nicht in der Art, wie ein durchschnittlicher Amerikaner nach einem Golfspiel oder einer schnellen Tennisrunde einen Hunger fühlt, sondern so, wie ein Asiate Hunger hat, dessen Hunger noch niemals gestillt wurde, dessen Kinder verkümmerte Gliedmaßen und geschwollene Bäuche haben und der diesen Zustand ändern will – ein Verlangen, das sich wenig um vorschriftsmäßige Verfahren nach den Bestimmungen des Gesetzes kümmert, weil es so dringlich und verzweifelt ist, wie nur wenige Amerikaner es je verspürt haben. Wenn wir unser Einfühlungsvermögen so weit freimachen können, dann könnten wir vielleicht verstehen, warum so viele Menschen auf der Erde Revolution machen; und wir könnten vielleicht sogar begreifen, warum einige von ihnen Kommunisten sind.

Die Anwendung der Psychologie in der Außenpolitik

Nachdem ich, so gut ich es als Laie kann, einige psychologische Grundsätze dargelegt habe, die für die Außenpolitik in Frage kommen könnten, erlaube ich mir nun, einige Anwendungsmöglichkeiten vorzuschlagen.

Das Experiment in dem Jungenlager deutet an, daß es zwischen zwei gegensätzlichen Lagern wie der Sowjetunion und den Vereinigten Staaten, die schon eine begrenzte Zusammenarbeit praktiziert haben und einigermaßen miteinander bekannt geworden sind, wenn sie sich auch vielleicht nicht besonders leiden können, vielversprechende Möglichkeiten geben könnte, durch begrenzte und für die Praxis geeignete Projekte der Zusammenarbeit den Weltfrieden zu stärken. Wenn wir davon ausgehen, daß die Erfahrung der Zusammenarbeit an sich wahrscheinlich wichtiger ist als die Sache selbst, in der wir zusammenarbeiten, täten wir in unserer Politik den Sowjets gegenüber gut daran, uns lieber auf die Fragen zu konzentrieren, die einen Erfolg versprechen, als auf die, die am wichtigsten sind. Erst wenn wir durch eine Reihe von Abkommen über Fragen, die im Grunde viel weniger wichtig sind als, sagen wir, die Teilung Deutschlands oder das Wettrüsten (also zum Beispiel durch Abkommen über den Atomversuchsstopp oder die Verminderung der Produktion spaltbaren Materials, durch ein neues Austauschprogramm für Kultur und Erziehung, durch Übereinkünfte über die gemeinsame Raumforschung, durch die Errichtung von Konsulaten und Flugverbindungen) einen *Geisteszustand* geschaffen haben, in dem keine Seite den Krieg als eine wahrscheinliche Möglichkeit oder (allenfalls unter radikal veränderten Bedingungen) als eine echte Alternative betrachtet, dann hätten wir tatsächlich Fortschritte genau auf das Ziel hin gemacht, das uns zu einer Lösung der deutschen Frage oder eine allgemeine Abrüstung verhelfen würde: dies Ziel ist eine Welt, die frei ist von der Drohung atomarer Einäscherung.

Wahrscheinlich ist es noch zu früh, eine praktische Zusammenarbeit mit China in Erwägung zu ziehen. Im Sog des historischen Traumas, das ich im 7. Kapitel dargelegt habe, sind die Furcht Chinas und sein Haß gegen den Westen wahrscheinlich noch zu tiefgreifend und werden es wohl noch einige Zeit bleiben, um eine positive Zusammenarbeit oder darüber hinaus so etwas wie gegenseitig respektvolle Beziehungen auf Entfernung zu gestatten. Ohne gönnerhaft sein zu wollen, täten wir vielleicht gut daran, uns bei Betrachtung Chinas an den Standpunkt des UNO-Generalsekretärs U Thant zu halten, der von China als einer Nation sprach, die eine Art «Nervenzusammenbruch» erlebt hat. «China», sagte U Thant, «macht ein schwieriges Entwicklungsstadium durch, und in so einem heiklen Stadium zeigen die Länder gewisse Emotionen, gewisse starke Reaktionen, Halsstarrigkeiten und sogar eine gewisse Arroganz.»[4] Meiner Meinung nach spricht das für die Bedeutung von Verständnis, Geduld und Großmut auf seiten der USA als der stärkeren und gesicherteren Nation. In unserer Haltung gegenüber China müssen wir Amerikaner eine entscheidende Wahl treffen. Einerseits können wir die Chinesen so behandeln, wie Leute mit «Nervenzusammenbrüchen» in den vergangenen Jahrhunderten behandelt wurden; wir können sie – bildlich gesprochen – in die «Schlangengrube» der Weltpolitik werfen und als eine wahnsinnige und räuberische Kreatur behandeln, mit der es kein Verhandeln und keine Übereinkommen geben kann. Andererseits können wir China aber auch nach den zivilisierteren Maßstäben behandeln, die unserem modernen Verständnis menschlichen Verhaltens entspringen. Während wir jeder möglichen aggressiven Handlung der Chinesen Widerstand leisten, können wir China zugleich als geachtetes Mitglied der Weltgemeinschaft behandeln, das gegenwärtig die Phase eines gefährlichen Chauvinismus durchläuft und das alle unsere Anstrengungen rechtfertigt, seine Stellung in der Weltgemeinschaft wiederherzustellen.

Ich hoffe, daß sich die USA für das zweite entscheiden werden. Ich hoffe, daß Amerika China gegenüber jene Großmut an den Tag legen wird, die einer großen Nation gut zu Gesicht steht, und daß die USA den Rat von Papst Paul VI. befolgen werden, der in seiner Rede vor der Vollversammlung der Vereinten Nationen am 4. Oktober 1965 gesagt hat:

«Eure Berufung ist es, nicht nur einige, sondern alle Völker zu Brüdern zu machen; das ist wahrhaftig eine schwere Aufgabe, aber das ist eure vornehmste Aufgabe... Wir gehen noch weiter und sagen: Versucht, alle die zu euch zurückzubringen, die sich abgesondert haben, und findet den rechten Weg, alle jene in Ehren und Treuen eurem Bund der Brüderlichkeit anzuschließen, die noch nicht an ihm teilhaben.»

Paranoide Ängste sind nicht gänzlich gegenstandslos; sicherlich ist die, wenn auch verzerrte und übertriebene Furcht Chinas vor der Feindseligkeit der USA nicht reine Phantasterei. Im Umgang mit Paranoikern sollte man nach Auffassung Dr. Franks im allgemeinen dem Patienten aufmerksam zuhören, ohne ihm zuzustimmen, aber auch ohne Versuche, die Ansichten des Kranken zu kritisieren oder ad absurdum zu führen. Es ist auch wichtig, nicht zu freundlich zu sein, damit der Patient überschwengliche Äußerungen nicht als einen feindseligen Anschlag auffaßt. Dr. Frank weist auch darauf hin, daß der Paranoiker Freundschaftsangebote mit Gewißheit viele Male zurückweisen wird, ehe er auf sie einzugehen beginnt. Wenn wir diese Grundsätze auf China anwenden, so ist es vielleicht das Beste, wenn wir Feindschaftsbekundungen zunächst einschränken und nur solche begrenzten Freundschaftsangebote unterbreiten, die glaubwürdig erscheinen, und im übrigen China völlig sich selbst überlassen.

Ehe China die Freundschaftshand des Westens ergreifen kann, muß es seinen Stolz wiedergewinnen. Die Chinesen müssen das Gefühl wiedererlangen, daß sie einer großen Zivilisation angehören, die allerdings im 19. Jahrhundert schwere Schläge hinnehmen mußte, und sie müssen dadurch stark genug werden, ihr Tor zur Außenwelt aufzustoßen. Durch die gewaltsamen Vorstöße des Westens war China als Nation beinahe vernichtet worden; deshalb müssen sich die Chinesen zuerst darüber klarwerden, daß sie stark genug sind, unerwünschte ausländische Einflüsse abzuwehren, ehe man von ihnen erwarten kann, daß sie freundschaftliche Verbindungen zum Ausland suchen oder willkommen heißen. Oder, um es von den Vereinigten Staaten her zu sehen, so müssen wir die Chinesen zuerst davon überzeugen, daß wir ihr Recht achten, unsere Angebote nach eigenem Gutdünken anzunehmen oder auszuschlagen, ehe wir China die Freundschaftshand entgegenstrecken und erwarten können, daß sie ergriffen wird. Es gibt keinen besseren Weg, China diese Mitteilung zukommen zu lassen, als es in Ruhe zu lassen.

Wenn wir unsere Gedanken auf eine gute Bahn lenken, werden wir wahrscheinlich einsehen, daß die «Lebensart», die wir der Welt so eifrig empfehlen, mit den Erfahrungen Chinas in der Vergangenheit und seinen zukünftigen Bedürfnissen kaum etwas zu tun hat. China ist, wie John Fairbank hervorhebt, eine Gesellschaft, in der der von uns gepflegte «Individualismus» wenig geschätzt wird, denn er bedeutet auch einen chaotischen Egoismus, das Gegenteil der Hingabe an das Gemeinwohl, das von den Chinesen so hoch bewertet wird. So bedeutet das chinesische Wort für «Freiheit» (tsu-yu) auch Mangel an Disziplin, sogar Zügellosigkeit – also genau das Gegenteil des chinesischen Ideals einer disziplinierten Zusammenarbeit. Sogar solche westlichen Grundbegriffe wie «loyale Opposition» und «Selbstbestimmung» sind nach den Darlegungen von Professor Fairbank den Chinesen fremd. Die kulturelle Kluft wird außerdem durch verschiedene Haltungen zur Frage der Philanthropie gekennzeichnet: Für die Amerikaner handelt es sich um eine christliche Tugend; für die Chinesen ist sie, sofern sie nicht auf Gegenseitigkeit praktiziert wird, beleidigend und erniedrigend. Auch daran sollten wir denken, wenn unsere Beziehungen je so weit auftauen sollten, daß man sich eine amerikanische Wirtschaftshilfe für China oder eher vielleicht eine Katastrophenhilfe im Falle eines Naturereignisses wie Überschwemmung oder Hungersnot vorstellen kann.[5]

Ich denke, es gibt einige begrenzte positive Maßnahmen, die die

USA treffen könnten, um die Beziehungen zu China zu verbessern. Auf kurze Sicht wäre es für die USA kein Schaden und auf lange Sicht vielleicht von beträchtlichem Vorteil, wenn die USA ihr Handelsembargo für nichtstrategische Güter beenden und die Regierung in Peking de facto anerkennen würden, wenn sie die Herstellung formeller diplomatischer Beziehungen auf der Grundlage der Gegenseitigkeit anböten und den Widerstand gegen die Aufnahme des kommunistischen China in die Vereinten Nationen aufgäben, dabei aber das Recht der nationalistischen chinesischen Regierung von Taiwan auf einen eigenen Sitz in der UNO verteidigten. Die Vereinigten Staaten haben China bereits gegenseitige Besuche von Wissenschaftlern und Journalisten angeboten. Obgleich die Chinesen diese Vorschläge zurückgewiesen haben, wäre es gut, sie von Zeit zu Zeit, wenn auch nicht zu oft und nicht zu aufdringlich, an dieses Angebot zu erinnern. Professor A. Doak Barnett hat, als er dem Außenpolitischen Ausschuß des Senats solche Initiativen als Hauptbestandteile einer Politik der «Eindämmung oder Isolierung» vorschlug, auch erklärt: «Wenn wir diese Schritte unternehmen, müssen wir durchaus damit rechnen, daß Peking mit ziemlicher Sicherheit zunächst negativ und feindselig reagieren wird, daß jede Änderung unserer Haltung neue Probleme zur Folge hat. Wir sollten sie aber auf uns nehmen, denn es ist klar, daß von uns Initiativen verlangt werden, wenn wir, obschon langsam, das langfristige Ziel einer stabileren und weniger explosiven Situation in Asien ansteuern und Möglichkeiten erkunden wollen, wie die Politik Pekings gemäßigt werden kann.»[6]

Der springende Punkt bei einer solchen neuen Haltung gegenüber China ist nach Professor Fairbanks Darlegung ein psychologisches Problem: «Peking ist, um es gelinde auszudrücken, schlecht auf die ganze Welt zu sprechen; es rebelliert sowohl gegen Rußland als auch gegen Amerika. Wir sind der Hauptfeind Pekings, weil wir zufällig gerade die größte auswärtige Macht sind, die die Weltstabilität in Pflege nimmt. Aber müssen wir das Spiel Maos spielen? Müssen wir die ganze Last tragen, wenn es gilt, Pekings Ansprüche zurückzuweisen? Warum sollen sich nicht auch andere beteiligen? Ein kommunistisches China mit einem Sitz in der UNO kann nicht länger die Rolle eines Märtyrers spielen, der vom ‹amerikanischen Imperialismus› ausgeschlossen wird. Es wäre dann mit den Eigeninteressen anderer Länder konfrontiert und müßte zum erstenmal in seiner Geschichte lernen, als für voll genommenes Mitglied in der Gesellschaft der Nationen zu handeln. Nur so kann China erwachsen werden, und nur so kann sein revolutionärer Eifer schließlich gezügelt werden.»[7]

Das schwierigste und gefährlichste Problem, das zwischen den USA und China steht, ist ihre Machtkonfrontation in Südostasien, ein Problem, das wegen seiner Explosionsmöglichkeiten nicht der heilenden Wirkung der Zeit anvertraut werden kann. Denn die Kriegsgefahr ist eine akute Realität, und zwar deshalb, weil ein Krieg mit «ungewissem Ausgang» die beiden Großmächte jederzeit durch Zufall oder Absicht in einen Konflikt verwickeln kann. Einige unserer Militärexperten sind zuversichtlich, daß China nicht in den Vietnamkrieg eintreten wird. Ihre Zuversicht wäre glaubwürdiger, wenn sie nicht zugleich die Prognosen militärischer Experten von 1950, daß China nicht in den Koreakrieg eingreifen werde, wie an die neueren Voraussagen eines schnellen Sieges in Vietnam in Erinnerung brächte. Tatsächlich sind bestimmte China-Experten unserer Regierung der Ansicht, daß die chinesischen Führer selbst mit einem Krieg gegen die USA rechnen, und auch einige unserer Regierungsbeamten scheinen einen Krieg mit China zu erwarten.

Was kann man gegen solche verhängnisvollen Erwartungen tun, die, wie wir festgestellt haben, das Verhalten so beeinflussen können, daß sie einen wirklichen Krieg wahrscheinlich machen? Bemühungen auf lange Sicht, die durch beiderseitige Ignoranz hervorgerufen, feindselige Vorurteile zu durchbrechen, können einen wertvollen Beitrag dazu leisten, das Endziel der Aussöhnung Chinas mit dem Westen zu erreichen. Doch sie können wahrscheinlich nicht ein früheres Ende des Vietnamkrieges bewirken noch die gefährliche Konfrontation der chinesischen und amerikanischen Macht in Südostasien beseitigen. Dazu bedarf es durchdringenderer Gegenmittel, und ich werde im nächsten Kapitel darlegen, wie meiner Meinung nach ein verantwortungsbewußtes Programm für den Frieden in Südostasien aussehen könnte.

Einsicht und Ausblick

Wir wissen so viel mehr über Dinge als über Menschen, so viel mehr über Düsenflugzeuge und Atomraketen als über unsere eigenen inneren Bedürfnisse. Wir erforschen die Geheimnisse des Weltalls, aber die Geheimnisse unseres Innenlebens bleiben uns problematisch und rätselhaft. Weit mehr als Überschallflugzeuge und Mondraketen brauchen wir objektive Erkenntnisse unserer eigenen Furcht und Hoffnung und einen weiteren Blick auf unsere eigene Gesellschaft wie auf unsere Beziehungen zu anderen und auf unsere Stellung in der Welt.

Die Zivilisation auf unserer Erde ist noch immer jung und zerbrechlich. Der Mensch hat nur etwa fünftausend Jahre lang unter mehr oder weniger zivilisierten Bedingungen gelebt. Hunderttausende von Jahren zuvor lebte, kämpfte und erjagte der Mensch seine Nahrung auf kaum höherstehende Art als andere Lebewesen. Der Zivilisationsprozeß hat nicht nur erst vor kurzer Zeit begonnen, er verlief auch höchst ungleichmäßig. Noch vor etwa zweihundert Jahren gab es keine große Diskrepanz zwischen dem technischen Fortschritt und dem Fortschritt in den menschlichen Beziehungen, zwischen der *Sach*kenntnis des Menschen und seiner *Selbst*erkenntnis; beide entwickelten sich tatsächlich sehr langsam. Dann konnte der Mensch mit der industriellen Revolution einen gewaltigen Durchbruch in der technischen Entwicklung erzielen; dem folgte ein jäh beschleunigter Fortschritt, dessen Ende noch nicht abzusehen ist. Einen vergleichbaren Durchbruch in den menschlichen Beziehungen hat es aber nicht gegeben; zwar hat unsere Selbsterkenntnis in den vergangenen zwei Jahrhunderten einigen Fortschritt gemacht, und vielleicht ging sie sogar ein wenig schneller als vorher vonstatten, aber sie hat mit unserer Erkenntnis von der physischen Welt auch nicht annähernd Schritt gehalten. Als Folge dieser Entwicklungsdiskrepanz entstand ein gewaltiger Abstand zwischen unserer Gewandtheit in der Benutzung technischer Werkzeuge und unserer Fähigkeit mit Ideen umzugehen, zwischen der Beherrschung der physischen Welt und unserer Selbstbeherrschung.

Die Erkenntnis dieser Diskrepanz ist der erste Schritt zu Einsicht und Überblick. Von selbst und für sich allein wird sie uns nicht zu vollem Verstehen führen, aber sie könnte uns die Grenzen unseres Verstehens aufzeigen. Sie könnte auch dazu beitragen, daß uns Mängel in unseren Urteilen über uns und andere und sogar in unserer sinnlichen Wahrnehmung täuschen kann. Auf die internationalen Beziehungen angewandt, muß uns die Erkenntnis der Kluft zwischen dem Stand der technischen Disziplinen und dem der menschlichen Beziehungen zu der Einsicht bringen, daß es ratsam ist, in unseren Urteilen Skepsis zu üben, in unserem Handeln Zurückhaltung zu üben und angestrengt zu versuchen, die Welt so zu sehen, wie sie vielleicht von anderen gesehen wird.

Es ist seltsam, wenn man es sich überlegt, daß Menschen in verschiedenen Gesellschaften, sagen wir in China und den USA, wenig oder überhaupt keine Schwierigkeiten hätten, wenn es etwa darum ginge, gemeinsam eine Straße zu pflastern oder einen Traktor oder ein Düsenflugzeug zu bauen, daß aber Chinesen und Amerikaner, wenn es sich um die Bildung einer Regierung oder die Organisation einer Farm oder einer Fabrik handelt, nicht nur keine Übereinkunft erzielen können, sondern auch nicht einmal in der Lage wären, einander etwas anderes als die gefährlichsten und böswilligsten Absichten zuzutrauen. Offensichtlich gibt es da auf der einen oder der anderen Seite, oder sogar auf beiden, einige Erkenntnisprobleme.

Erich Fromm schreibt: «Der Mangel an Objektivität im Hinblick auf andere Nationen ist allgemein bekannt. Von einem Tag zum anderen wird ein anderes Land als völlig verworfen und bösartig hingestellt, während die eigene Nation all das repräsentiert, was gut und edel ist. Jede Handlung des Gegners wird mit einem Maßstab gemessen und jede eigene Aktion mit einem anderen. Sogar die guten Taten des Feindes sind Zeichen einer besonderen Teufelei und dazu bestimmt, uns und die Welt zu täuschen, während unsere eigenen schlechten Handlungen notwendig sind und überdies gerechtfertigt durch unsere edlen Ziele, denen sie dienen sollen. Wenn man die Beziehungen zwischen Nationen und Individuen untersucht, so kommt man tatsächlich zu dem Schluß, daß Objektivität die Ausnahme und mehr oder weniger narzistisch verzerrte Vorstellungen die Regel sind.»[8]

1955 hat ein angesehener Amerikaner die sowjetisch-amerikanischen Beziehungen wie folgt charakterisiert: «Die gegenwärtigen Spannungen mit ihrer Drohung der Vernichtung werden von zwei großen Illusionen aufrechterhalten. Die eine ist der unerschütterliche Glaube der sowjetischen Welt, daß die kapitalistischen Länder einen Angriff vorbereiten, daß wir früher oder später zuschlagen werden. Die zweite ist der feste Glaube der kapitalistischen Länder, daß die Sowjets einen Angriff planen, daß sie früher oder später zum Schlag ausholen werden. Beide haben unrecht. Jede Seite, soweit es die Allgemeinheit betrifft, wünscht gleichermaßen den Frieden. Denn für beide wäre Krieg nur eine Katastrophe. Beide fürchten ihn gleich stark. Aber die ständige und beschleunigte Vorbereitung auf einen Krieg könnte schließlich – ohne gezielte Absicht – zu einer Selbstentzündung führen.»[9]

Dies sagte General Douglas MacArthur, und sein Auditorium waren Mitglieder des amerikanischen Frontkämpferverbandes. General MacArthur wollte auf das hinaus, was Psychologen und Psychiater schon oft festgestellt haben: Menschen der verschiedenen Gesellschaftsordnungen betrachten dieselben Tatsachen, aber sie «erblicken» verschiedene Dinge; was sie sehen oder zu sehen glauben, wird weitgehend dadurch bestimmt, was sie zu sehen *erwarten*.

Was gemeint ist, verdeutlicht das folgende Experiment: Ein Psychologe ließ zwei Gruppen von Lehrern, die eine aus Mexiko, die andere aus den USA, in eine Vorrichtung schauen, die gleichzeitig einem Auge das Bild eines Stierkämpfers und dem anderen das Bild eines Baseballspielers zeigte. Auf die Frage, was sie gesehen haben, antworteten die meisten Mexikaner, sie hätten einen Stierkämpfer bemerkt, während die meisten Amerikaner den Baseballspieler wahrgenommen hatten. Offensichtlich hing das, was jeder einzelne gesehen hatte, zum großen Teil davon ab, ob er Mexikaner oder Amerikaner war.

An einem bestimmten Tag im Frühjahr 1966 hielten der amerikanische Außenminister und der Generalsekretär der Vereinten Nationen eine Rede über den Krieg in Vietnam. Beide sind Männer von großer Intelligenz und beide haben hohe Ideale. Sie betrachteten dieselbe Situation, aber jeder von ihnen «erblickte» ein anderes Bild. Dean Rusk sah den Krieg als einen Konflikt zwischen Demokratie und Kommunismus, als einen Kampf für «eine friedliche Welt, in der die Freiheit gewährleistet ist». Für U Thant andererseits ging es in diesem Krieg um das «nationale Überleben» Vietnams und für ihn war es ein Krieg, in dem es «illusorisch» und «irrelevant» geworden war, von einem Kampf zwischen Demokratie und Kommunismus zu sprechen. Wer hat recht und wer hat unrecht? Wer kann das sagen? Nur eines ist ganz klar, nämlich daß der Baseballspieler des Ministers der Stierkämpfer des Generalsekretärs ist.

Wir müssen uns Überblick über diese Dinge verschaffen, denn sie haben sehr viel damit zu tun, ob wir im Atomzeitalter am Leben bleiben oder umkommen werden. Wir müssen die Verschiedenartigkeit der menschlichen Vorstellungen erkennen und wir müssen uns klarwerden über die Kluft zwischen unserer Erkenntnis von der physischen Welt und von uns selbst, zwischen unserem Verhalten und unseren Bedürfnissen. Wenn uns dies gelingt, werden wir einen ermutigenden ersten Schritt getan haben, um diese Klüfte zu überbrücken, denn das Eingeständnis der Unwissenheit ist der Beginn des Wissens.

Hauptziel solcher Austauschprogramme für Erziehung und Kultur wie des Fulbright-Programms ist es, einen gewissen Überblick über das Wesen des Menschen und seine Bedürfnisse unter den verschiedenen nationalen Bedingungen zu gewinnen. Kein Zweig unserer Außenpolitik trägt mehr dazu bei, die internationalen Beziehungen zu *menschlichen* Beziehungen zu machen und das menschliche Einfühlungsvermögen bzw. die seltene und wunderbare Fähigkeit zu beleben, die Welt so wahrzunehmen, wie andere sie sehen. Unter diesem Aspekt ist der Erziehungsaustausch nicht ein Propagandaprogramm mit dem Ziel, das «Image» der USA aufzubessern, so wie es anscheinend von einigen Regierungsbeamten aufgefaßt wird, sondern es ist ein Programm zur Heranbildung von Einsichten und Ausblicken, das über die nationalen Grenzen hinausgeht. Anders ausgedrückt, ist internationale Erziehung keineswegs dazu da, im traditionellen Spiel der internationalen Beziehungen irgendeinen Vorteil für die eigene Nation herauszuschlagen, sondern sie will die Natur dieses Spiels ändern, will es im Atomzeitalter zivilisieren und menschlicher machen.

Ich hoffe, daß sich Psychologen und Psychiater, die schon so viel zum Verständnis des Verhaltens von Einzelpersonen und Personengruppen beigetragen haben, ihre Gelehrsamkeit in Zukunft mehr als bisher der Erhellung politischer Anschauungen und politischen Verhaltens widmen. Vielleicht haben einige Psychologen und Psychiater recht mit der Behauptung, daß ihr Arbeitsgebiet für die Erforschung der Politik wenig ergiebig ist. Aber vielleicht ist es doch so, daß Psychologie und Psychiatrie hier einen großen Beitrag leisten könnten. Bei einem Versuch ist nichts zu verlieren. Die von den alteingesessenen Disziplinen gewonnenen Einsichten können dieses Arbeitsgebiet keinesfalls für sie reservieren, und die Vertreter dieser Fächer haben nicht die Berechtigung, neue wissenschaftliche Bemühungen auf diesem Gebiet verächtlich zu machen.

Anmerkungen

1 Gordon W. Allport: ‹The Role of Expectancy›, in: ‹Tensions That Cause Wars›, ed. by Hadley Cantril, Urbana (University of Illinois Press) 1950, pp. 43, 48.

2 Muzafer Sherif: ‹Intergroup Conflict and Cooperation: The Robbers Cave Experiment›, Norman (University of Oklahoma Press) 1961.

3 Brock Chisholm: ‹Prescription for Survival›, New York (Columbia University Press) 1957, p. 76.

4 Transcript of Press Converence of Secretary-General U Thant, held at United Nations Headquarters on January 20, 1966.

5 John K. Fairbank: ‹How to Deal with the Chinese Revolution›, in: *New York Review of Books*, February 17, 1966, p. 14.

6 A. Doak Barnett: ‹U.S. Policy with Respect to Mainland China›, in: ‹Hearings on Military Posture›, a. a. O., pp. 4–5.

7 John K. Fairbank: a. a. O., p. 16.

8 Erich Fromm: ‹The Art of Loving›, New York (Harper & Row) 1956, p. 20.

9 General Douglas MacArthur: ‹Can We Outlaw War?›, in: *Reader's Digest*, May 1955, pp. 40–41.

9

Der Weg zum Frieden in Asien

Wie ich im vorhergehenden Kapitel dargelegt habe, wird ein feindseliges Verhältnis nicht dadurch aufgehoben, daß man eine Schwenkung um hundert Grad vollzieht und plötzlich überwältigende Freundlichkeit zur Schau trägt. Solche Umkehrungen sind, selbst wenn sie aufrichtig gemeint sind, unglaubwürdig; sie sehen nach Hinterlist aus. Wenn sich jemand von einem anderen lange Zeit belästigt gefühlt hat, dann hat er es nicht so gern, wenn der andere ihm plötzlich ein völlig anderes Gesicht zeigt und ihn mit Geschenken überhäuft. Ihm wäre es lieber, wenn der andere einige Zeit, recht lange Zeit, nicht zu sehen ist und ihn in Ruhe läßt. Ich glaube, das gleiche trifft für die Beziehungen der Nationen untereinander zu. Zwischen Feindschaft und Freundschaft muß es eine Periode des Auseinanderrückens geben, in der die Leidenschaften sich abkühlen, die Vorstellungen sich ändern und neue Perspektiven sich herausbilden.

Meiner Meinung nach sollten sich die USA von ihrer gegenwärtigen Feindseligkeit gegen Vietkong, Nordvietnam und China nicht in überstürzter Eile auf herzliche Freundschaft umstellen. Es ist interessant und instruktiv, festzustellen, daß Frankreich nach seinem Abzug aus Indochina 1954 zehn Jahre verstreichen ließ, bis es in diesem Gebiet wieder Interessen geltend machte, worauf Nordvietnam und Kambodscha überraschend wohlwollend reagiert haben. Es wäre nicht zweckmäßig, wenn die USA den Nordvietnamesen künftige Wirtschaftshilfe verspräche, während noch amerikanische Bomben auf ihr Land fallen; wenn die Nordvietnamesen überhaupt einen Stolz haben – und es sieht so aus, als hätten sie eine ganze Menge davon –, dann müssen sie solche Angebote als eine geringschätzige Beleidigung auffassen. Ich meine, wir sollten den Chinesen auch keine überschwenglichen Freundschaftsangebote unterbreiten, sofern sie nur aufhörten, «nationale Befreiungskriege» zu unterstützen, und versprächen, die Grundsätze der UNO-Charta zu achten. Nach einer langen Konfliktperiode hat sich zwischen Nationen wie Menschen nicht nur Feindschaft entwickelt, sondern sie sind einander von Herzen überdrüssig, und sie haben es vor allem nötig, daß sie lange Zeit voneinander ablassen.

Wenn wir diese Gedanken auf den Krieg in Vietnam und auf die Beziehungen zwischen den USA und China anwenden, dann scheint mir der Schlüssel zum Frieden ein gegenseitiges Auseinanderrücken mit Hilfe politischer Vorkehrungen zur *Neutralisierung* Südostasiens zu sein. In diesem Kapitel werde ich versuchen, so eingehend wie möglich einen Plan für den Frieden in Asien zu entwerfen, der meiner Auffassung nach sowohl hinsichtlich der psychologischen als auch der traditionellen politischen Bedingungen stichhaltig ist und eine brauchbare Alternative für die gegenwärtige Kriegspolitik der Vereinigten Staaten abgeben könnte.

Wozu ist eine Alternative nötig?

Ich schließe mich der Auffassung nicht an, daß eine Kritik am Vietnamkrieg illegitim ist, wenn man keinen narrensicheren Plan zur Beendigung dieses Krieges vorweisen kann; ich kann auch der Meinung nicht zustimmen, daß es «akademisch» ist, über die Klugheit unseres Engagements in Vietnam zu debattieren, weil wir dort schon zu tief verstrickt sind. Es trifft zu, daß man die Vergangenheit nicht ungeschehen machen kann; aber es ist ganz unerläßlich, die Irrtümer der Vergangenheit zu taxieren, wenn man ihre Folgen korrigieren und ihre Wiederholung verhindern will. Ob die USA den Vietnamkrieg hätten an sich ziehen und dabei die Führungsposition hätten übernehmen sollen: das ist keine akademische, sondern im Gegenteil eine höchst angemessene Frage, wenn entschieden werden soll, ob wir den Krieg in seinem gegenwärtigen Ausmaß auf unbestimmte Zeit weiterführen, ob wir ihn ausweiten oder ob wir versuchen sollen, ihn zu beenden. Kritik an der gegenwärtigen Politik ist nicht zu entbehren und nicht abzutrennen, wenn es gilt, eine Alternativpolitik zu entwerfen.

Warum brauchen wir eine Alternative? Die allgemeine Antwort ist: weil die Amerikaner unklug gehandelt haben, als sie sich in den vietnamesischen Bürgerkrieg verstrickten. Darauf bin ich im 5. Kapitel eingegangen. Im einzelnen kann man fünf Hauptgründe dafür anführen, daß eine Alternative notwendig ist.

Erstens haben sich die taktischen Voraussetzungen, die dem umfangreichen militärischen Engagement der USA zugrunde gelegt wurden, als nicht stichhaltig erwiesen. Anfang 1965 hatte man gehofft, durch Eingreifen einer großen amerikanischen Streitmacht nicht nur die erwartete Monsun-Offensive der Vietkong ins Stocken zu bringen, sondern auch den Gegner veranlassen zu können, im Herbst jenes Jahres Friedensverhandlungen zu beginnen. Diese Erwartung erwies sich als Fehlkalkulation; der wachsende amerikanische Einsatz und die immer stärkere Gewaltanwendung haben die Entschlossenheit der Vietkong und der Nordvietnamesen zur Fortsetzung des Kampfes nur gefestigt, und im Sommer 1966 waren beide Seiten weniger denn je bereit, irgendwelche Konzessionen zu machen, die vielleicht zu Friedensverhandlungen hätten führen können. Die Generale in Saigon wie die Regierung in Hanoi zeigten sich gleichermaßen halsstarrig in der Ablehnung von Verhandlungen.

Zweitens hat die Gewaltanwendung solche Ausmaße erreicht, daß sie das Konzept der «Gegenrebellion» zunichte machte. Dies Konzept besagte, der Krieg sei zu gewinnen durch begrenzte militärische Aktionen in Verbindung mit sozialen, wirtschaftlichen und politischen Reformen, die das Volk auf die Seite der Regierung ziehen und eine starke Gesellschaftsordnung und Regierung schaffen sollten. Beim Stand der Gewaltanwendung, der 1966 erreicht war, wurden durch die militärischen Operationen der Amerikaner, vor allem durch die massiven Bombenangriffe innerhalb *Süd*vietnams, wahrscheinlich genauso viele, wenn nicht mehr unschuldige Dorfbewohner als Vietkong getötet. Ein solcher Konflikt, dessen Ende nicht abzusehen ist, macht soziale und wirtschaftliche Maßnahmen belanglos und muß bei den Südvietnamesen und anderen Völkern, zu deren Verteidigung sich die USA verpflichtet haben, Zweifel erwecken, ob der Schutz durch die USA seinen so hohen Preis auch wert ist.

Drittens ist bei dem Krieg, so wie er jetzt geführt wird, der «Ausgang ungewiß». Während die Aussichten auf Verhandlungen oder eine wirksame «Gegenrebellion» gering sind, weitet sich der Konflikt allmählich aus und nimmt an Intensität zu. Damit ergeben sich zwei scheußliche Möglichkeiten: Entweder wird der Krieg als eine Geduldsprobe ohne Ende andauern, die in kleinen, aber unbegrenzten Raten amerikanische Menschenleben fordert, während sich China und Rußland heraushalten, oder der Konflikt wird zu einem umfassenden Krieg mit China und vielleicht sogar mit der Sowjetunion explodieren.

Viertens liegt dem Krieg in Vietnam, sofern er auf strategischen und nicht auf ideologischen Erwägungen beruht, ein falsches Konzept zur Eindämmung Chinas zugrunde. Südvietnam ist – wie Donald Zagoria, ein führender China-Experte, hervorgehoben hat – nicht der erste in einer Reihe von «Dominosteinen», die einvernahmt werden, ehe eine chinesische Flut hereinbricht; der Erfolg der Vietkong ist vielmehr eng mit der Tatsache verbunden, daß die Kommunisten seit dem Zweiten Weltkrieg die vietnamesische nationalistische Bewegung beherrschen, was für die nationalistischen Bewegungen anderer südostasiatischer Länder nicht zutrifft. Dr. Zagoria führt aus, daß der Erfolg der Vietkong nicht «die wichtigere Tatsache verdecken sollte, daß die Kommunisten seit Ausbruch des Zweiten Weltkriegs nirgendwo sonst in Asien, Afrika oder Lateinamerika die Kontrolle über eine nationalistische Bewegung gewinnen konnten»[1].

Fünftens hat der Vietnamkrieg, wie im 6. Kapitel aufgezeigt, einen verderblichen «Streuungs»-Effekt für die Politik der USA im eigenen Land und in der ganzen Welt. Er hat dem Programm der Großen Gesellschaft sowohl Mittel wie Führungskräfte entzogen, er hat unsere Beziehungen zu den Verbündeten und Neutralen geschädigt und er hat dem «Brückenschlag» zur Sowjetunion und Osteuropa faktisch ein Ende gesetzt.

Es gibt wohlverstanden keine gute und wünschenswerte Alternativpolitik für Vietnam, denn unsere Möglichkeiten sind durch das, was bereits unternommen wurde, stark eingeschränkt. Im Rückblick ist manches klargeworden: Wir hätten den französischen Kolonialkrieg in Indochina von 1950–1954 nicht unterstützen sollen; wir hätten Ngo Dinh Diem nicht bei seinen Verstößen gegen die Genfer Abkommen von 1954 unterstützen sollen; wir hätten in den späten fünfziger und frühen sechziger Jahren das unpopuläre Diem-Regime nicht als unseren militärischen und politischen Schützling aufbauen sollen; wir hätten nicht immer mehr Militärberater nach Vietnam schicken sollen, um die ermattende südvietnamesische Armee zu stützen, und wir hätten vor allem, als die südvietnamesische Armee Anfang 1965 dem Zusammenbruch nahe war, keine große amerikanische Armee nach Vietnam beordern dürfen, damit sie die Kriegsanstrengungen übernehme. All das war überflüssig; wir können die Vergangenheit nicht ungeschehen machen, aber wir können hoffen, daß wir etwas aus ihr lernen und vielleicht einiges von ihr wiedergutmachen.

Fehler können nicht bereinigt werden, ohne daß ein Preis dafür gezahlt wird. Kein verantwortungsbewußter Kritiker des Krieges und gewiß kein Mitglied des Senats, befürwortet einen ungeordneten Rückzug der amerikanischen Streitkräfte und die Überlassung Südvietnams an die Vietkong; aber viele von uns haben die Notwendigkeit hervorgehoben, daß ein Friede ohne Sieg, daß ein Friede gefunden werden muß, der bedeutende Zugeständnisse der USA einschließt. Ein Zugeständnis ist aber keine Erniedrigung, es könnte vielmehr sogar in einen Vorteil für die eigene Sache umgemünzt werden, so wie es General de Gaulle vorgemacht hat, als er Algerien die Unabhängigkeit gewährte, und Chruschtschow, als er sich zum Friedensstifter ausrief, während er dem amerikanischen Ultimatum in der kubanischen Raketenkrise nachgab. Die Konzessionen, die wir einräumen müssen, sind notwendig als ein Akt des gesunden Menschenverstandes in einer tragischen Situation. Walter Lippman hat dazu gesagt: «Wenn eine stolze und gebieterische Nation gesunden Menschenverstand walten läßt, dann könnte sich das als gute moralische Investition für die Zukunft erweisen.»[2]

Annäherung und Neutralisierung in der Geschichte

Die Geschichte sagt uns selten genau, wenn überhaupt, was wir in bestimmten Situationen tun müssen; aber sie gibt uns eine Anleitung dafür, welche Politik wahrscheinlich fehlschlagen und welche Erfolg haben wird. Die Erfahrungen der Nationen in den vergangenen hundertfünfzig Jahren lassen keinen Zweifel daran, daß Friedensregelungen, die durch Anpassung zwischen unbesiegten Kriegführenden oder durch die Großmut des Siegers gegenüber dem Unterlegenen zustande gekommen sind, in den meisten Fällen von Dauer waren und oft zu einer Aussöhnung geführt haben, während sich Friedensschlüsse, die eine Seite nach dem totalen Sieg der anderen diktierte, als unstabil erwiesen, neuen Konfliktstoff in sich trugen und größere Probleme schufen, als gelöst wurden.

1815 schlossen die europäischen Großmächte unter der Führung der großen Konservativen, des englischen Lords Castlereagh und des österreichischen Fürsten Metternich, mit einem besiegten und hilflosen Frankreich Frieden – zu Bedingungen, die nach den Maßstäben des 20. Jahrhunderts nur als erstaunlich großmütig bezeichnet werden können. Sie taten das trotz der Tatsache, daß Frankreich fast ganz Europa erobert hatte und es ein Vierteljahrhundert lang in Aufruhr hielt. Nach den Bestimmungen des Friedensvertrages verloren die Franzosen kein Gebiet, das sie vor der Revolution besessen hatten; sie wurden nur drei Jahre lang einer begrenzten Besetzung unterworfen und mußten eine gewisse Reparationssumme zahlen, wobei man ihnen noch so entgegenkam, daß die finanziellen Verpflichtungen Frankreichs vier Jahre nach dem Ende der Feindseligkeiten abgelöst waren.

Drei Jahre nach Beendigung der napoleonischen Kriege wurde

Frankreich als voll- und gleichberechtigte Großmacht in das europäische Staatenkonzert wiederaufgenommen. Die konservativen Staatsmänner, die einen so großmütigen Frieden schlossen, taten das nicht aus Liebe zu einem revolutionären und aggressiven Frankreich, sondern weil sie die Macht und die Dynamik der französischen Nation achteten. Castlereagh und Metternich wollten vor allem Frieden und Stabilität und gaben Frankreich deshalb einen Frieden, den es ertragen konnte. Castlereagh erklärte, er sei nicht nach Wien gekommen, um Trophäen zu sammeln, sondern «um der Welt wieder einen friedlichen Habitus zu geben». Er hatte bewundernswerten Erfolg: Frankreich söhnte sich nicht nur mit den Siegernationen aus; es beging seit 1815 niemals wieder eine Aggression größeren Stils und es bedrohte niemals wieder den allgemeinen Frieden in Europa. Nebenher gesagt glaube ich ganz fest, daß Lord Castlereagh – der gewiß keine Vorliebe für Revolutionen hatte, aber einen hochentwickelten Sinn dafür, wie klug es ist, wenn sich auch die mächtigste Nation um ihre eigenen Angelegenheiten kümmert –, wenn er heute lebte, im Falle Vietnams weit eher den «Tauben» als den «Falken» zuneigte.

Unser eigener Krieg von 1812 ist ein anderes Beispiel für einen höchst erfolgreichen Frieden, der auf der Grundlage der Annäherung geschlossen wurde. Die Amerikaner erkämpften bei New Orleans einen wichtigen Sieg über die Briten; aber dieser Sieg entschied nicht den Krieg, denn der Vertrag von Gent, durch den der Krieg beendet wurde, war bereits unterzeichnet worden, als die Schlacht ausgetragen wurde. England war zu jener Zeit auf dem Gipfel seiner Macht. Napoleon war geschlagen, die britische Flotte war unangefochtene Beherrscherin der Meere, und ohne Zweifel hätten die Briten die junge amerikanische Nation militärisch besiegen und sie vielleicht sogar dem Britischen Empire wieder einverleiben können, wenn sie dies gewollt hätten. Aber sie waren großmütig – und klug – genug, dies nicht zu tun. Hätten die Briten ihre überwältigende Macht eingesetzt, um Amerika zurückzuerobern, wären sie wahrscheinlich auf den grimmigen nationalen Widerstand des aufgerüttelten amerikanischen Volkes gestoßen, das für seine Heimat, seine Städte und seine Farmen gekämpft hätte. Die Briten hatten die Spanier in ihrem erfolgreichen Guerillakrieg gegen Napoleon unterstützt und – so mächtig sie auch waren – wußten doch offensichtlich, wie hoffnungslos der Versuch wäre, ein patriotisches Volk zu unterjochen, das entschlossen ist, seine Unabhängigkeit zu verteidigen.

Durch den Vertrag von Gent wurde einfach der Status quo, so wie er zwischen Amerika und England vor dem Krieg bestand, wiederhergestellt. Es gab keine Sieger und keine Besiegten, und die Fragen, um deretwillen Amerika gegen England zu Felde gezogen war, blieben ungelöst. Doch was die Diplomatie nicht löste, das gelang der Geschichte. Niemals wieder führten Amerika und England gegeneinander Krieg, und im 20. Jahrhundert sind sie angesichts neuer Umstände und neuer Gefahren die engsten Verbündeten geworden. Und alles hatte mit dem nicht vielversprechenden Vertrag von Gent begonnen.

Im Gegensatz zu den Konflikten des 19. Jahrhunderts war die Kriegführung des 20. Jahrhunderts durch totale Siege und totale Niederlagen gekennzeichnet. Die totalen Siege von 1918 und 1945 schufen mehr Probleme als sie lösen konnten, und sie legten den Keim für neue, unvorhergesehene und noch ernstere Konflikte. Diese Konflikte wurden durch die Totalität ausgelöst, durch die Totalität der Gewaltanwendung in zwei Weltkriegen und durch die Totalität der Siege, die diese Kriege beendeten.

Die Härte des Vertrags von Versailles lag mehr in seiner Durchführung als in seinen Bestimmungen. Aus vielen und komplexen Gründen wurden die aus Rachsucht geborenen Vertragsbestimmungen, wie die über Reparationen und die Besetzung Deutschlands, in den zwanziger Jahren weit konsequenter verwirklicht als die verheißungsvollen Artikel des Vertrags über die Abrüstung und den Völkerbund. Die Tatsache, daß sich die Gegner des Ersten Weltkriegs in den zwanziger Jahren nicht aussöhnen konnten, war der wichtigste Einzelfaktor für den Aufstieg Hitlers in den dreißiger Jahren. Kurz gesagt, die Rachsucht aus dem Ersten Weltkrieg wurde die Hauptursache für den Zweiten Weltkrieg.

Der Kalte Krieg der vergangenen zwanzig Jahre war ein Produkt des totalen Sieges von 1945. Die totale Vernichtung des deutschen und des japanischen Machtpotentials ließ ein Vakuum entstehen, in das die Russen bereitwillig und schnell, die Amerikaner verspätet und zögernd vorstießen. Wäre das Attentat der Generale auf Hitler im Jahre 1944 oder zu einem früheren Zeitpunkt gelungen, dann hätte – das ist denkbar – ein Verhandlungsfriede Deutschland vor der Teilung bewahren können. Die Teilung Deutschlands war die Folge seiner totalen Niederlage, und diese Teilung, das Produkt eines totalen Sieges, wurde zum entscheidenden Problem eines neuen großen und noch immer ungelösten Konflikts.

Die Debatte zwischen Befürwortern einer Eskalation und einer Einschränkung des Vietnamkrieges ist so schicksalsschwer und bedeutungsvoll, wie sonst kaum eine Streitfrage der vergangenen zwanziger Jahre. Die Vorschläge für einen verstärkten militärischen Einsatz haben etwas Verführerisches; sie sind einfach und übersichtlich zugeschnitten und scheinen eine schnelle und leichte Lösung schwieriger Probleme zu versprechen. Die Vorschläge, die auf eine Beilegung des Konflikts abzielen, sind dagegen komplex, doppelsinnig und leicht mißzuverstehen. Die Geschichte zeigt indessen, daß die militärische Lösung, die heute so verheißungsvoll aussieht, schon morgen in eine Katastrophe einmünden kann, während der Weg der Annäherung, der stets so schwierig scheint, das einzige Verfahren ist, das mit überzeugender Aussicht auf Erfolg einen dauerhaften und ehrenvollen Frieden herbeiführen kann.

Wesentliche Grundlage einer Annäherung in Südostasien ist, daß sie nicht nur auf Vietnam, sondern auf ganz Südostasien angewendet werden muß. Vietnam ist schließlich nur eine von vielen kleinen und schwachen Nationen an der Peripherie eines mächtigen China, und – darauf ist immer wieder hingewiesen worden – was in einem dieser Länder geschieht, kann auch einem anderen zustoßen.

Diese Annahme liegt der sogenannten «Domino»-Theorie zugrunde. Sie geht davon aus, daß ein Land nach dem anderen dem Kommunismus in die Hände fallen muß, wenn ein Land den Anfang gemacht hat. Daraus haben wir den Schluß gezogen, daß wir in einem Land kämpfen müssen, wenn wir den Kampf in einem anderen vermeiden wollen. Mit derselben Logik hätten wir allerdings auch sagen können, es sei sinnlos in einem Land zu kämpfen, wenn die gleiche Konfliktsituation im nächsten besteht, und der Untergrundkrieg werde sich einfach auf das nächste Land verlagern, wenn er in einem Land scheitern sollte.

Geschichte, Logik und gesunder Menschenverstand legen nahe, daß eine dauerhafte Lösung des Vietnamproblems Teil einer allgemeinen Übereinkunft in Südostasien sein muß. Wenn wir nicht bereit sind, einen umfassenden Krieg zu führen, um die Wirkungen der chinesischen Macht in ganz Südostasien zu beseitigen, dann bleibt uns nichts anderes übrig, als eine allgemeine Annäherung anzustreben. Die zentrale Frage ist der Streit zwischen der Macht Chinas und der Macht Amerikas, und die Aussicht auf dauerhaften Frieden ist weit mehr von der Lösung dieses Problems abhängig als davon, wer an einer Regierung in Südvietnam beteiligt wird und auf welche Art sie gebildet wird. Wenn das Problem der chinesischen und amerikanischen Macht in Südostasien gelöst werden kann, sollte es nicht zu schwierig sein, sich über die Zukunft Vietnams zu einigen; wenn aber dieses Machtproblem offen bleibt, wäre jede Lösung für Vietnam, selbst eine auf der Grundlage eines totalen militärischen Sieges der USA, in ständiger Gefahr. Solange China und die USA Konkurrenten im Kampf um die Vorherrschaft in Südostasien sind, ist ein sicherer Frieden in diesem Teil der Erde unwahrscheinlich.

So wie die Geschichte Konfliktbeilegung als zweckmäßig nahelegt, weist sie auch den Weg zu der Art von Übereinkunft, die einen dauerhaften Frieden in Südostasien zustande bringen könnte. Wenn sich Großmächte früher um die Vorherrschaft über kleinere und schwächere Nationen stritten, so war die Neutralisierung eine brauchbare Alternative zum Sieg der einen oder anderen Seite. Bei solchen Vereinbarungen war es eher die Tatsache der Neutralisierung, die zu Stabilität und Frieden führte, als das politische oder ideologische Gefüge in den betreffenden kleinen Ländern. Neutralisierung ist natürlich keine narrensichere Methode, die Konflikte der Großmächte zu lösen; sie ist aber nachweislich erfolgreicher als ein totaler Sieg.

Die Schweiz ist ein Beispiel dafür. Auf dem Wiener Kongreß wurde im Jahre 1815 die Schweizerische Eidgenossenschaft als ein für ewig neutraler Staat garantiert. Bis zum heutigen Tag ist die Schweiz neutral geblieben und hat Frieden gehabt, und dies obwohl sie von Großmächten umgeben ist. Belgien wurde durch einen 1839 unterzeichneten und von den Großmächten garantierten Vertrag als ein für alle Zeiten neutraler Staat gegründet. Der Vertrag wurde 1914 verletzt, aber erstaunlicher ist, daß Belgien trotz der Ambitionen der Großmächte und trotz seiner strategischen Lage zwischen Frankreich und Deutschland fünfundsiebzig Jahre lang neutral geblieben ist und Frieden hatte. Belgien hätte gut den Großmachtbestrebungen zum Opfer fallen können, aber durch die Neutralisierung wurde es statt dessen zum Nutznießer der Großmachtrivalitäten. Die Lösung lag einfach in der Tatsache, daß jede Großmacht, sosehr sie die eigene Hegemonie anstrebte, die Vorherrschaft der anderen nicht weniger fürchtete und deshalb die Neutralisierung als annehmbaren Preis für die Verhinderung einer solchen Vorherrschaft akzeptierte.

Österreich ist das hervorstechendste zeitgenössische Beispiel für die Beilegung eines Konflikts durch Neutralisierung. Zehn Jahre nach dem Zweiten Weltkrieg war Österreich geteilt und von den Großmächten besetzt. Der Staatsvertrag von 1955 legte die Grundlage für die unabhängige und gesicherte nationale Existenz, deren sich Österreich heute erfreut, und durch seinen Abschluß wurde gleichzeitig eine bedeutende Streitfrage zwischen der Sowjetunion und dem Westen beigelegt, ohne das Gleichgewicht der Kräfte in Europa zu stören.

Wenn man die historische Erfahrung zu Rate zieht, so könnte die Krise in Südostasien dauerhaft beigelegt werden, indem man das gesamte Gebiet neutralisiert, das zwischen China und den USA liegt. Die meisten Experten bescheinigen China, daß es die amerikanischen Stützpunkte an seiner Peripherie außerordentlich fürchtet; und das demonstrierte China in der Tat damit, daß es in den Koreakrieg erst eingriff, als sich amerikanische Truppen im November 1950 der chinesischen Grenze in der Mandschurei näherten. China fürchtete die militärische Macht der USA in Südostasien und könnte sich deshalb – wenn nicht sofort, so doch im Laufe der Zeit – bereit finden, den Abzug der Amerikaner damit zu erkaufen, daß es für die Dauer den Ausschluß seiner eigenen Macht aus diesem Gebiet hinnimmt. Deshalb wäre höchst zweckmäßig, wenn die USA zu erkennen gäben, daß sie bereit sind, ihre militärische Macht in sorgfältig geplanten Etappen aus Südostasien zurückzuziehen, wenn sich die Chinesen dafür verpflichten, die Unabhängigkeit ihrer Nachbarn zu achten – eine Unabhängigkeit, die tatsächlich bisher in der Form einer klaren und konsequenten Aggressionsabsicht von den Chinesen nicht verletzt worden ist.

Eine Alternative für Vietnam

Unter Berücksichtigung dieser historischen Erwägungen über Annäherung und Neutralisierung und eingedenk einiger allgemeiner Regeln des menschlichen Verhaltens, die ich im 8. Kapitel erörtert habe, schlage ich das folgende Acht-Punkte-Programm für die mögliche Wiederherstellung des Friedens in Vietnam vor:

1. Die südvietnamesische Regierung sollte Friedensverhandlungen mit der Nationalen Befreiungsfront anstreben.

Die USA sollten die Regierung in Saigon, die Buddhisten und andere wichtige Gruppen von ihrem Wunsch unterrichten, daß die südvietnamesische Regierung sofort Schritte unternimmt, um Friedensverhandlungen mit der Nationalen Befreiungsfront einzuleiten; sie sollten ferner klarstellen, daß eine weitere amerikanische Unterstützung für die Regierung in Saigon davon abhängen wird, wie energisch und aufrichtig deren Bemühungen sind, einen Waffenstillstand mit der Nationalen Befreiungsfront auszuhandeln.

Zur Zeit gibt es in der Haltung von Washington und Saigon zur Frage von Friedensverhandlungen eine offene Diskrepanz. Die USA haben sich offiziell zu bedingungslosen Verhandlungen verpflichtet, wenn die andere Seite verhandlungsbereit ist; aber aus Südvietnam wird berichtet, daß dort das bloße Eintreten für einen Verhandlungsfrieden als kriminelle Handlung gewertet wird; tatsächlich wurden «Neutralisten» und Kommunisten bei den Wahlen in Südvietnam im September 1966 durch Gesetz von der Kandidatur für die verfassunggebende Versammlung ausgeschlossen.

Man sollte sich bemühen, die Haltung der Regierung in Saigon zu Friedensverhandlungen mit der Präsident Johnsons in Einklang zu bringen. Deshalb ist der US-Regierung zu empfehlen, sie sollte die Regierung in Saigon klar und nachdrücklich daran erinnern, daß sich die Vereinigten Staaten auf eine Politik bedingungsloser Verhandlungen festgelegt haben. Dies bedeutet, so sollte man Saigon klarmachen, daß die USA nicht verpflichtet sind, für die gegenwärtige südvietnamesische Regierung oder für irgendeine ihr folgende Regierung einen vollständigen militärischen Sieg zu erkämpfen, und daß sie auch in Zukunft eine solche Verpflichtung nicht eingehen werden. Man sollte die Südvietnamesen nicht im Zweifel darüber lassen, daß die USA jetzt und in Zukunft versuchen werden, einen Verhandlungsfrieden herbeizuführen, und daß sie der Regierung in Saigon kein Vetorecht über die amerikanische Politik einräumen werden.

2. Zur selben Zeit, wenn sich die Regierung in Saigon direkt an die Nationale Befreiungsfront wendet, sollten die USA und Südvietnam zusammen Waffenstillstandsverhandlungen der militärischen Vertreter von vier gesonderten Verhandlungsparteien vorschlagen: Der USA, Südvietnams, Nordvietnams und der Nationalen Befreiungsfront.

Solche Verhandlungen entsprächen militärischen Realitäten. Wie sehr auch die Nationale Befreiungsfront von Nordvietnam abhängen mag, im Vietnamkrieg gibt es vier verschiedene Hauptkriegführende, und es wäre nur vernünftig, daß sie auch die Hauptverhandlungspartner für einen Waffenstillstand sind.

Trotz der Tatsache, daß die Nationale Befreiungsfront von der nordvietnamesischen Regierung weitgehend beeinflußt, wenn nicht überhaupt beherrscht wird, empfiehlt es sich, daß man sie als einen unabhängigen Verhandlungspartner und nicht einfach als Teil einer nordvietnamesischen Delegation betrachtet. Diese Empfehlung geht von der Auffassung aus, daß es im Interesse der USA liegt, der Nationalen Befreiungsfront die größtmögliche Unabhängigkeit von Nordvietnam nahezulegen. Diesem Zweck ist wahrscheinlich eher damit gedient, daß wir uns bereit erklären, die Nationale Befreiungsfront als unabhängigen Verhandlungspartner zu akzeptieren und sie nicht als bloßes Instrument Hanois behandeln, denn dadurch könnte sie in eine verstärkte Abhängigkeit von Hanoi manövriert werden.

3. Die USA sollten die Bombardierung Nordvietnams einstellen und keine neuen Streitkräfte nach Südvietnam entsenden. Während Friedensinitiativen im Gange sind, sollten die Vereinigten Staaten die militärischen Operationen so weit einschränken, wie es nur irgend mit der Sicherheit der amerikanischen Streitkräfte vereinbart werden kann.

Friedensinitiativen mit einem allgemeinen und kontinuierlichen Abbau der Feindseligkeiten wären für den Gegner wahrscheinlich überzeugender und würden sicher eher die Unterstützung von nichtkriegführenden Ländern gewinnen, die, wie die Sowjetunion oder Frankreich, Einfluß auf den Gegner haben. Umgekehrt könnte die unverminderte Fortführung der Feindseligkeiten nach Einleitung von Friedensinitiativen Hanoi und der Nationalen Befreiungsfront den Eindruck vermitteln, daß die militärischen Aktionen der Amerikaner eher als ihre Friedensvorschläge die wahren Absichten der USA verkörpern. Dies ist um so wahrscheinlicher, als Nordvietnam und die Nationale Befreiungsfront wiederholt gezeigt haben, mit welch tiefem Mißtrauen sie die Ziele der Amerikaner in Südostasien betrachten.

4. Die Vereinigten Staaten sollten die Möglichkeit eines Rückzugs der amerikanischen Streitkräfte aus Vietnam zusichern.

Zeitpunkt und Bedingungen für den Rückzug der amerikanischen Streitkräfte aus Vietnam können nur in Verbindung mit einem internationalen Abkommen bestimmt werden, das den Status eines neutralisierten Südvietnams definiert und gewisse internationale Garantien schafft, auf die ich in der Erläuterung zu Punkt sechs eingehe. Unabhängig davon ist es wichtig, daß sich die USA auf dem Weg zu Friedensverhandlungen bereit erklären, im Rahmen eines multilateralen Abkommens über Vietnam zu einem bestimmten Zeitpunkt oder nach Erfüllung bestimmter Bedingungen (wie der erneuten Inkraftsetzung von Machtbefugnissen für eine wieder ins Leben gerufene internationale Kontrollkommission) alle amerikanischen Truppen aus Vietnam zurückzuziehen. Eine offene Zusicherung des Abzugs der amerikanischen Truppen ist für die Überzeugungskraft der Friedensinitiativen besonders wichtig, weil Chinesen und Nordvietnamesen bekanntlich fürchten, daß die USA trotz gegenteiliger Zusicherung ständige Militärstützpunkte in Südvietnam aufrechterhalten wollen.

5. Zwischen den vier Hauptkriegführenden – den USA, Südvietnam, Nordvietnam und der Nationalen Befreiungsfront – sollte über einen Waffenstillstand und über Vorkehrungen für die Selbstbestimmung in Südvietnam verhandelt werden.

Vordringlichste Aufgabe für die Verhandlungen der vier sollte es sein, Pläne für eine Volksabstimmung auszuarbeiten, die sowohl für die Regierung Südvietnams als auch für die Nationale Befreiungsfront annehmbar wären. Die amerikanischen Verhandlungspartner täten gut daran, sich bei diesen Erörterungen ein wenig im Hintergrund zu halten und die Bereitschaft der USA zu bekunden, jede Vereinbarung über die Selbstbestimmung zu unterstützen, auf die sich die Regierung in Saigon und die Nationale Befreiungsfront einigen können. Vielleicht werden die beiden südvietnamesischen Partner eine internationale Überwachung des vorgesehenen Referendums wünschen; oder vielleicht wollen sie die Abstimmung völlig unter sich oder im wesentlichen unter sich, aber mit Teilnahme internationaler Beobachter vornehmen. Vielleicht wollen sie eine ständige nationale gesetzgebende Körperschaft oder eine verfassunggebende Versammlung wählen, die für Südvietnam eine dauerhafte Verfassung ausarbeiten soll. In jedem Fall sollten die USA bereit sein, jede Übereinkunft zu akzeptieren und zu unterstützen, auf die sich die Regierung in Saigon und die Nationale Befreiungsfront geeinigt haben.

Es scheint vernünftig und notwendig, der Nationalen Befreiungsfront eine wichtige Rolle bei der Verwirklichung einer nationalen Volksbefragung einzuräumen. Wesen und Ausmaß dieser Rolle werden von vielen Faktoren abhängen, die bei den Verhandlungen erörtert werden müssen, so zum Beispiel davon, ob die Wahlen unter internationaler oder ausschließlich südvietnamesischer Verantwortung stattfinden. Auf jeden Fall müßte die Rolle der Nationalen Befreiungsfront bei der Abhaltung von Wahlen groß genug sein, ein Betrugsmanöver zu verhindern; sie müßte aber auch so fest umrissen sein, daß der Befreiungsfront keine Gelegenheit gegeben wird, mit Betrug oder Terror zu arbeiten. Ein geeignetes Thema für Verhandlungen wäre auch die Frage, ob unter diesen Bedingungen die Teilnahme der Nationalen Befreiungsfront an einer vor allgemeinen Wahlen eingesetzten provisorischen Regierung erforderlich wird.

Die USA sollten sich ausdrücklich und, wenn notwendig, wiederholt verpflichten, das Ergebnis einer Volksabstimmung in Südvietnam, wie sie auch ausgehen möge, zu akzeptieren. Eine solche Verpflichtung sollte von höchster Stelle der amerikanischen Regierung verkündet und nicht bloß auf Anfragen aus der Öffentlichkeit oder aus dem Kongreß als Zugeständnis übernommen werden. Sie könnte dann eher das Mißtrauen beschwichtigen, das die Verweigerung der in den Genfer Abkommen für 1956 angesetzten Wahlen hervorrief, als wenn sie nur nach einer Anfrage aus der Öffentlichkeit oder dem Kongreß zugestanden würde.

Das Ergebnis einer Volksabstimmung in Südvietnam läßt sich nicht voraussagen. Qualifizierte Beobachter der Lage in Vietnam vermuten, daß bei einer freien Meinungsäußerung die ganze Vielfalt der südvietnamesischen Gesellschaft zutage treten wird; die Nationale Befreiungsfront wird daraus als eine bedeutende politische Kraft des Landes hervorgehen und die Buddhisten, die Katholiken, die Cao Dai und die Hoa Hoa werden in ihren besonderen Einflußzonen ebenfalls eine wichtige Rolle spielen.

Vielleicht werden die Kriegführenden auch Pläne für die Wiedervereinigung Nord- und Südvietnams erörtern wollen. Vielleicht werden sie dieses Problem lieber Verhandlungen zwischen den Regierungen Hanois und Saigons überlassen, oder vielleicht werden sie detailliertere Pläne entwerfen wollen, wie zum Beispiel für eine Volksabstimmung unter internationaler Überwachung, die zu einem vereinbarten künftigen Zeitpunkt stattfinden sollte, wie es ursprünglich die Genfer Abkommen von 1954 vorgesehen hatten.

6. Wenn sich die Hauptkriegführenden über einen Waffenstillstand und Pläne für die Selbstbestimmung in Südvietnam geeinigt haben, sollte eine internationale Konferenz aller interessierten Staaten einberufen werden, um die Vereinbarungen der Kriegführenden zu garantieren und Pläne für eine künftige Volksabstimmung über die Wiedervereinigung beider Teile des Landes auszuarbeiten.

Außer den Regierungen in Saigon und Hanoi und der Nationalen Befreiungsfront, die alle auf einer internationalen Konferenz vertreten sein sollten, müßten die folgenden Länder zur Teilnahme an den Verhandlungen eingeladen werden: Die USA, China, die Sowjetunion, Frankreich, Großbritannien, Japan, Indien, Pakistan und die Länder des südostasiatischen Festlandes: Kambodscha, Laos, Thailand, Burma und Malaysia. Von den größeren Nationen – also den USA, China, der Sowjetunion, Frankreich, Großbritannien, Japan, Indien und Pakistan – ist zu erwarten, daß sie als Garantiemächte eines endgültigen Übereinkommens tätig werden.

Die Garantie der Vereinbarungen über eine Selbstbestimmung in Südvietnam, auf die sich die Kriegführenden bereits geeinigt haben, wäre die erste und wichtigste Aufgabe der internationalen Konferenz. Wenn die internationale Konferenz nicht mit der Lösung bestimmter Probleme des geplanten Referendums, wie möglichen Vorkehrungen für eine internationale Überwachung, betraut wurde, dann wird sie in dieser Hinsicht vor allem eine Vereinbarung über kollektive Maßnahmen ausarbeiten müssen, die bei jeder Verletzung, der für die Volksabstimmung in Südvietnam vereinbarten Bedingungen oder jedem Versuch, die aus dem Referendum hervorgegangene Regierung zu stürzen, auf Ersuchen eines der vietnamesischen Verhandlungspartner zu ergreifen sind.

Zweite Aufgabe der internationalen Konferenz wäre die Planung einer Volksabstimmung über die Wiedervereinigung Nord- und Südvietnams einschließlich der Vereinbarung eines festen Abstimmungstermins. Sollten sich die Kriegführenden schon über Zeitpunkt und Bedingungen eines Volksvotums über die Wiedervereinigung geeinigt haben, müßte die Konferenz das Abkommen nur noch bestätigen – mit einer gemeinsamen Garantie der Teilnehmer sichern. Wenn die Kriegführenden darüber noch kein Einvernehmen erzielt haben, könnte die Konferenz einen Plan für eine international überwachte Abstimmung ausarbeiten und ihn den Regierungen in Hanoi und Saigon sowie der Nationalen Befreiungsfront zur Billigung vorlegen. Sobald sich die vietnamesischen Verhandlungspartner über einen Plan einig sind, könnten ihn die Konferenzteilnehmer gemeinsam garantieren. Sollten sich die vietnamesischen Verhandlungspartner dem Zeitpunkt und Bedingungen eines Referendums über die Wiedervereinigung nicht zustimmen können, dann wäre die internationale Konferenz gut beraten, wenn sie nicht versuchte, ihnen einen Plan aufzudrängen, sondern wenn sie einfach jede Vereinbarung, die die Nordvietnamesen und die Südvietnamesen später erzielen, im voraus kollektiv garantierte.

Die Aufsicht oder, falls von den vietnamesischen Partner gewünscht, auch die Verwirklichung dieser Vorkehrungen für die Selbstbestimmung in Südvietnam und die mögliche Wiedervereinigung beider Teile des Landes sollte einem geeigneten internationalen Organ übertragen werden. Vielleicht findet es die Konferenz erwünscht, die schon bestehende internationale Kontrollkommission, der Vertreter Kanadas, Indiens und Polens angehören, wieder zu beleben und zu stärken.

7. Ergänzend zur Garantie für die Selbstbestimmung in Südvietnam und zu den Vorkehrungen für ein Referendum über die Wiedervereinigung Nord- und Südvietnams sollte die internationale Konferenz Südvietnam neutralisieren und ein multilaterales Abkommen über die allgemeine Neutralisierung Südostasiens anstreben.

Wichtig erscheint vor allem die Neutralisierung Südvietnams; die Neutralisierung Nordvietnams wäre gleichfalls höchst wünschenswert. Südvietnam oder besser noch den beiden vietnamesischen Staaten sollten militärische Bündnisse mit anderen Mächten untersagt sein; auf dem Territorium sowohl Nordvietnams als auch Südvietnams sollten keine ausländischen Truppen stationiert und keine ausländischen Militärstützpunkte errichtet werden. Zusätzlich könnte die Konferenz beschließen, daß die Neutralitätsbestimmungen, die für Südvietnam gelten, bei einer Wiedervereinigung automatisch auf Gesamtvietnam ausgedehnt werden. Diese Neutralitätsbestimmungen sollten von den Teilnehmerstaaten der Konferenz kollektiv garantiert und ihre Einhaltung sollte von dem unter Punkt sechs erwähnten internationalen Organ überwacht werden.

Es wäre höchst wünschenswert, daß ein Neutralisierungsabkommen auf ganz Südostasien ausgedehnt werden könnte, denn es könnte einer Lösung des Vietnamproblems zu größerer Lebensfähigkeit verhelfen, wenn man sie in eine allgemeine Übereinkunft über die Neutralisierung des gesamten südostasiatischen Raumes einbezöge. Eine solche Übereinkunft müßte im wesentlichen vorsehen: Ein Verbot der Stationierung amerikanischer, chinesischer und anderer ausländischer Truppen sowie ausländischer Militärstützpunkte in den südostasiatischen Ländern, eine formelle Verpflichtung dieser Länder, keinem Militärbündnis beizutreten und eine kollektive Garantie dieser Vereinbarungen durch die Staaten, die unter Punkt sechs als mögliche Garantiemächte für eine Vietnamlösung genannt sind.

Ein allgemeines Abkommen über die Neutralisierung Südostasiens könnte auf dreierlei Weise durchgesetzt werden. Erstens würde die Aussicht, daß das Eindringen chinesischer Militärmacht nach Südostasien das Wiedereindringen amerikanischer Militärmacht zur Folge hätte, eine automatische Kontrolle errichten. Zweitens sollten die USA zwar keine Truppen auf dem asiatischen Festland stationieren und dort keine Militärstützpunkte errichten, sie können und sollten aber ihre See- und Luftmacht entlang der Peripherie des asiatischen Kontinents aufrechterhalten. Drittens könnte und sollte ein Abkommen über die Neutralisierung der gemeinsamen Garantie der größeren Mächte unterstellt werden, die an der internationalen Konferenz teilgenommen haben, das heißt der USA, Chinas, der Sowjetunion, Frankreichs, Großbritanniens, Japans, Indiens und Pakistans.

Ob solche weitreichenden Vereinbarungen auf einer Friedenskonferenz über Vietnam ausgearbeitet werden können, erscheint sehr zweifelhaft. Gewiß sollte nicht zugelassen werden, daß Vorschläge für die allgemeine Neutralisierung Südostasiens die begrenzten Vereinbarungen über Frieden, Neutralität und Selbstbestimmung für Vietnam gefährden. Dennoch wäre nichts verloren und möglicherweise manches gewonnen, wenn der Gedanke einer allgemeinen Neutralisierung Südostasiens auf einer internationalen Vietnamkonferenz zur Sprache gebracht würde.

8. Wenn aus irgendwelchen Gründen ein Abkommen über die Beendigung des Vietnamkrieges nicht erzielt werden kann, sollten die USA ihre Streitkräfte in stark befestigten Verteidigungsgebieten Südvietnams konsolidieren und sie dort auf unbestimmte Zeit belassen.

Nach erfolglosem Bemühen zur Beendigung des Krieges entspräche ein solches Verfahren zwei grundlegenden Realitäten: erstens der Tatsache, daß die USA als die Nation, die die hauptsächliche, wenn auch nicht ausschließliche Verantwortung für den Frieden und die Stabilität in der Welt trägt, eine Niederlage in Vietnam oder einen ungeregelten Rückzug nicht hinnehmen können; zweitens dem Umstand, daß ein vollständiger militärischer Sieg anscheinend nur mit Opfern erkauft werden kann, die in den Sicherheitsinteressen der USA in Südvietnam stehen, und daß der Sieg nur durch eine Steigerung der Gewaltanwendung erkämpft werden kann, die nicht nur die Leiden der südvietnamesischen Zivilbevölkerung, sondern auch die Gefahr eines Krieges mit China stark vermehrte.

Solange die USA für den Vietnamkrieg eine wachsende Zahl von Menschenleben und immer größere Geldmittel aufwenden, können China, Nordvietnam und die Nationale Begreiungsfront logischerweise, wenn auch irrtümlich hoffen, daß das amerikanische Volk früher oder später diese Anstrengungen als untragbar empfinden und den Rückzug der amerikanischen Streitkräfte aus Südostasien erzwingen wird. Möglicherweise glauben sie auch, daß der Verschleiß von amerikanischen Menschenleben und Hilfsquellen in Südostasien den Willen und die Fähigkeit der USA untergraben wird, sich künftigen nationalen Befreiungskriegen erfolgreich entgegenzustellen. Ein Leitartikel der Pekinger «Volkszeitung» vom 30. August 1966 beweist deutlich, daß sich die Chinesen genau diese Ansicht zu eigen gemacht haben:

«...Um ganz offen zu sein, die Völker Asiens hätten keine Möglichkeit, die Kräfte des amerikanischen Imperialismus zu vernichten, wenn er sie nur in Europa und Amerika einsetzt. Aber nun, da er bei uns auftaucht, wie die Ware an der Tür des Kunden, können die asiatischen Völker ihn nur willkommen heißen. Je mehr Kräfte der amerikanische Imperialismus nach Asien hineinwirft, um so mehr werden hier erstickt werden und um so tiefer wird das Grab sein, das sich der Imperialismus selbst gräbt.

Indem die asiatischen Völker eine große Zahl amerikanischer Truppen binden, werden günstige Bedingungen dafür geschaffen, daß die Völker in anderen Teilen der Erde ihren Kampf gegen die USA verstärken können. Wenn sich alle Völker zum Angriff gegen sie erheben, wenn die einen am Kopf und die anderen an den Füßen zuschlagen, kann der US-Imperialismus Stück für Stück aufgefressen werden.»[3]

Anstatt immer mehr Menschen und Hilfsquellen im Vietnamkrieg einzusetzen, sollten wir unsere Verpflichtungen soweit einschränken, daß wir – wie unsere Gegner erkennen müßten – diesen Aufwand bei geringen Kosten auf unabsehbare Zeit durchhalten könne. So würden wir unsere Feinde mit der völlig glaubwürdigen Aussicht auf eine ständige amerikanische Präsenz an ihren Grenzen konfrontieren – eine Aussicht, vor der sich China bekanntlich außerordentlich fürchtet. Das Wissen, daß wir in unseren Basen unabsehbar bleiben können, wäre für die Nationale Befreiungsfront und Nordvietnam ein starker Beweggrund, Friedensgespräche aufzunehmen, und für die Chinesen Anlaß genug, einem Abkommen über die Neutralisierung Südostasiens beizutreten. Zumindest würde diese Politik aus einer Situation, in der unsere Feinde uns abzunutzen glauben, eine andere machen, in der wir – zu erträglichen Kosten – unsere Feinde abnutzen.

Über Größe und Großmut

In seinen Beziehungen zu den Nationen Asiens, wie zu allen revolutionären oder potentiell revolutionären Gesellschaften in der Welt, kann Amerika Dienste leisten, deren bisher keine große Nation fähig gewesen ist. Aber dazu bedarf es der Weisheit, die unserer Macht gewachsen sein muß, und der Demut, die unserem Stolz gleichkommen muß. «Einfühlungsvermögen» ist vielleicht das einzige Wort, das richtig wiedergibt, was Amerika braucht. Webster definiert diese Eigenschaft als «Phantasievolle Projektion des eigenen Bewußtseins in einen anderen Menschen».

Sollte der Vietnamkrieg mit einem Abkommen über die Neutralisierung Südostasiens beendet werden können, dann können wir uns mit berechtigter Hoffnung auf Erfolg der langwierigen und schwierigen Aufgabe zuwenden, in die Beziehungen zwischen China und dem Westen etwas Vertrauen zu bringen, historisches Unheil wiedergutzumachen und der großen chinesischen Nation zur ihr angemessenen Position als geachtetes Mitglied der internationalen Gemeinschaft zu verhelfen. Mit der Zeit ist es dann vielleicht sogar möglich, daß Chinesen und Taiwanesen unter sich Vereinbarungen über Taiwan aushandeln, die weder dem Begriff der Selbstbestimmung noch dem chinesischen Begriff von der kulturellen Unteilbarkeit Chinas allzu großen Abbruch tun. Vielleicht wäre eine Art Selbstregierung für Taiwan unter nomineller Oberhoheit Chinas möglich. Aber die Entscheidung darüber bleibt den Chinesen selbst überlassen.

All dies hat im Gegensatz zu manchen Behauptungen nichts damit zu tun, «freundlich zu China zu sein». Es handelt sich vielmehr darum, eine verhängnisvolle Konstellation zu ändern, die zwei große Nationen einem tragischen und sinnlosen Krieg zutreibt. Wenn es dabei eine Rolle spielt, «freundlich zu China zu sein», so mögen sich diejenigen, die von diesem Gedanken abgestoßen werden, ein wenig mit der Tatsache trösten, daß es auch bedeutet, «freundlich zu Amerika zu sein».

Die Vereinigten Staaten sind eine große, mächtige und im Grunde anständige Nation; wir wissen es oder sollten es wissen, und die Welt weiß es. Zuzeiten verhalten wir uns jedoch so, als glaubten wir nicht an unsere Größe; wir handeln so, als stünde unser Prestige als eine große Nation ständig auf dem Spiel, als sei es ständig in Gefahr, unwiderbringlich verlorenzugehen, als müsse die Größe unseres Landes in endloser Folge immer wieder neu erworben werden und als seien immer neue Anstrengungen notwendig, der Welt zu beweisen, daß wir wirklich eine wichtige und mächtige Nation sind.

Man hat uns gesagt, wir müßten die Russen beim Wettlauf zum Mond schlagen, wir dürften in unserem Druck gegen Castro nicht nachlassen, und wir hätten keine andere Wahl gehabt, als gegen die dominikanische Revolution zu intervenieren – all das hauptsächlich nicht deshalb, weil ein solches Verhalten an sich als lebenswichtig anzusehen sei, sondern weil unser Prestige, das heißt unser Ansehen als eine Großmacht hoffnungslos kompromittiert werde, wenn wir dies unterließen.

Im Falle Vietnams redete man uns ein, unser massives militärisches Eingreifen sei lebensnotwendig – weniger wegen der strategischen Bedeutung von Vietnam selbst, als zu dem Zweck, den Kommunisten zu beweisen, daß Amerika kein «Papiertiger» ist, und der Welt klarzumachen, daß Amerika nicht herumgestoßen werden kann. Immer wieder haben wir uns in vielen Teilen der Erde gewaltig angestrengt und haben keine Kosten gescheut, und wir haben dabei weniger unsere Größe als vielmehr ihren Schatten verteidigt.

Ich glaube nicht, daß die Größe der USA in der Welt in Frage gestellt wird, und ich bin gewiß nicht der Meinung, daß ein auffälliges Benehmen für eine Nation der beste Weg ist, ihre Größe zu beweisen. Tatsächlich ist Kriegslust bei Nationen wie bei einzelnen Menschen eher ein Zeichen der Schwäche und des Zweifels an sich selbst als ein Ausdruck der Stärke und Selbstsicherheit. Wenn ein kleines Land einem großen tapfer Trotz bietet, so ist daran manches angemessen und bewundernswert; ein solches Verhalten verleiht dem kleinen Land eine Stärke und Würde, die es sonst nicht besäße. Das gleiche Verhalten der großen Nation einem kleinen Land gegenüber ist grotesk und Angeberei.

Das wahre Kennzeichen der Größe ist nicht Großspurigkeit, sondern Großmut.

Gerade wegen der gewaltigen Stärke und des Prestiges der USA können wir es uns leisten, in Vietnam Großmut an den Tag zu legen. Wenn die Vietkong oder die Nordvietnamesen die Initiative ergriffen und wesentliche Zugeständnisse anböten, könnte man folgerichtig davon ausgehen, daß sie von der amerikanischen Macht eingeschüchtert wurden. Wenn die USA den Anfang machen und den Vietkong Friedensbedingungen mit bedeutenden Zugeständnissen vorschlagen, dann werden viele Leute annehmen, daß das amerikanische Volk kriegsmüde geworden ist, was wahrscheinlich zutrifft. Aber niemand kann im Ernst annehmen, daß ein kleines unterentwickeltes Land in Südostasien die Vereinigten Staaten zur Unterwerfung gezwungen hat.

Am 1. September 1966 hielt der französische Staatspräsident de Gaulle in Kambodscha eine Rede. Er sprach über die USA und die wahrscheinlichen Auswirkungen einer amerikanischen Politik der Annäherung und Neutralisierung in Südostasien. De Gaulle sagte:

«... angesichts der Macht, des Reichtums und des Einflusses, die Amerika bis heute erreicht hat, kann es zu gegebener Zeit ein Unternehmen in einem entlegenen Land aufgeben, das sich als nutzlos und ungerechtfertigt erweist, und statt dessen ein internationales Abkommen schließen, das den Frieden und die allgemeine Entwicklung eines wichtigen Gebietes der Erde organisiert. Nichts davon würde, aufs Ende gesehen, Amerikas Stolz verwunden, seinen Idealen widerstreiten oder seine Interessen gefährden.

Ganz im Gegenteil: Wenn die USA diesen Weg einschlagen, der dem Genius des Westens so sehr entspricht, welches Auditorium würden sie dann finden, von einem Ende der Erde zum anderen, und welche Möglichkeiten werden sich für den Frieden auftun, dort und überall auf der Welt!»⁴

Anmerkungen

1 Donald S. Zagoria: ‹China's Crisis of Foreign Policy›, in: *The New York Times Magazine*, May 1, 1966, p. 39.
2 Walter Lippman: ‹Well, What Can He Do?›, in: *The Washington Post*, January 25, 1966.
3 *The New York Times*, August 31, 1966.
4 *The New York Times*, September 2, 1966.

10

Neuer Brückenschlag

Wir Amerikaner sind vom Krieg in Vietnam derart in Anspruch genommen, daß wir nicht viel darüber nachdenken, was die USA alles unternehmen könnten, wenn es keinen Krieg gäbe. Wir machen uns nicht klar, welche glänzenden Möglichkeiten wir noch immer haben, wenn der Krieg beendet werden kann, ehe er in einen allgemeinen Krieg in Asien explodiert oder ehe seine «Schaden-Streuung» unsere Innenpolitik völlig zerrüttet und unsere Beziehungen mit dem größten Teil der Welt zerfressen würde. Wenn ich davon ausgehe, daß der Krieg innerhalb einer vernünftigen Frist durch Verhandlungen beendet werden kann – und dabei spielt mehr meine Hoffnung als meine Zuversicht mit –, dann werden die USA die Möglichkeit haben, jenen Zuhörerkreis der Erde wiederzugewinnen, von dem General de Gaulle in Kambodscha gesprochen hat; sie werden dann jene Brücken nach dem Osten neu schlagen können, die sich vor dem Krieg in Vietnam so hoffnungsvoll abgezeichnet haben, sie werden ihre Partnerschaft mit Westeuropa neu aufbauen und das hoffnungsvolle Werk der Erneuerung im eigenen Land wiederaufnehmen können, das die Präsidenten Kennedy und Johnson in Angriff genommen haben, das aber jetzt durch den Krieg unterbrochen ist.

Aussöhnung mit dem Osten

Eine graduelle Verbesserung der Ost-West-Beziehungen ist hauptsächlich deshalb möglich geworden, weil sich innerhalb der kommunistischen Welt so außerordentlich wichtige Veränderungen vollzogen haben. Der Kommunismus ist nicht länger der monolithische Block, der er zu Stalins Zeiten zu sein schien; entsprechend den besonderen Bedingungen in den einzelnen Ländern wurde er mehr und mehr national spezifiziert. Wichtiger noch ist die Tatsache, daß der Kommunismus in Osteuropa und in der Sowjetunion langsam, aber stetig menschlicher wird. Der Terror der Stalin-Zeit ist aus der Sowjetunion weitgehend verschwunden; die ungarische Regierung läßt heute ein gewisses Maß an individueller Freiheit zu; Rumänien praktiziert einen herausfordernd unabhängigen, nationalen Kommunismus; und Jugoslawien scheint langsam und zögernd selbst offen geäußerte Zweifel am Kommunismus als legitim zu akzeptieren.

Der Architekt oder Verantwortliche dieser außergewöhnlichen Entwicklung war Nikita Chruschtschow. Ob es tatsächlich die Absicht Chruschtschows gewesen ist, die Liquidation von Stalins Empire in die Wege zu leiten, ist fraglich; aber dies war ganz ohne Zweifel das wichtigste Ergebnis der zehn Jahre seiner Führung. Es begann mit Chruschtschows berühmter Geheimrede vom Februar 1956, mit der er Stalin öffentlich brandmarkte. Chruschtschow leitete einen Prozeß ein, der die Grundlagen des kommunistischen Totalitarismus zu unterminieren begann. Bis dahin wurden Urteile und Worte der sowjetischen Diktatoren für unfehlbar gehalten. Indem Chruschtschow seinen Vorgänger brandmarkte, gab er zu, daß der Sowjet-Kommunismus fehlbar ist, und schuf einen ungeheuer wichtigen Präzedenzfall für künftige Zweifel, künftige Fragen und künftige Kritik in Rußland, in anderen kommunistischen Gesellschaften und in der internationalen kommunistischen Bewegung, soweit noch von ihrer Existenz die Rede sein kann.

Die verblüffendsten Ergebnisse dieses Gärungsprozesses in der kommunistischen Welt waren in den osteuropäischen Ländern festzustellen, aber wichtige Veränderungen haben sich auch in der Sowjetunion selbst vollzogen, und sie dauern noch an. Gerade die Umstände, unter denen Chruschtschow von den Schalthebeln der Macht entfernt wurde, verdeutlicht die neue Atmosphäre in der Sowjetunion. Nach westlichen Maßstäben ist man sicherlich rauh vorgegangen, aber im Vergleich zu früheren sowjetischen Methoden waren die Absetzung Chruschtschows und sein Wiederauftauchen als privater Bürger bemerkenswerte Schritte in Richtung auf zivilisierte politische Methoden.

Die Politik der «friedlichen Koexistenz» war Chruschtschows wichtigster Beitrag zu den internationalen Beziehungen. Meiner Ansicht nach war der erklärte Wunsch Chruschtschows und seiner Nachfolger, einen Atomkrieg mit dem Westen zu verhindern, ernst gemeint. Ich glaube, sie meinten es auch aufrichtig, wenn sie die Auffassung vertraten, daß der Kampf der Ideologien in einem friedlichen wirtschaftlichen Wettbewerb ausgetragen werden sollte. Viele Amerikaner haben Chruschtschows unglückliche Bemerkung «wir werden euch begraben» als Beweis für die kriegerischen Absichten der Sowjetunion ausgelegt. Ich neige jedoch stark zu der Auffassung, daß Chruschtschow dabei an den friedlichen Wettbewerb in der Produktion von Gütern und Dienstleistungen und in der Bemühung um höheren Lebensstandard des Volkes dachte. Ich meine, er hatte den echten Glauben, daß der Kommunismus einen globalen Sieg erringen könnte, wenn man den Arbeitern «mehr Fleisch und mehr Reis» in die Schüsseln tut.

Eine solche Herausforderung sollte den Vereinigten Staaten aus zwei Gründen höchst willkommen sein: erstens haben die USA alle Aussichten, einen wirtschaftlichen Wettbewerb mit den Russen zu gewinnen, denn ihre Wirtschaft ist nicht nur bei weitem die größte der Welt, sondern sie gehört auch zu denen, deren Potential am schnellsten zunimmt; zweitens kann in Wirklichkeit niemand in einem schöpferischen Wettbewerb verlieren, der dem Bemühen gilt, den Lebensstandard von Millionen Menschen zu heben. Es wäre ein großer Segen für die Menschheit, wenn beide Seiten im Kalten Krieg weniger Kraft daran wendeten, ihre politischen Grundsätze auswärts zu predigen und mehr Kraft daran, sie im eigenen Land wirken zu lassen. Wenn das geschieht, dessen bin ich sicher, werden sie eines Tages entdecken, daß die doktrinären Meinungsverschiedenheiten, die sie mehr als einmal an den Rand des Krieges gebracht haben, doktrinäre Meinungsverschiedenheiten und nicht viel mehr sind und wenig mit dem Wohlergehen und dem Glück der Menschheit zu tun haben.

Ein konstruktiver Wettbewerb kann eine nützliche Wirkung auf die sowjetisch-amerikanischen Beziehungen haben; auch können Projekte einer direkten Zusammenarbeit viel dazu beitragen, die Aussöhnung von Ost und West zu fördern. Im 8. Kapitel haben wir die psychologischen Konsequenzen behandelt, die zu verzeichnen sind, wenn zwei einander feindliche Gruppen in ein Abhängigkeitsverhältnis zueinander gebracht werden; bloßer Kontakt gab ihnen nur Gelegenheit, sich gegenseitig zu beschuldigen, aber die Notwendigkeit der Zusammenarbeit für ein gemeinsames Ziel hatte zur Folge, daß die feindseligen Stimmungen sich verflüchtigten und freundliche Gefühle zwischen Angehörigen beider Gruppen aufkamen.

Die Aussöhnung von Ost und West ist vor allem ein psychologisches Problem; sie hat damit zu tun, daß sich auf beiden Seiten eine kooperative Haltung und das Bewußtsein entwickeln, daß man gemeinsame praktische Ziele hat. Ein «großer Entwurf», der den Kalten Krieg mit einem einzigen Akt der Staatskunst beendet, ist nicht im entferntesten wahrscheinlich. Möglich ist in den Ost-West-Beziehungen jedoch, daß viele Projekte einer praktischen Zusammenarbeit in Angriff genommen werden, Projekte, die, jedes für sich genommen, vielleicht von geringer Bedeutung sind, die aber zusammengenommen bewirken könnten, daß sich auf der Erde eine revolutionierend neue Haltung ausprägt.

Eine solche neue Haltung Gestalt annehmen zu lassen, ist das Hauptziel unserer Außenpolitik oder sollte es wenigstens sein. Es handelt sich nicht einfach um die Erkenntnis, daß Frieden höher zu schätzen ist als Krieg. Im Grunde genommen will jeder Frieden, aber für die meisten Nationen ist etwas anderes sogar noch wichtiger, sei es Eroberung, Ruhm, Prestige oder dieses oder jenes andere Ziel, das nach ihrer Meinung für ihre Ehre unentbehrlich ist. Das Problem besteht also nicht so sehr darin, daß man die Menschen dazu bringt, den Frieden zu wollen, sondern darin, daß man sie davon überzeugt, sie müßten den Frieden mehr als alles andere wollen, wofür sie ihn gewöhnlich bereitwillig aufopfern. Wenn es im Atomzeitalter einen Schlüssel zum Überleben und zur Sicherheit gibt, so liegt er wahrscheinlich nicht in neuen und verbesserten internationalen Organisationen zur Erhaltung des Friedens oder in sorgfältig ausgearbeiteten Plänen für die Abrüstung, die sich in der Geschichte als eines der unlösbarsten internationalen Probleme erwiesen hat, sondern in der persönlichen Haltung der Völker und ihrer Führer, in ihrer Bereitschaft, wenigstens einen Teil der gemeinsamen Erfordernisse der Menschheit höher anzusetzen als die einander widerstreitenden Bestrebungen der Nationen und Ideologien.

Wenn also eher die Haltung und nicht so sehr formelle Vereinbarungen der entscheidende Faktor für die internationalen Beziehungen ist, dann ist eine etwas andere Anordnung der Prioritäten in der Außenpolitik angezeigt als die, zu der wir uns im allgemeinen bekennen. Formelle Sicherheitsabmachungen zwischen Ost und West sind dann vielleicht nicht wichtiger als ein mehr und mehr aufblühender Ost-West-Handel; und eine stufenweise Abrüstung, so bedeutsam und wünschenswert sie auch ist, braucht für den Weltfrieden nicht wichtiger zu sein als ein erweiterter Austausch von Personen und Gedanken.

Ziele wie die Wiedervereinigung Deutschlands und die sogenannte «allgemeine und vollständige» Abrüstung sind nicht nur deshalb wichtig, weil dem deutschen Volk das Recht auf Selbstbestimmung zuteil werden soll – und es soll ihm zuteil werden – oder weil Kernwaffen kostspielig sind und durch Zufall losgehen können – was tatsächlich geschehen kann –, sondern weil diese Fragen Spannungen verursachen, die die Gefahr eines Krieges erhöhen. Dies ist natürlich eine sehr alltägliche Beobachtung, aber sie weist auf einen Unterschied hin, der leicht übersehen wird, nämlich darauf, daß nicht die Wiedervereinigung Deutschlands und die Einstellung des Wettrüstens als solche für den Weltfrieden unbedingt notwendig sind, sondern die Verminderung der Spannungen und Animositäten, denen sie Auftrieb geben.

Dieser Unterschied ist mehr als eine akademische Frage. Konkret ausgedrückt bedeutet er, daß es viele Wege zu demselben Ziel geben kann. Das heißt, wenn wir bei der deutschen Wiedervereinigung und der Abrüstung keine Fortschritte erzielen, so gibt es noch andere Möglichkeiten, die internationalen Spannungen zu vermindern. Das heißt, daß ein Handels- und Kulturaustausch und andere Formen einer begrenzten Zusammenarbeit, die im Bereich des Möglichen liegen, uns genau denselben Zielen, wenn auch viel langsamer, näherbringen können, als die Wiedervereinigung Deutschlands oder die allgemeine Abrüstung, wenn sie erreichbare Möglichkeiten wären.

Wenn wir uns mit der Haltung befassen, die mehr als formelle politische Vereinbarungen das Verhalten der Menschen zueinander bestimmt, so folgt daraus, daß die lohnendsten Initiativen, die wir zur Verbesserung der Ost-West-Beziehungen ergreifen können, wahrscheinlich auf Gebieten liegen, die für die wichtigen politischen Fragen unserer Zeit unerheblich erscheinen. Doch weil gerade sie mit ihrer vorhersehbaren psychologischen Auswirkung zur Minderung der Spannungen beitragen und Zusammenarbeit zur *Gewohnheit* werden lassen, könnten solche Schritte von größtem Nutzen sein. So ist bei der gegebenen Weltlage wahrscheinlich tatsächlich weit mehr mit der Lösung von peripheren Fragen zu erreichen als mit der Bemühung, die zentralen Probleme zu lösen, die so stark mit Gefühlen belastet sind und eine solche Vorgeschichte gescheiterter Lösungsversuche haben, daß sie Spannungen wahrscheinlich eher verschlimmern als mildern.

In der Außenpolitik wie in unserem persönlichen Leben müssen wir eine Bilanz unserer Wünsche und unserer Grenzen ziehen. Unsere Sehnsucht gilt einer friedlichen Gemeinschaft der Nationen, aber wir müssen sie innerhalb der Grenzen einer Welt anstreben, die von Ideologien und Nationalismus und von der gewaltigen Kluft zwischen arm und reich geteilt ist. In einer so gespaltenen Welt sind die Erfolgsaussichten für große und durchgreifende Vorhaben, sei es auf dem Gebiet der internationalen Organisation, der Abrüstung oder allgemeiner territorialer Regelungen, nur gering, und sie sind mit beträchtlichen Risiken verbunden. Außer der Wahrscheinlichkeit des Fehlschlages besteht das größte Risiko solcher Vorhaben vor allem darin, daß durch ihr Scheitern gerade die Animositäten verstärkt werden könnten, die vermindert werden sollten, und daß wir von jenen bescheidenen und praktischen Maßnahmen der Zusammenarbeit abgelenkt werden, die allein reelle Aussicht haben, die geteilte Welt einer echten Gemeinsamkeit graduell näher zu bringen.

Welche bescheidenen und praktischen Maßnahmen sind gemeint, die nach, oder wo immer möglich, noch vor einer Friedensregelung für Asien getroffen werden könnten und die allmähliche Aussöhnung von Ost und West fördern könnten? Das nach Jahren der Verzögerung im November 1966 geschlossene Abkommen über die Eröffnung einer direkten Flugverbindung zwischen New York und Moskau ist ein bescheidener, aber wertvoller Schritt auf dem richtigen Wege. Außerdem täten wir gut daran, jene Projekte wieder aufzugreifen, die durch «Schaden-Streuung» des Vietnamkrieges «eingefroren» sind, vor allem das sowjetisch-amerikanische Konsularabkommen, das unratifiziert im US-Senat verkümmert*, und Präsident Johnsons Vorschlag, den Handel mit den kommunistischen Ländern durch gesetzliche Maßnahmen auszuweiten, auf den das Repräsentantenhaus nicht eingegangen ist.

In einem 1964 veröffentlichten Buch habe ich auf den Vorschlag hingewiesen, ein internationales Konsortium zu gründen, das einen neuen Kanal durch Mittelamerika bauen und als internationalen Wasserweg betreiben sollte. In diesem Zusammenhang wies ich darauf hin, daß für die Sowjetunion als Mitbenutzer des Wasserweges eine Beteiligung an diesem Konsortium wünschenswert wäre. Ich stellte fest, daß bei vernünftigen Konsortiumsbestimmungen kein Mitglied die Macht oder die Möglichkeit haben werde, den Kanal zu schließen oder seinen Betrieb zu unterbrechen, und warf, rhetorisch, gewisse Fragen hinsichtlich einer sowjetischen Teilnahme auf:

«Würde nicht die Teilnahme der Sowjets an einem Kanalkonsortium sie nicht in verstärktem Maße auf einen friedlichen Status quo verpflichten, ebenso wie sie durch ihre Beteiligung am Vertrag über die Antarktis zu einem Teilhaber bei den Bemühungen geworden ist, den Kalten Krieg vom sechsten Kontinent fernzuhalten? Kann es für den Weltfrieden und die Stabilität nicht von Nutzen sein, wenn die Russen durch ein Abkommen zu enger Zusammenarbeit mit Nationen angehalten werden, die sie als ‹Imperialisten› betrachten, und wenn sie an einem Unternehmen mitarbeiten, das sie bisher als ‹im-

---

* Der Kongreß hat nach Erscheinen der amerikanischen Ausgabe dieses Buches das Konsularabkommen mit der Sowjetunion am 16. 3. 1967 ratifiziert.

perialistische Ausbeutung› zu bezeichnen pflegten? Wäre es nicht von bedeutsamer psychologischer Symbolkraft, wenn die Sowjetunion an der Verantwortung für die Errichtung und den Betrieb einer wichtigen internationalen Einrichtung teilnimmt, und sei es auch nur wegen des krassen Gegensatzes zu der eher zerstörenden Aktivität ihrer revolutionären Vergangenheit? Zusammengefaßt: Ist für den Weltfrieden nicht etwas zu gewinnen, wenn man eine schwierige und gefährliche Nation in ein weiteres Unternehmen einschaltet, das durch die Zusammenarbeit bei Verwirklichung praktischer Aufgaben die ideologischen Leidenschaften, die uns trennen, allmählich aus der Welt schaffen könnte?»[1]

Wichtige Gelegenheiten, die Zusammenarbeit in der Praxis zu fördern, können sich auch im internationalen Handel, durch Geschäftsverbindungen und bei der Regelung finanzieller Ansprüche ergeben – gar nicht zu reden vom Austausch in Kultur und Erziehung, der meiner Meinung nach wahrscheinlich die lohnendste Art der internationalen Zusammenarbeit ist.

Im Jahre 1965 veranstaltete der Außenpolitische Ausschuß des Senats *hearings* über die Aussichten und die Wünschbarkeit einer Ausweitung des Ost-West-Handels. Die Aussagen der Experten und Gelehrten sowie von Vertretern der Geschäftswelt stimmten grundsätzlich, wenn auch nicht einstimmig, darin überein, daß die Lockerung der bestehenden Beschränkungen und die Ausweitung des Handels zwischen den USA und den kommunistischen Ländern beiden Seiten bescheidene wirtschaftliche Vorteile bringen und überdies durch ihre politischen und psychologischen Auswirkungen die Spannungen mindern und die allgemeine Atmosphäre der Ost-West-Beziehungen verbessern könnten.

Selbst wenn die bestehenden Beschränkungen wesentlich erleichtert würden, wäre das Ausmaß des Handels, der sich zwischen der Sowjetunion und den USA entwickeln könnte, noch sehr begrenzt. Weil die Sowjetwirtschaft stark auf die Produktion von Kapitalgütern konzentriert ist, wurden die Exportindustrien vernachlässigt. Das Ergebnis ist, daß die Sowjetunion weder die gewünschten Exportgüter noch Reserven an harter Währung besitzt, um eine wesentliche Erweiterung des Handels mit den USA finanzieren zu können.

Jedenfalls kann der Handel als wirkliches Hilfsmittel der Entspannung zwischen der Sowjetunion und dem Westen überschätzt werden. Normale Handelsbeziehungen haben als solche noch keine wesentliche Verbesserung des politischen Verhältnisses zur Folge, aber die Handelsdiskriminierung ist ein Hindernis für ein gutes politisches Klima. Die Einrichtung eines normalen sowjetisch-amerikanischen Handels mit nichtstrategischen Gütern ohne besondere Begünstigungen, aber auch ohne jede Diskriminierung, sollte jedoch als eine Art «klar Schiff» aufgefaßt werden, als ein Mittel, die Vorbedingungen für eine aktive Zusammenarbeit zu schaffen.

Für die kommunistischen Länder Osteuropas könnte die Abschaffung von Handelsbeschränkungen günstigere Auswirkungen haben. Diese Länder hegen im großen und ganzen starke verwandtschaftliche Gefühle für den Westen, und der Handel könnte solchen Gefühlen entgegenkommen und die Länder Osteuropas zur selben Zeit in ihrem Streben nach größerer Unabhängigkeit von der Sowjetunion unterstützen. Eine relative wirtschaftliche Unabhängigkeit könnte den Staaten Osteuropas wiederum zusätzliche Möglichkeiten der Einwirkung auf die Politik der Sowjetunion verschaffen, die man benutzen könnte, der Sowjetunion selbst eine freundlichere Haltung dem Westen gegenüber nahezulegen.

Politisch und psychologisch gesehen wird der Ost-West-Handel wahrscheinlich wesentlich mehr Gewinn bringen als auf dem rein wirtschaftlichen Gebiet. Professor Isaiah Frank von der Hochschule für Fortgeschrittene Internationale Studien der John Hopkins University hat gesagt: «Weil die Sowjetunion auf ihre Anerkennung in der Arena der Erde Wert legt, schlägt ihr unsere Diskriminierung weitaus stärkere psychische als physische Wunden. Bei jeder Gelegenheit fordern die Sowjets eine Beendigung der Handelsdiskriminierung und eine ‹Normalisierung› der Handelsbeziehungen zu allen Ländern. Unsere Bereitschaft, die wirtschaftlichen Beziehungen aufzulockern, könnte Auftakt zu Verhandlungen über weitergehende politische Fragen werden.»[2]

In der Praxis trägt die westliche Geschäftswelt, vor allem die europäische, schon dazu bei, Brücken der Zusammenarbeit von West nach Ost zu schlagen. Ein Beispiel aus der jüngsten Zeit ist das Abkommen zwischen der Sowjetunion und den italienischen Fiat-Werken über die Errichtung eines Automobilwerkes in der Sowjetunion.

Ein mehr begrenzter, aber damit in Zusammenhang stehender Schritt, der sich als vorteilhaft erweisen könnte, wäre ein sowjetisch-amerikanische Regelung der Leih-Pacht-Schulden aus dem Zweiten Weltkrieg. Die USA haben angeboten, diese Schuld auf etwa 800 Millionen Dollar herabzusetzen. Diese Schuld ist ein Hindernis für den sowjetisch-amerikanischen Handel, denn das Johnson-Gesetz von 1934 verbietet Stundung langfristiger Privatkredite zugunsten von Nationen, die mit ihren finanziellen Verpflichtungen gegenüber den Vereinigten Staaten im Rückstand sind. Ein Vorschlag, der sich als durchführbar erweisen könnte, sieht eine Regelung oder Teilregelung vor, durch die in der Sowjetunion ein Leih-Pacht-Rubelkonto eingerichtet wird, das amerikanische Firmen in Anspruch nehmen können, um gemeinsame Unternehmen mit der Sowjetunion in die Wege zu leiten. Die amerikanischen Gesellschaften würden dann einen Teil ihres Profits aus den gemeinsamen Unternehmen in Dollar umwechseln, die zur Entschädigung der amerikanischen Regierung benutzt werden. Eine andere Möglichkeit wäre, daß beide Länder die aus einer Leih-Pacht-Regelung anfallenden Mittel zur Finanzierung gemeinsamer Projekte in Entwicklungsländern benutzen könnten.

Abgesehen von ihrem Hauptzweck, Entwicklungsprojekte zu finanzieren, ist die Auslandshilfe als ein Instrument zur Zusammenarbeit zwischen Ost und West von potentiellem Wert. Zwanzig Jahre lang war die Auslandshilfe für uns eine Waffe im Kalten Krieg – in den meisten Fällen eine humane und gut durchdachte Waffe, aber nichtsdestoweniger eine Waffe in einem globalen Kampf gegen den Kommunismus. Wenn wir über den Vietnamkrieg hinaus denken in eine Zeit, da der Westen und die kommunistischen Länder ihren Brückenschlag hoffentlich wiederaufgenommen haben, dann sollten wir es für möglich halten, die Hilfe für die Entwicklungsländer aus einem Instrument der Rivalität in ein Mittel der Aussöhnung zu verwandeln.

Wir fangen langsam an, zu entdecken, daß nicht alle sowjetischen Entwicklungsprogramme unseren Interessen entgegenstehen, sondern daß vielleicht einige tatsächlich Ziele – wie zum Beispiel die Entwicklung Indiens – anstreben, die auch wir unterstützen. Warum können die USA der Sowjetunion also nicht vorschlagen, daß beide Länder im Rahmen einer internationalen Behörde an einem bestimmten Entwicklungsprojekt zusammenarbeiten, das beide unterstützen – zum Beispiel beim Bau eines Kanals oder einer Düngemittelfabrik in Indien oder in irgendeinem anderen Land? Ich bin sicher, daß ein bestimmtes Entwicklungsprojekt gefunden werden kann, dessen Verwirklichung beide Länder als ihrem Interesse dienlich ansehen. Wenn sich die Sowjets und die Amerikaner dann zusammentun, oder besser noch, wenn mehrere kommunistische und mehrere westliche Länder zusammenarbeiten, kann ein bescheidener Gewinn für die wirtschaftliche Entwicklung und ein beträchtlicher für den Weltfrieden erzielt werden.

Die Zusammenarbeit wie der Konflikt haben die Tendenz, sich

selbst zu nähren. Eine anfängliche und nur versuchsweise aufgenommene Zusammenarbeit zwischen Ost und West bei der wirtschaftlichen Hilfe für Entwicklungsländer kann zu neuen, kühneren Unternehmen und zu einer echten Ausweitung des gemeinsamen Interessengebietes führen. Dies wiederum kann zur Beteiligung der Sowjetunion an internationalen Kreditorganisationen führen und zu einer allgemein vielseitigerer Bindung, ja zur Internationalisierung der Hilfe nach Richtlinien, wie sie im nächsten Kapitel des Buches entwickelt werden.

Durch solche gemeinsamen Unternehmungen – die einen größer, die anderen kleiner, aber keines für sich allein besonders weitgehend oder entscheidend – können Brücken über den Abgrund der Ideologien geschlagen werden. Alle haben den Vorteil, daß sie zu einer neuen Haltung und zu neuen Erwartungen beitragen können. Wie wir festgestellt haben, neigen die Menschen dazu, im Einklang mit ihren Erwartungen zu handeln; und Prophezeiungen haben, wenn man fest an sie glaubt, die Möglichkeit, sich zu erfüllen. Vielleicht ist das Beste, was wir in dieser unzulänglichen Welt tun können, in unserem täglichen Leben und bei allen verschiedenartigen Zielen der Menschen und Nationen mit harter und geduldiger Arbeit neue und hoffnungsvollere Erwartungen heranzubilden, nach denen man handeln kann, und Prophezeiungen, deren Erfüllung der Menschheit von Nutzen sein wird.

Die Wiedervereinigung Europas

In Europa hat die Periode des Wandels in den Beziehungen innerhalb und zwischen den beiden Blöcken dem Kalten Krieg eine von Grund auf andere Bedeutung gegeben. Jede Seite ist heute überzeugt – obgleich es wahrscheinlich keine zugeben wird –, daß die andere die unter ihrer Kontrolle stehenden Gebiete fest im Besitz hat. Man hört heutzutage tatsächlich wenig von kommunistischer Wühlarbeit in Westeuropa oder von einer gewaltsamen Befreiung Osteuropas. Europa bleibt auf unnatürliche Weise geteilt, aber kein ernsthafter Beobachter erwartet einen Krieg, und beide Seiten stimmen heute generell darin überein, daß beide Teile Europas nur durch einen Prozeß der allmählichen Veränderung und der Annäherung zusammenfinden könnten.

Ich glaube nicht, daß Westeuropa seine Bande zu den Vereinigten Staaten durchschneiden muß, wenn es zu einer Wiedervereinigung mit dem Osten des Kontinents kommt. Sowohl Amerika wie die Sowjetunion sollten als Führer der beiden Koalitionen bei der Wiederversöhnung Europas eine führende Rolle spielen. Ein Großteil der Hoffnung auf eine Verbesserung der Beziehungen, die zur endlichen Wiedervereinigung Europas führt, entspringt dem annähernden Kräftegleichgewicht beider Seiten. Würde Westeuropa von Amerika getrennt, ginge das Gleichgewicht verloren, so daß sich den Russen aufs neue die Versuchung einer möglichen Vorherrschaft über Westeuropa aufdrängte. Raymond Aron hat das so ausgedrückt: «Die Wiedervereinigung Ost- und Westeuropas verlangt eher eine Entspannung zwischen den beiden Blöcken als eine Lockerung der Verbindungen zwischen den beiden Teilen des atlantischen Bündnisses.»[3]

Wenn es den Vereinigten Staaten allerdings nicht gelingt, beim Brückenschlag nach Osten die Führung des Westens zu übernehmen, dann wird Westeuropa fast mit Sicherheit fortfahren, für sich Brücken zu schlagen und sich dabei von den USA entfernen. Das ist sogar schon geschehen: General de Gaulle hat mit einigem Erfolg die Führung übernommen bei der langfristigen Bemühung, die beiden europäischen Koalitionen zu versöhnen. Welche Auswirkungen der faktische Auszug Frankreichs aus der NATO auch haben mag, die Politik de Gaulles gegenüber der Sowjetunion und Osteuropa stimmt mit der erklärten amerikanischen Politik des Brückenschlags zum Osten überein. Wenn die französischen Initiativen in Richtung auf die Sowjetunion dennoch bewirken, daß Frankreich von den USA getrennt wird, so vor allem deshalb, weil die USA die Führung des Westens bei der großen Aufgabe der Versöhnung mit dem Osten nicht übernommen haben. Ob Präsident de Gaulle Europa nun von Amerika trennen will oder nicht – meiner Ansicht nach will er das –, seine Politik wird das wahrscheinlich nicht erreichen, es sei denn, Amerika trennt sich durch ein Versäumnis seiner Führung selbst von Europa.

Die «Schaden-Streuung» des Vietnamkrieges ist natürlich der Grund dafür, daß die USA nicht bereit oder nicht in der Lage sind, bei der Aussöhnung der beiden Hälften Europas die Führung zu übernehmen. Solange dieser Krieg andauert, betrachtet die Sowjetunion ihre Beziehungen zu den USA als «eingefroren», und während die Russen ihre Beziehungen zu Westeuropa weiter verbessern, zeigen sie an Vereinbarungen mit den USA, wie den oben vorgeschlagenen, wenig Interesse. Die Staatsmänner der USA sind vornehmlich mit ihrem Krieg in Asien beschäftigt, und sie haben darüber hinaus wenig Zeit oder Kraft dafür, in Europa als Macht zu handeln; ihre Initiativen sind halbherzig und sprunghaft, sie werden anscheinend nur noch aus ritueller Rücksichtnahme auf ihre erklärte Politik des Brückenschlags vorangetrieben, aber das geschieht ohne Energie, ohne Überzeugung und Nachdruck und ohne ernsthaft ein Ergebnis zu erwarten.

Was die Interessen der USA in Europa betrifft, so wird ihre Politik außerdem durch eine Haltung zur West-Ost-Entspannung benachteiligt. Wir wollen ohne Zweifel eine solche Entspannung, aber wir wollen auch das westliche Bündnis so weit wie möglich in seiner ursprünglichen Form aufrechterhalten. Wir wollen die echte Furcht der Russen und aller anderen Osteuropäer vor Deutschland beschwichtigen, aber wir wollen nichts sagen und nichts tun, was der westdeutschen Regierung mißfallen könnte. Insbesondere haben wir uns bisher nicht bereit gefunden, die sowjetischen Besorgnisse zu zerstreuen, indem wir Westdeutschland einen direkten Zugang zu Kernwaffen verweigerten. Wir haben aber auch mit Westdeutschland keine Übereinkunft getroffen, die der Bundesrepublik einen solchen Zugang verschaffen könnte. So ausgeprägt ist diese Ambivalenz, daß man unmöglich sagen kann, ob der von einem Unstern begleitete Plan einer multilateralen Atomstreitmacht, der auch Westdeutschland angehören würde, nun offiziell zu den Akten gelegt wurde oder ob er immer noch amtliches Ziel der amerikanischen Politik ist.

Ehe sie den Vietnamkrieg beendet haben, werden die USA wahrscheinlich nicht in der Lage sein, eine wirksame Führungsrolle in der europäischen Politik zu übernehmen. Die Vereinigten Staaten werden auch kaum wirksam als Führungsmacht handeln können, ehe sie nicht die Ambivalenz in ihrer Europapolitik bereinigt haben. Das heißt, sie müssen ein für allemal entscheiden, ob sie Westdeutschland zu einer Atommacht machen wollen (in der Hoffnung, es dadurch dem Westen gegenüber loyal zu erhalten) oder ob sie die Aussöhnung der beiden Blöcke fördern wollen, indem sie auf die vorgeschlagene multilaterale Atomstreitmacht und auf alle anderen Pläne verzichten, die Westdeutschland Zugang zu Kernwaffen verschaffen würden.

Die Alternativen sind meiner Ansicht nach so starr, weil in der Sowjetunion und den osteuropäischen Ländern noch immer die Furcht vor Deutschland vorherrscht. Ich bin überzeugt, daß diese Furcht, die auf den Zweiten Weltkrieg zurückgeht, echt ist, wie grundlos sie auch tatsächlich sein mag. Vor allem fürchten die Osteuropäer ein mit Atomwaffen ausgerüstetes Deutschland. Sie sind, vielleicht ganz zu Unrecht, überzeugt, daß die Schaffung einer multilateralen

Atomstreitmacht beliebiger Art die atomare Bewaffnung Deutschlands besiegeln würde, und keine Zusicherungen in irgendeinem Ausmaß können sie von dieser Ansicht abbringen. Dem liegt mehr Furcht als ein Sachverhalt zugrunde, aber auch ihre Furcht ist eine Tatsache, und überdies eine sehr wichtige, die wir beim Entwurf unserer Politik gebührend berücksichtigen müssen.

Im Herbst 1964, als die Atomstreitmacht lebhaft erörtert wurde, besuchte ich Jugoslawien. Praktisch warf jeder Jugoslawe, mit dem ich zusammentraf, diese Frage auf und zeigte Bestürzung und Furcht vor der Möglichkeit, daß Deutschland eine, wenn auch begrenzte Rolle bei der Verfügungsgewalt über Atomwaffen spielen könnte. Immer wieder erläuterte ich, und bestimmt vergeblich, daß Deutschland nach den Bestimmungen für die Atomstreitmacht keine wie auch immer geartete selbständige Verfügungsgewalt über Atomwaffen erhalten werde, sondern daß es so fest in einem multilateralen System verankert sein werde, um eine nationale deutsche Atommacht für die Zukunft auszuschließen. Im Laufe dieser Diskussionen wurde ich gleichermaßen von der Logik meiner Argumentation überzeugt wie von der Unmöglichkeit, die Jugoslawen davon zu überzeugen.

Die Furcht Osteuropas vor Deutschland ist irrational und übertrieben, aber völlig verständlich. Sie ist das Ergebnis tragischer Erfahrungen, und nur die heilsame Wirkung der Zeit, einer langen Zeit, wird sie abschwächen können. Welche Sicherungen auch die Beteiligung Deutschlands in einem atomaren Abschreckungssystem des Westens, weder die Russen noch ein anderes osteuropäisches Volk werden sich dabei sicher fühlen. Ihre Furcht vor Deutschland ist eine unabänderliche Tatsache unserer Zeit; sie ist da und man muß ihr angemessen Rechnung tragen, obwohl die Bundesrepublik Deutschland tatsächlich, wie jeder unvoreingenommene Beobachter anerkennen muß, zu einer gesitteten, demokratischen und friedliebenden Gesellschaftsordnung geworden ist.

Den Osteuropäern ist nicht klargeworden, wie sehr sich das neue Deutschland verändert hat. Vielleicht kann man diese Einsicht von ihnen auch nicht erwarten. Aber man kann hoffen, daß das Heranwachsen einer neuen Generation in der Bundesrepublik und weitere Beweise für die anständige Gesinnung und demokratische Einstellung in Westdeutschland die Furcht der Osteuropäer vor Deutschland schließlich vertreiben wird. Ich bin überzeugt, daß wir in der Zwischenzeit nichts tun können, um diese Furcht zu zerstreuen.

Deutschlands größte und vielleicht einzige Hoffnung, daß es zu einer Wiedervereinigung kommt, beruht darauf, daß die Furcht in

Osteuropa allmählich abgebaut werden kann. Erst dann, wenn die Osteuropäer überzeugt sind, daß Beziehungen zu Deutschland ihnen nicht schaden, sondern für sie von Nutzen sind, kann man von ihnen erwarten, daß sie von ihrer hartnäckigen Unterstützung des ostdeutschen Regimes ablassen. Der Kern des Problems ist es, die Osteuropäer, die unter der deutschen Aggression so schmerzhaft gelitten haben, davon zu überzeugen, daß das neue Deutschland der Bundesrepublik eine achtenswerte und vertrauenswürdige Nation ist, die sich zur Wahrung des Friedens in Europa verpflichtet hat, insbesondere dazu, ihre nationalen Ziele auf friedlichem Wege anzustreben.

Aus diesen Gründen steht für die Bundesrepublik Deutschland bei der Verbesserung der Beziehungen zwischen Ost- und Westeuropa viel auf dem Spiel. Es würde deshalb wirklich viel helfen, wenn die Deutschen von sich aus die verschiedenen Pläne ablehnten, deren Verwirklichung ihnen Zugang zu Kernwaffen verschaffen würde. Es wäre außerdem wünschenswert, wenn Westdeutschland beim Ausbau der wirtschaftlichen und kulturellen Beziehungen mit Osteuropa tatkräftig die Führung übernähme. Ein gewisses Maß von praktischer Annäherung zwischen Westdeutschland und Polen wäre besonders wertvoll, denn sie könnte nicht nur dazu beitragen, die nachwirkenden Wunden des Zweiten Weltkriegs zu heilen, sondern sie könnte auch die Furcht Polens zerstreuen, daß Deutschland eines Tages versuchen könnte, die 1945 an Polen verlorenen Gebiete wiederzugewinnen. Eine allgemeine Ausweitung der kulturellen Beziehungen zwischen Deutschland und Polen, besonders in Verbindung mit gemeinsamen wirtschaftlichen Unternehmungen, könnte alte Schmerzen lindern und Grundlagen für Vereinbarungen in der Zukunft schaffen.

Ein Brückenschlag auf wirtschaftlichem und kulturellem Gebiet könnte den Weg für die Wiedervereinigung Europas ebnen. Wenn jede der Seiten erst einmal erkannt hat, daß Geschäftsverbindungen mit der anderen gefahrlos und vorteilhaft sind, dann könnten voraussichtlich auch die ideologischen Barrieren brüchig werden. In dem Maße, wie die ideologischen Barrieren freundlichen, auf gegenseitigem Interesse beruhenden Beziehungen Platz machen und die Osteuropäer klar erkennen, daß die Bundesrepublik Deutschland ein gesitteter, ehrenhafter und friedlicher Staat ist, könnten voraussichtlich auch die Grundlagen des ostdeutschen Marionettenstaates hinfällig werden. Käme eine solche Entwicklung zustande, dann könnten die Nationen des Ostens und schließlich die Sowjetunion selbst eines Tages zu dem Schluß kommen, daß sie an der Beibehaltung der deutschen Teilung kein lebenswichtiges Interesse haben. Ist dieser Zeitpunkt gekommen, dann ergäbe sich zum erstenmal seit dem Ende des Zweiten Weltkriegs die zur Verwirklichung geeignete Möglichkeit, über die Wiedervereinigung Deutschlands zu verhandeln.

Am Abend des 4. August 1914 stand der britische Außenminister Sir Edward Grey an seinem Fenster im Londoner Foreign Office und beobachtete, wie Laternenwächter die Lampen im St. James' Park löschten. Er sagte: «In ganz Europa gehen nun die Lichter aus, und zu unseren Lebzeiten werden sie nicht mehr angesteckt werden.» Es ist zweifelhaft, ob selbst Lord Grey die Ausmaße der Katastrophe vorausgesehen hat, die er an diesem Tag prophezeite. Die Lichter in Europa wurden zu seinen Lebzeiten nicht wieder angesteckt und sie sind bis heute nicht wieder aufgeflammt. Eine ganze Welt brach in jenen Augusttagen vor mehr als fünfzig Jahren zusammen – es war gewiß eine unzulängliche Welt, doch immerhin eine zivilisierte und eine gesunde Welt, eine Welt, in der Ordnung, Stetigkeit und Sicherheit herrschte. Als sie zusammenbrach, stürzte die Welt in eine Ära der Gewalt, der Krise und der Revolution, die noch immer anhält.

Jetzt vielleicht zum erstenmal seit dem Ende des Zweiten Weltkriegs nähern wir uns einem Punkt, von dem aus man die Umrisse einer neuen europäischen Ordnung erkennen könnte, die an die Stelle des Systems treten soll, das vor fünfzig Jahren so blindlings zerstört wurde; vielleicht ist es nicht übertrieben, wenn man sagt, daß die Lichter, die für Sir Edward Grey im Jahre 1914 ausgingen, nun wieder aufzuflackern beginnen. Da die USA vorrangig mit dem Vietnamkrieg beschäftigt sind, geht der Prozeß der Aussöhnung beider Teile Europas gegenwärtig ohne wirksame amerikanische Teilnahme vonstatten. Das Ergebnis ist natürlich, daß die USA ins Hintertreffen geraten und daß die zunehmend freundliche Haltung Westeuropas gegenüber Osteuropa anfängt, Europa von Amerika zu trennen. Es ist zu hoffen, daß Amerika die ihm zukommende Führungsrolle bei der schöpferischen Aufgabe, feindliche Welten miteinander auszusöhnen, bald wieder übernimmt.

Das eigene Haus in Ordnung bringen

Wir haben im 6. Kapitel von der zerrüttenden Auswirkung des Vietnamkrieges auf das innere Leben der Vereinigten Staaten gesprochen. Ich komme jetzt auf dies Thema zurück, um darzulegen, daß es noch eine Brücke neu zu schlagen gilt, die wenigstens so wichtig ist wie die zur kommunistischen Welt und die zu unseren Verbündeten – das ist die Brücke zwischen dem amerikanischen Volk und seiner Regierung, die für die Stärke und das Wohlbefinden unserer Gesellschaft unbedingt ausschlaggebend ist.

Die menschlichen und materiellen Kräfte, die eine Große Gesellschaft ausmachen, werden im Innern und nicht auswärts hervorgebracht. Eine ehrgeizige Außenpolitik ist nur eine begrenzte Zeit hindurch möglich, wenn ihre inneren Grundlagen zerrüttet sind; so wie das Licht eines schon lange erloschenen Sternes ausgehen muß, ist auch eine solche Politik zum Scheitern verurteilt. Annähernd diese Erfahrung hat Frankreich vor dem Krieg von 1870 und Österreich vor dem Ersten Weltkrieg gemacht. Die USA sind bei weitem nicht in einer derart extremen Lage, aber sie werden eines Tages mit ihr konfrontiert sein, wenn wir nicht innehalten, um unser eigenes Haus in Ordnung zu bringen, oder genauer gesagt, wenn wir uns nicht wieder den Aufgaben widmen, unsere Kinder richtig zu erziehen, die Armut zu bekämpfen, unsere Städte zu modernisieren und die uns umgebende Natur zu reinigen – wie es Präsident Kennedy und Präsident Johnson so hoffnungsvoll angefangen haben.

Man hat viel von «Neo-Isolationismus» gesprochen. Es stimmt, daß eine wachsende Zahl von Amerikanern – und ich gehöre zu ihnen – ihre Besorgnis darüber äußern, daß, wie sie meinen, die USA sich in bestimmten Teilen der Erde zu stark engagieren und folglich wichtige Probleme im eigenen Land vernachlässigen. Es trifft nicht zu, daß diese Sorge eine Bereitschaft andeutet, lebenswichtige amerikanische Interessen im Ausland aufzugeben und der Welt ihren Lauf zu lassen, während wir uns in einen trügerischen Isolationismus zurückziehen.

Die Beschuldigung des «Neo-Isolationismus» trifft mindestens aus zwei Gründen nicht zu. Erstens beruht sie auf der Voraussetzung, daß die USA lebenswichtige Interessen in fast jedem Land der Erde wahrzunehmen haben, während tatsächlich an vielen Orten vieles geschieht, das uns entweder nichts angeht oder auf jeden Fall außerhalb unserer Macht-, Einfluß- und Wissenssphäre liegt. Zweitens scheinen die, die sich über einen «Neo-Isolationismus» aufregen, von der Annahme auszugehen, daß wir *entweder* unsere auswärtigen Verpflichtungen wahrnehmen und deshalb unsere eigene Gesellschaft vernachlässigen müssen *oder* die Bedürfnisse zu Hause befriedigen und indessen der Außenwelt den Rücken kehren müssen. In Wirklichkeit geht es aber darum, das Gleichgewicht zu halten. Es ist völlig klar, daß wir nicht unsere gesamte Zeit und alle unsere geistigen Energien inneren Problemen widmen können. Aber zur Zeit hat die andere Seite so starkes Übergewicht und außenpolitische Probleme nehmen unsere Aufmerksamkeit derart unbeirrbar in Anspruch, daß die Sorge vor einer zu starken Konzentration auf die Innenpolitik fast der Sorge einer Überbevölkerung des Mondes gleicht: So etwas könnte vielleicht einmal eintreten, aber das wird kaum schon sehr bald geschehen.

Es ist klar, daß wir uns unserer Verantwortung sowohl auswärts wie im Innern stellen müssen.

Im Augenblick sind wir aufgerufen, das Gleichgewicht zugunsten unserer Innenpolitik wiederherzustellen, nachdem wir fünfundzwanzig Jahre lang fast ausschließlich von Kriegen und auswärtigen Krisen in Anspruch genommen waren. Bei der Konferenz von Jalta fragte Winston Churchill 1945 Präsident Roosevelt, wie lange die amerikanischen Truppen voraussichtlich in Europa bleiben würden; «höchstens zwei Jahre», antwortete der Präsident. Das war vor mehr als zwanzig Jahren, aber noch immer steht eine viertel Million amerikanischer Soldaten in Europa, und in Vietnam sind es noch weit mehr. Wenn viele Amerikaner heute erneuerte Beachtung der Innenpolitik verlangen, dann nicht in dem Wunsch, daß die USA ihre auswärtigen Verpflichtungen aufgeben sollten, sondern weil ihnen klargeworden ist, daß unsere auswärtigen Verpflichtungen so dauerhaft sind wie nur irgend etwas im menschlichen Leben, und daß die notwendige Zurückstellung von Maßnahmen im Innern bis zum Abnehmen unserer außenpolitischen Erfordernisse wahrscheinlich einen Aufschub für immer wäre.

In den Jahren der vorrangigen Beschäftigung Amerikas mit Kriegen und auswärtigen Krisen ist die Entwicklung in den USA nicht stehengeblieben. Seit dem Zweiten Weltkrieg ist unsere Bevölkerung von 137 Millionen auf fast 200 Millionen angewachsen – das ist ein Zuwachs von etwa sechzig Millionen, also mehr Menschen als in Großbritannien oder in Frankreich leben. Diese Bevölkerungsexplosion hat die Krisen im Erziehungswesen, bei der Arbeitsbeschaffung, im Transportwesen und in der gesamten Lebensstruktur unserer Städte beschleunigt. Diese Veränderungen waren von revolutionären Umwälzungen in unserer Wirtschaft und vom Heraufkommen machtvoller neuer sozialer Bewegungen begleitet, so dem Feldzug der amerikanischen Neger für bessere Lebensbedingungen. Ohne Zweifel ist die Zeit gekommen, einige materielle Mittel und geistige Energien vom Kampf gegen die kommunistische Herausforderung im Ausland abzuziehen und damit der Herausforderung zu Verbesserungen im Innern zu begegnen.

Ein gut Teil der Bestürzung über den «Neo-Isolationismus» hängt mit einem Generationsproblem zusammen. Der ehemalige amerikanische Botschafter in Indien, Professor John Kenneth Galbraith, weist darauf hin, daß es seit dem Ende des Zweiten Weltkriegs in der amerikanischen Außenpolitik drei verschiedene Generationen mit unterschiedlichen Auffassungen zur Weltlage gegeben habe.[4] Die erste Generation hatte aus dem Krieg die Vision von einer gerechten Weltordnung und hochgespannte Hoffnungen auf eine friedliche Zusammenarbeit mit der Sowjetunion mitgebracht. Als diese Hoffnungen durch die expansionistische Politik Stalins zerschmettert wurden, büßten bei uns zahlreiche Menschen guten Willens ihre Glaubwürdigkeit ein, und es trat eine neue Generation hervor, die sich dem unbarmherzigen Konflikt mit dem kommunistischen Imperialismus verschrieben hatte. Diese zweite Generation, die nach dem Staatsstreich in der Tschechoslowakei, nach dem Zusammenbruch Tschiang Kai-scheks und dem Koreakrieg zum Zuge kam, war stolz auf ihre Hartgesottenheit und ging bei ihrer Politik von der Annahme aus, daß alles, was für die Russen schlecht sei, uns nütze. In die Reihen dieser zweiten Generation gehört auch ein neuer Typ des Universitätsprofessors, der Vorschläge für eine Entspannung nur spöttisch belächelt und sich mit «realistischeren» Dingen befaßt, wie etwa damit, eine «annehmbare» Verlustziffer von «Mega-Toten» im Falle eines Atomkrieges auszurechnen.

Eine dritte Generation ist eben erst in Erscheinung getreten. Sie hat erkannt, daß sich der Charakter des Kalten Krieges vor allem wegen der erfolgreichen amerikanischen Politik in den ersten Nachkriegsjahren gewandelt hat. Die kommunistische Welt ist nicht länger ein in sich geschlossener Block; sie setzt sich heute aus verschiedenen Nationen zusammen – sie reicht von China, das dem Westen gegenüber feindselig eingestellt ist, über die Sowjetunion, deren Unfreundlichkeit viel weniger bösartig ist, bis nach Jugoslawien, das dem Westen freundlich gegenübersteht. Diese dritte Generation erkennt, daß Mißgeschicke der Sowjetunion für den Westen nicht notwendigerweise ein Segen sind, daß sich in der Tat zwischen den USA und der Sowjetunion begrenzte Bereiche von gemeinsamen Interessen herausbilden, und sie erkennt vor allem, daß es zwischen den Atommächten zumindestens eine stillschweigende Übereinkunft geben muß, wenn die Zivilisation überleben soll.

Die dritte Generation hat erkannt, daß sowohl eine begrenzte Zusammenarbeit wie neue und konstruktive Formen des Wettbewerbs zwischen den kommunistischen Ländern und dem Westen wünschenswert und möglich sind. An Stelle der feindseligen Rivalität des Kalten Krieges, in dem jede Seite versucht, die Stärke der anderen zu untergraben, befürwortet diese neue Generation einen schöpferischen Wettbewerb, um festzustellen, wer die stärkere und wohlhabendere Gesellschaftsordnung im eigenen Land aufbauen, den weniger entwickelten Nationen der Erde wirksamer helfen, bessere Schulen bauen und gesündere Kinder aufziehen kann, wer also, um das plastische Bild Chruschtschows zu gebrauchen, mehr und besseres Gulasch austeilen kann. Ich meine, daß Amerika diesen Wettbewerb gewinnen kann; aber worauf es hier noch mehr ankommt: niemand kann ihn in Wirklichkeit verlieren, denn jede Seite wird in seinem Verlauf bessere Schulen, gesündere Kinder und mehr Gulasch erhalten. Gerade wegen der Betonung dieser inneren Bedürfnisse hat die zweite Generation gegen die dritte den unbegründeten Vorwurf des «Neo-Isolationismus» erhoben.

Genau in dem Augenblick, als die dritte Generation so weit zu sein schien, daß sie die Leitung der amerikanischen Politik voll übernehmen konnte, haben Ereignisse und Fehlurteile einen Rückschritt gebracht. Der Vietnamkrieg ist ein Ausdruck für die Haltung der zweiten Generation dem Kommunismus gegenüber. Er ist ein von Grund auf ideologischer Krieg; er wird geführt, weil man die Vietkong als ein Werkzeug Nordvietnams und Nordvietnam als ein Werkzeug Chinas ansieht. Im Hintergrund der amerikanischen Intervention steht die alte und diskreditierte Vorstellung von einem zentral gelenkten globalen kommunistischen Block.

Ein anderer Überrest aus der zweiten Generation ist der Wettlauf um die Eroberung des Weltraums, das Unternehmen als solches, aber auch als Symbol und Ausdruck für die Arroganz der Macht. Es war unklug, daß sich Präsident Kennedy angesichts des Fiaskos in der Schweinebucht 1961 verpflichtete, bis 1970 – und noch vor den Russen – einen Amerikaner zum Mond zu schicken. Dies war eine dramatische Geste, die dazu gedacht war, in einem Augenblick nationaler Bestürzung den Stolz des Landes wiederherzustellen. Es war auch eine sehr kostspielige Geste. Die Bestürzung des Augenblicks ist lange vergangen, aber die gewaltigen Kosten eines voreilig angekündigten Projekts sind geblieben. Es ist nichts Falsches daran, zum Mond zu fahren; aber das muß im Rahmen eines Programms geschehen, dessen Kosten und Priorität sorgfältig gegen andere nationale Erfordernisse abgewogen werden. Aber ein überstürztes Programm, das bis 1970 eine Mondlandung für zwanzig bis dreißig Milliarden Dollar vorsieht – und dies einzig und allein und ausdrücklich deshalb, damit wir den Russen zuvorkommen –, ist unbedingt abzulehnen.

Es ist eine feine Sache, einen frohgemuten Wettlauf zu gewinnen, und ich bin grundsätzlich durchaus dafür, die Russen beim Flug nach dem Mond zu schlagen. Ich bin allerdings schon viel weniger begeistert, wenn das in der Praxis bedeutet, daß das Programm zur Regulierung des Arkansas Rivers verlangsamt wird, das für die Bewohner meines Staates großen Nutzen haben kann, oder wenn das bedeutet, daß das Wohnungsbauprogramm, die Errichtung von Schulen und die Modernisierung der Städte aufgeschoben werden, was für den Wohlstand der gesamten Nation von größter Bedeutung ist. Wenn das der Preis dafür ist, die Russen beim Wettlauf zum Mond zu schlagen, dann finde ich diesen Preis für den Ruhm zu hoch.

Es zeugte von weit größerer Reife, und den Bedürfnissen unseres Volkes würde weit eher Rechnung getragen, wenn wir unser Weltraumprogramm nach unseren eigenen Erfordernissen ausrichteten, statt die Russen bestimmen zu lassen, was wir tun und wieviel wir ausgeben. Wir sind durchaus in der Lage, ein vernünftig abgestecktes Weltraumprogramm zu verwirklichen und zur selben Zeit den Aufbauprojekten in unserem Land die gebührende Aufmerksamkeit zu schenken und die dafür notwendigen Mittel bereitzustellen. Tatsache ist doch, daß für die Sowjetunion und die USA beim Wettlauf ins Weltall ganz verschiedene Dinge auf dem Spiel stehen. Rußland leidet an einem tiefgreifenden Minderwertigkeitskomplex: Es ist ihnen schmerzlich bewußt, daß es in bezug auf Macht und Produktivität hinter den Vereinigten Staaten zurücksteht, und was den Lebensstandard des Volkes betrifft, weit hinter ihnen zurückbleibt. Der Weltraum ist eines der wenigen Gebiete, auf denen uns die Russen durch eine gewaltige Konzentration ihrer Hilfsquellen in gewisser Hinsicht überflügeln konnten, und dieser Erfolg wird ihr Minderwertigkeitsgefühl hoffentlich abschwächen.

Die Vereinigten Staaten sind andererseits die reichste, mächtigste und im allgemeinen auch erfolgreichste Nation der Erde, und jeder weiß das. Wir haben es einfach nicht nötig, ewig herumzulaufen und zu erklären: «Ich bin der Größte.» Je häufiger man das tut, desto mehr Leute zweifeln daran, und wenn die Welt von unserer Vorrangstellung nicht schon heute überzeugt ist, wird sie es wahrscheinlich niemals sein. Wäre es nicht würdiger, verständiger und realistischer, wenn wir auf Erfolge der Sowjets im Weltraum mit aufrichtigen Glückwünschen antworteten und zugleich genauso weitermachten, wie es unseren eigenen Bedürfnissen und unseren nationalen Prioritäten entspricht? Ich meine, es wäre ein ermutigendes Anzeichen dafür, daß Amerika wirklich erwachsen geworden ist, wenn wir die folgende Haltung einnehmen könnten: Den Russen steht es frei, ihre Mittel auf eine Mondlandung zu konzentrieren, wenn sie glauben, daß sie das am meisten brauchen; wir wünschen ihnen Glück dazu; für uns aber ist der Mond nur eines unserer Ziele, und im Augenblick ein sehr Entferntes; ehe wir uns ihm widmen können, müssen wir unsere Kinder erziehen und unsere Städte neu bauen.

Ein abschließender Aspekt, den politische «Realisten» nicht gelten lassen werden, ist der: Wenn die Befriedigung der Lebensbedürfnisse überhaupt etwas mit Politik zu tun hat, dann mit der Innenpolitik und nicht mit der Außenpolitik – das heißt mit Projekten der Erziehung und Kultur, der Arbeitsbeschaffung, der Erneuerung und Verschönerung und nicht mit Kriegen und Bündnissen, geschweige denn mit Prestigeprojekten wie der Landung auf dem Mond oder der mit ungeheuren Kosten verbundenen Konstruktion von Flugzeugen, die zweitausend Meilen in der Stunde zurücklegen, eine Geschwindigkeit also, die kein Mensch zu seiner Fortbewegung braucht. Thomas Huxley hat von den Erfindungen des 19. Jahrhunderts – der Dynamomaschine, dem Hochofen und der Lokomotive – gesagt: «Die große Frage, der etwas wahrhaft Erhabenes und zugleich der Schrecken des über uns schwebenden Verhängnisses anhaftet, ist die: Was fangen wir mit all diesen Dingen an?»[5]

Anmerkungen

1 J. W. Fulbright: ‹Old Myths and New Realities›, New York (Random House) 1964, p. 24.

2 Isaiah Frank: ‹East-West Trade›, in: ‹Hearings on Military Posture›, a. a. O., Part II, p. 135.

3 Raymond Aron: ‹The Spread of Nuclear Weapons›, in: *Atlantic*, January 1965, p. 50.

4 John Kenneth Galbraith: ‹Foreign Policy and Passing Generations›, speech at the Southeastern Pennsylvania Roosevelt Day Dinner of the Americans for Democratic Action, Philadelphia, Pennsylvania, January 30, 1965.

5 Address at John Hopkins University, September 1876.

11

Ein neues Konzept für die Auslandshilfe

Ich habe große Befürchtungen für das Auslandshilfeprogramm der Vereinigten Staaten. Das hat nichts mit der Auslandshilfe als solcher oder mit unserer «Behörde für Internationale Entwicklung», ihren Mitgliedern und ihrer Arbeit zu tun. Meine Befürchtungen betreffen den Grundcharakter des Programms und die meiner Meinung nach gegebene Notwendigkeit, ein neues Konzept für die Auslandshilfe zu entwerfen. In ihrer gegenwärtigen bilateralen Form ist die Auslandshilfe, obwohl sie in der Hauptsache aus zinspflichtigen Anleihen besteht, eine Art Wohltätigkeitseinrichtung, erniedrigend sowohl für den Empfänger als auch für den, der sie gewährt. Außerdem ist sie dazu angetan, daß sich die USA in Ländern in Fragen tief verstricken, die mit ihren lebenswichtigen Interessen und Bestrebungen nichts zu tun haben. Aus diesen zwei Hauptgründen, die ich noch erläutern werde, schlage ich vor, die Auslandshilfe zu internationalisieren und sie dadurch aus einem Akt privater Wohltätigkeit in eine Verantwortlichkeit der Gemeinschaft und aus einem zweifelhaften Instrument nationaler Politik in ein stabiles Programm für internationale Entwicklung zu verwandeln.

Die Verpflichtung des Reichen, dem Armen zu helfen, wird, soweit ich weiß, von jeder bedeutenden Religion, von jeder ethischen Lehre und von jedem Menschen anerkannt, der keinen anderen Moralkodex als das einfache Gefühl für menschlichen Anstand für sich in Anspruch nimmt. Die Verpflichtung des Reichen gegenüber dem Armen schließt ganz klar auch eine Verpflichtung reicher Nationen gegenüber armen Staaten ein, es sei denn, man vertritt die Ansicht, daß menschliche Loyalität und Mitgefühl zugleich mit der politischen Autorität an den Landesgrenzen aufhören. Tatsächlich braucht es nicht mehr als den bloßen gesunden Menschenverstand für die Einsicht, daß die Sicherheit des Reichen, unter den Nationen wie innerhalb einer Nation, am besten gewährleistet werden kann, wenn man dem Armen Hoffnung und Chancen gibt.

Weder wir noch ein anderes Volk haben jedoch bisher gegenüber den armen Nationen eine Verpflichtung übernommen, die irgendwie dem entspricht, was wir für unsere armen Mitmenschen und die ärmeren Provinzen und Gebiete unseres eigenen Landes bereitwillig auf uns nehmen. In den USA und anderen demokratischen Ländern stellen die Personen mit höherem Einkommen den Großteil des Steueraufkommens, mit dem die öffentlichen Einrichtungen finanziert werden, deren Hauptbegünstigte die Armen sind; die Wiederverteilung des Reichtums ist zu einer normalen und allgemein anerkannten Funktion einer demokratischen Regierung geworden. Die Reichen zahlen nicht als Privatpersonen in Befolgung des Grundsatzes noblesse oblige, sondern in Erfüllung einer sozialen Pflicht; die Armen erhalten diese Zuwendungen nicht als eine Art zufälliges Trinkgeld, sondern sie haben als Bürger ein Recht darauf. Die großen sozialen Reformen in den USA von Theodore Roosevelt bis zur Großen Gesellschaft hatten zur Folge, daß die öffentliche Verantwortlichkeit faktisch an die Stelle privater Philanthropie getreten ist. Die Heilsarmee wurde von der sozialen Sicherheit nahezu aus dem Felde geschlagen, und wer kann – bei allem gebührenden Respekt für die Menschlichkeit und die Güte der Heilsarmee – leugnen, daß das Arbeitslosengeld eine wichtige Verbesserung ist?

Ohne der Leistungsfähigkeit und Hingabe unserer «Behörde für Internationale Entwicklung» die Achtung zu versagen, schlage ich vor, daß wir die bilaterale Auslandshilfe, die gleichbedeutend ist mit privater Philanthropie, durch ein internationalisiertes Programm ersetzen, das auf demselben Grundsatz der öffentlichen Verantwortlichkeit beruht, wie er der abgestuften Besteuerung und den sozialen Dienstleistungen zugrunde liegt, die wir in den USA für unsere Bevölkerung eingeführt haben. Ich schlage vor, daß wir die Grenzen unserer menschlichen Loyalität und unseres Mitgefühls weiter stecken, damit unsere Hilfe für die ärmeren Nationen der Erde nicht länger so etwas wie ein privates Trinkgeld ist, sondern zu einer Verantwortung der Gemeinschaft wird.

Auf Grund solcher Erwägungen habe ich nun für mich entschieden, daß ich nach fast zwanzig Jahren amerikanischer Auslandshilfe nicht länger aktiv für ein Hilfsprogramm eintreten kann, das auf vorwiegend zweiseitiger Grundlage beruht. Ein erweitertes Programm der Wirtschaftshilfe – und zwar ein wesentlich erweitertes – werde ich jedoch unterstützen, und ich werde alles, was in meinen Kräften steht, tun, um es zu realisieren – vorausgesetzt, daß es als Gemeinschaftsunternehmen verwirklicht wird, das heißt mit Hilfe von internationalen Organisationen wie den Vereinten Nationen, der Abteilung für internationale Entwicklung bei der Weltbank und den regionalen Entwicklungsbanken.

Die Folgen des Bilateralismus

Der entscheidende Unterschied zwischen bilateraler und internationaler Hilfe ist die grundsätzliche Unvereinbarkeit von Bilateralismus und individueller sowie nationaler Würde. Wohltätigkeit schändet den Reichen wie den Armen; sie erzeugt beim Gebenden ein übersteigertes Gefühl der Autorität und beim Nehmenden eine zerstörerische Einbuße an Selbstachtung. Wie hoch auch der materielle Nutzen unserer Hilfe gewesen sein mag – und er war in einigen Ländern beträchtlich –, so neige ich doch mehr und mehr zu der Ansicht, daß er mit übermäßigen politischen und psychologischen Kosten erkauft worden ist sowohl für die, die die Hilfe gewährten, als auch für die, die sie annahmen. Die entscheidende Frage ist, ob die Weitergabe von Reichtum von Nation zu Nation mit der menschlichen Würde in Einklang gebracht werden kann, so wie das innerhalb unserer eigenen Grenzen der Fall ist.

So schwer es fallen mag, es wäre für die Amerikaner heilsam, wenn sich die Amerikaner einmal genau vorzustellen versuchten, wie sie sich als Empfänger von ausländischer Wirtschaftshilfe mit allem, was dazu gehört, fühlen würden.

Was würden zum Beispiel die Leitung und die Angestellten der New Haven Railroad sagen, wenn sie der Aufsicht von, sagen wir, deutschen Experten für das Transportwesen unterstellt würden, nicht einfach Transportexperten, sondern *deutschen* Experten, die – soviel sie uns auch über den Betrieb einer Eisenbahn dartun können – doch stets Überbringer einer Botschaft sind, die etwa so lautet: «Wir Deutsche wissen, wie man das macht, was ihr Amerikaner nicht fertigbringt.»

Oder stellen wir uns einen Farmer aus Texas als Schüler einer Gruppe von Landwirten aus Kolumbien vor, die ihm beibringen sollen, wie man Kaffee anbaut. Wird er bescheiden und rührend dankbar sein? Oder wird seiner Dankbarkeit eine Spur von Groll gegen seine Wohltäter beigemischt sein, weil das Gefühl, Empfänger und Bittsteller zu sein, seinen Stolz verletzt?

Und wie würden sich die Opfer einer Flutkatastrophe in Kalifornien oder eines Erdbebens in Alaska fühlen, die ihr Obdach, ihren Besitz und vielleicht auch Familienangehörige verloren haben, wenn man sie aufforderte, sich kleinen Schnappschußgruppen mit strahlenden ausländischen Botschaftern zuzugesellen, die Nahrungsmittel und Decken mit Aufschriften wie «Geschenk des französischen Volkes» oder «Geschenk des russischen Volkes» verteilen? Wenn wir uns in dieser Lage vorstellen können, so werden wir wohl zugeben, daß es nicht gerade eine herzerfrischende Erfahrung ist, ein Geschenk oder Lebensmittel zu erhalten, deren Aufschriften uns mitzuteilen scheinen: Die Suppe, die Sie jetzt gleich löffeln werden, ist eine milde Gabe dieses oder jenes großen, edelmütigen und im Überfluß lebenden Volkes, da und da.

Vor einigen Jahren nahm ich bei einem Besuch in einem Land, das damals amerikanische Hilfe erhielt, mit einigen einheimischen Beamten und amerikanischen Diplomaten an einem inoffiziellen Essen teil. Einer der Amerikaner erwies uns die Gnade, uns die Kosten und die Transportprobleme einer bevorstehenden Katastrophenhilfe zu erläutern, in die auch amerikanische Vorräte einbezogen waren. Je mehr er sich an seinem Thema erwärmte, um so mehr waren unsere Gastgeber mit ihrer Suppe beschäftigt. Der amerikanische Beamte kannte sich in allen Einzelheiten unserer mildtätigen Mission bestimmt gut aus, aber die einheimischen Beamten schienen das nicht sehr zu schätzen. Ich glaube nicht, daß sie undankbar waren für die amerikanische Hilfe. Ich glaube, sie schätzten nur nicht die in seinen Worten enthaltene kräftige und klare Unterstellung, daß sie unsere Schützlinge und wir ihre Gönner sind, daß sie im Dunkeln leben und wir gesegnet sind, daß sie unfähig und bedürftig, wir aber reich und glücklich sind und mildherzig dazu. Dies schien ihnen durchaus nicht zu gefallen, und mir gefiel es auch nicht.

Dies sind extreme Beispiele dafür, was man einen extremen Bilateralismus in den Beziehungen zwischen einem reichen und einem armen Land nennen könnte. Sie sind keineswegs repräsentativ für die Art, wie die amerikanische Hilfe in den meisten Fällen gewährt und wie sie in Empfang genommen wird, aber sie verdeutlichen das psychologische Problem, das jeder *direkten* amerikanischen Hilfe für unterentwickelte Länder innewohnt.

Einige prominente Personen, die etwas davon verstehen, haben sich über diese schädlichen Auswirkungen der zweiseitigen amerikanischen Hilfe geäußert. Sie heben hervor, wie wichtig es ist, auf welche Weise ein Geschenk überreicht oder eine Anleihe gewährt wird. Wenn der Staatschef von Kambodscha Prinz Norodom Sihanouk die amerikanische und die chinesische Hilfe für sein Land vergleicht, so liegt darin Weisheit, aber auch eine gewisse Bosheit: «Sie werden den Unterschied in der Art der Hilfeleistung bemerken. Auf der einen Seite werden wir gedemütigt, man erteilt uns eine Lektion und man erwartet von uns eine Gegenleistung. Auf der anderen Seite achtet man nicht nur unsere Würde, die auch ein armes Volk besitzt, sondern man schmeichelt sogar unserer Selbstachtung. – Menschen haben ihre Schwächen, und es wäre sinnlos zu versuchen, sie auszumerzen.»[1]

General Ne Win hat auf ausländische Wirtschaftshilfe für Burma fast völlig verzichtet, obgleich sein Land Kapital und technische Unterstützung dringend benötigt. Er sagte: «Wenn wir Burmesen nicht lernen, die Dinge in unserem eigenen Land zu meistern, werden wir es verlieren. Natürlich gibt es Notlagen, aber wir müssen unser Haus in Ordnung bringen.» Ne Win erwähnte die Auswirkungen der umfangreichen amerikanischen militärischen und wirtschaftlichen Hilfe für Länder wie Südvietnam und Thailand und meinte: «Diese Art Hilfe nützt nichts. Sie verkrüppelt und lähmt eher das Land. Die Empfänger lernen nie, die Dinge selbst in die Hand zu nehmen. Sie verlassen sich mehr und mehr auf ausländische Experten und ausländisches Geld. Am Ende haben sie die Herrschaft über ihr Land verloren.»[2]

Großzügigkeit, falsch praktiziert, kann von ihrem beabsichtigten Nutznießer als Beleidigung und Geringschätzung aufgefaßt werden. In diesem Zusammenhang kommt mir der Verdacht, der gutgemeinte, öffentlich unterbreitete amerikanische Vorschlag, Nordvietnam in ein Entwicklungsprogramm für Südostasien einzubeziehen, von den Nordvietnamesen wahrscheinlich als ein Versuch ausgelegt wurde, ihnen den Krieg abzukaufen und sie zu einem amerikanischen Protektorat zu machen. Weil dieses amerikanische Angebot von einem Land ausging, mit dem sich Nordvietnam im Krieg befindet und das nordvietnamesische Gebiet bombardiert, war es, wenn auch aufrichtig gemeint, doch wohl zu großzügig, als daß es glaubwürdig erscheinen konnte. Damit wäre erklärt, warum dieser Vorschlag als neuerliches «Friedenskomplott» abgelehnt wurde – als ein Versuch der Vereinigten Staaten, durch Bestechung zu erreichen, was sie auf dem Schlachtfeld nicht gewinnen konnten. Wäre das gleiche Hilfsangebot den Nordvietnamesen inoffiziell durch Vertreter einer internationalen Organisation unterbreitet worden, wäre die Reaktion möglicherweise eine andere gewesen.

Das Problem der Hilfe auf zweiseitiger Basis ist mehr ein psychologisches und politisches als ein organisatorisches. Es ist eine Frage des Stolzes, der Selbstachtung und der Unabhängigkeit, und es hängt dabei alles davon ab, ob ein Land den Willen und die Möglichkeit besitzt, seine eigene Entwicklung voranzutreiben. Mit der bilateralen Hilfe ist unausweichlich ein Element der Wohltätigkeit und des Patriarchalischen verbunden – sogar dann, wenn diese Hilfe in Form von Anleihen zu hohen Zinssätzen gewährt wird. Wohltätigkeit hat jedoch, auf längere Sicht gesehen, eine abschwächende Wirkung – sowohl auf den, der den Nutzen haben soll, als auch auf den Gebenden; sie fördert beim Empfänger kränkelnde Unselbständigkeit oder einfach Verärgerung, und bei dem, der die Hilfe gewährt, ein Gefühl selbstgerechter Enttäuschung. Beide Haltungen nähren sich, wenn sie sich einmal herausgebildet haben, gegenseitig zum Nachteil. Mit internationaler Hilfe ist dagegen die würdigere Vorstellung verbunden, daß eine Gemeinschaft mit vereinten Kräften ihre allgemeinverbindliche und rechtmäßige Verantwortung gegenüber den benachteiligten Mitgliedern eben dieser Gemeinschaft erfüllt. Bilateralismus ist angebracht in einer Welt von Staaten, die uneingeschränkte Souveränität besitzen; Multilateralismus sollte in einer Welt vorherrschen, die sich in eine weitergespannte Gemeinschaft wenigstens vortastet.

Militärhilfe

Wenn die wirtschaftliche Unterstützung nicht die beabsichtigte Wirkung hat, dann ist ein Fehlschlag oder eine Verzögerung auf bestimmten Entwicklungsgebieten die Folge; wenn mit der Militärhilfe etwas schiefgeht, dann sind die Konsequenzen viel offenkundiger.

Der ehemalige US-Botschafter John Kenneth Galbraith ist der Meinung, daß die amerikanische Militärhilfe an Pakistan praktisch die *Ursache* des indisch-pakistanischen Krieges von 1965 gewesen sei – einfach deshalb, weil, ganz abgesehen vom Kaschmir-Konflikt, Pakistan eine militärische Lösung nicht hätte anstreben können, wenn die USA ihnen nicht Waffen beschafft hätten.

Diese Waffen waren natürlich zur Verteidigung gegen China und die Sowjetunion bestimmt und nicht für den Kampf gegen Indien. Das Ärgerliche war nur, daß Pakistan nicht die Ansicht der USA teilte und teilt, das Kaschmir-Problem sei eine zweitrangige Frage und daß Pakistan deshalb Indien und nicht China oder die Sowjetunion als Hauptfeind betrachtet. Die amerikanische Militärhilfe wurde unter der Bedingung und in der Erwartung gewährt, daß diese Waffen nur gegen eine kommunistische Aggression verwendet werden sollten; aber solche Verpflichtungen wurden, wie zu erwarten war, im Sommer 1965 beiseite geschoben.

Sollte das sehr überraschend gekommen sein? Ich glaube nicht.

Schon 1961 hatte Präsident Ayub Khan ganz offen erklärt, die USA sollten «die Tatsache beachten, daß wir Pakistani, sollten unsere Grenzen verletzt werden, mit dem Feind zu tun haben werden und nicht damit, die amerikanischen Waffen in Baumwolle zu verpakken»[3].

Die USA hatten den weitverbreiteten Fehler gemacht anzunehmen, daß ihr dringlichstes Problem auch das aller anderen sei. Uns schien es völlig klar zu sein, daß die einzig reale Drohung in Südasien von der Sowjetunion und dem kommunistischen China ausginge und daß es absurd wäre, wenn Indien und Pakistan wegen einer so zweitrangigen Frage wie Kaschmir miteinander in Konflikt gerieten. Wir glaubten, jeder vernünftig denkende Mensch müßte unsere Ansicht teilen, daß es nur eine wahrhaft entscheidende Frage in der Weltpolitik gebe: Die Drohung des Kommunismus – sei es in Indien oder Vietnam, auf Kuba oder in der Dominikanischen Republik. Die ironische Pointe der ganzen Angelegenheit war, daß dieser Krieg, der ohne amerikanische Militärhilfe nicht hätte geführt werden können, hauptsächlich durch die Vermittlung der Sowjetunion beendet wurde, also durch eines der beiden Länder, gegen die sich die amerikanischen Waffen richten sollten. Zeugen der Regierung erklären dem Außenpolitischen Ausschuß des Senats Jahr für Jahr, daß die Militärhilfe für die Länder, die der Sowjetunion und China angrenzen, für die «Vorwärtsstrategie» der USA von lebenswichtiger Bedeutung sei. Sie machen geltend, daß dadurch etwa dreieinhalb Millionen Mann unter Waffen gehalten würden, und das zu weit geringeren Kosten, als nötig wären, um eine vergleichbare amerikanische Streitmacht zu unterhalten. Dies ist natürlich ein Beispiel für die alte und ungebrochene Praxis großer Militärmächte, die von den Römern entwickelt wurde und darin besteht, ausländische Söldner an der Peripherie einzusetzen und die eigene Hauptstreitmacht als strategische Reserve zurückzuhalten.

Die von den Amerikanern eingeführte Abwandlung dieser Praxis besteht darin, daß unsere Söldner gewöhnlich neutral bleiben, während wir die Buschfeuerkriege mit unseren *eigenen* Soldaten führen. Zu den an die Sowjetunion und China angrenzenden Ländern, die amerikanische Militärhilfe erhalten, gehören: Griechenland, die Türkei, der Iran, Thailand, Laos, Taiwan und Südkorea. Von ihnen haben nur die Koreaner eine kämpfende Truppe in Vietnam, und sie werden dafür von uns ganz schön unterstützt. Die Griechen und die Türken sind zu sehr davon in Anspruch genommen, mit ihrer Militärmacht die Sowjets abzuschrecken beziehungsweise einander gegenseitig zu bedrohen; Tschiang Kai-scheks starke und von uns hinreichend finanzierte Streitmacht dagegen wagen wir nicht heranzuziehen, weil sonst die chinesische kommunistische Armee nach Vietnam hineinströmen könnte. Das Ergebnis ist, daß wir mehr als drei Millionen Mann an den Grenzen der Sowjetunion und Chinas unterhalten, die nicht kämpfen, sondern lediglich Wachdienste verrichten, während amerikanische Soldaten in Vietnam kämpfen. Man fragt sich, ob einige dieser Länder, die eine solche Streitmacht unterhalten, heute nicht stabilere und sicherere Verhältnisse hätten, wenn ein Großteil der Mittel, die im Laufe der Jahre für Rüstungszwecke an sie ausgegeben wurden, statt dessen für Entwicklungsprojekte und Sozialreformen verwendet worden wäre.

Die bescheidene Militärhilfe der USA für Lateinamerika ist entschieden wirkungsvoller als die amerikanischen Söldnertruppen in Europa und Asien – allerdings nicht in dem Sinne, die Kommunisten *zurück*zuhalten, als vielmehr, die Militäroligarchien *aufrecht*zuerhalten.

John Duncan Powell, ein Politik-Wissenschaftler, der die Tragweite der US-Militärhilfe auf Lateinamerika untersucht hat, wies darauf hin, daß die Geringfügigkeit der dafür ausgegebenen Mittel trügerisch sei und daß die amerikanischen Waffen, gemessen an ihrem Effekt eine sehr bedeutende Rolle spielen, weil sie die militärischen Kräfte des betreffenden Landes in die Lage versetzen, gegen zivile Gruppen Gewalt anzuwenden.[4] In Ländern, wo das Pro-Kopf-Einkommen niedrig ist, wo politische Einrichtungen zerbrechlich und viele Menschen ungebildet, unorganisiert und oft demoralisiert sind, kann schon ein ganz geringfügiger Aufwand für militärische Ausrüstung und Ausbildung – sagen wir im Werte von zehn Dollar für jeden Soldaten – diesem Soldaten in einer Konfliktsituation überwältigenden Vorteil gegenüber einem Zivilisten verschaffen. Verteilt man, nach Angaben der «Behörde für Internationale Entwicklung», die amerikanische Militärhilfe für das Jahr 1962 auf die einzelnen Soldaten und vergleicht sie mit dem Pro-Kopf-Einkommen der Bevölkerung, so kommt man nach den Berechnungen Powells zu dem Ergebnis, daß zum Beispiel auf jeden Angehörigen der Streitkräfte von Nicaragua im Jahre 1962 amerikanische Waffen und Ausbildungshilfe der USA im Werte von 930 Dollar entfielen, die dann möglicherweise in Straßenkämpfen gegen Studenten und Arbeiter verwendet wurden – gegen Personen also, die ihrerseits ein Gesamtjahreseinkommen von nur 205 Dollar pro Kopf hatten. Für jeden Soldaten der Armee von Guatemala haben die USA, um ein anderes Beispiel zu nennen, in diesem Vergleichsjahr 538 Dollar in Form von Waffen und Ausbildung ausgegeben, wogegen das Pro-Kopf-Einkommen der Studenten und Arbeiter in Guatemala lediglich 185 Dollar betrug.

Gemessen an den wirtschaftlichen und anderen Bedingungen in einem armen mittelamerikanischen Land erscheint die Militärhilfe der USA nicht mehr geringfügig und ohne Bedeutung; sie leistet im Gegenteil einen wesentlichen Beitrag zur Verewigung des Regimes der Militäroligarchien. Hier liegt zwar kein Militärprogramm vor, aber – wie Mercutio in ‹Romeo und Julia› von seiner tödlichen Wunde sagt: «Nein, nicht so tief wie ein Brunnen, noch so weit wie eine Kirchtüre, aber es reicht eben hin.»[5]

Abschließend stellt Powell fest, daß das amerikanische Militärhilfeprogramm, so beschränkt es ist, «dem Militarismus in Lateinamerika Beihilfe leistet» und daß «das lateinamerikanische Militär durch die Verlagerung des Schwergewichts von der Sicherheit der Hemisphäre auf Bedürfnisse der staatsinternen Sicherheit besser als je zuvor dafür ausgebildet und ausgerüstet wird, sich in das politische Kräftespiel in diesen Nationen einzuschalten». – «Dies», so meint Powell, «könnte der geheime Preis für die Sicherheit vor dem Kommunismus sein, die die USA durch ihr Militärhilfeprogramm in der westlichen Hemisphäre zu erreichen suchen.» Die Ereignisse in Brasilien und Argentinien haben diese These bestätigt.

An einem Abend im Sommer 1966 wurde im Fernsehen ein Interview eines amerikanischen Journalisten mit Rebellen im Dschungel von Guatemala gezeigt. Ein junger Rebellenführer sagte, er sei Marxist, weil der Marxismus, so wie er ihn verstehe, die Übereignung des Grund und Bodens an die Bauern fordere; er halte die USA für einen Feind, weil die Vereinigten Staaten seiner Ansicht nach ihre Waffen und ihre Macht stets den Unterdrückern seines Volkes zur Verfügung gestellt haben. Diese Meinung über die USA ist auch in anderen Teilen der Erde nicht unbekannt. Sie ist eine der Belohnungen für die «Vorwärtsstrategie» der amerikanischen Militärhilfe.

Die Auslandshilfe und die übermäßigen Verpflichtungen der USA

Die bilaterale Militär- und Wirtschaftshilfe der USA hatte nicht nur zerrüttende Auswirkungen auf ihre Empfänger; sie hatte zugleich auch für die USA einige unvorhergesehene Konsequenzen. Sie brachte den Vereinigten Staaten Verpflichtungen ein, die sowohl über die Interessen der USA als auch über ihre materiellen und intellektuellen Möglichkeiten hinausgehen.

Die Auslandshilfe ist nicht in einem buchstäblichen Sinn der Grund für die militärische Verwicklung der USA in Vietnam. Sie hat jedoch als wesentlicher Faktor auf die Geistesverfassung der amerikanischen Staatsmänner mit eingewirkt, die die USA auf einen Landkrieg größeren Ausmaßes in Asien festgelegt haben, nachdem sie nachdrücklich, wiederholt und für viele von uns durchaus überzeugend erklärt hatten, daß sie genau dies nicht vorhätten. Die Beziehung zwischen der amerikanischen Hilfe und dem Krieg in Vietnam spielt tatsächlich ebensosehr in psychologischer wie in juristischer Hinsicht eine bedeutende Rolle.

Der Gedanke, daß die Auslandshilfe eine Quelle für die militärische Verstrickung der USA ist, stammt gewiß nicht von mir; ganz im Gegenteil, ein derartiger Zusammenhang ist weder mir noch, das wage ich zu sagen, anderen Mitgliedern des Außenpolitischen Ausschusses je in den Sinn gekommen, bis Regierungsbeamte damit anfingen, das Hilfsprogramm als Ursache und Beweismittel für das anzuführen, was sie für eine militärische Verpflichtung der USA in Vietnam halten. Andererseits kann der Zusammenhang zwischen der Auslandshilfe und der militärischen Verstrickung in Vietnam meiner Ansicht nach nicht als eine bloße rhetorische Ausschweifung der Anhänger des Vietnamkrieges abgetan werden.

Obgleich er seit kurzem einen Zusammenhang zwischen der Auslandshilfe und einer militärischen Verpflichtung bestreitet, hat sich der amerikanische Außenminister bei mindestens drei Gelegenheiten zur Rechtfertigung des militärischen Einsatzes der USA in Vietnam auf die Billigung der Hilfeprogramme durch den Kongreß berufen. So hat er im August 1964 bei einem *hearing* im Senat und erneut am 28. Januar 1966 bei einem *hearing* vor dem Außenpolitischen Senatsausschuß, als er die Rechtfertigung der amerikanischen militärischen Aktionen in Vietnam den SEATO-Vertrag angeführt und dann erklärt:

«Außerdem haben wir zweiseitige Unterstützungsabkommen mit (*sic*) Südvietnam. Der Kongreß ist mehrfach tätig geworden. Bei den alljährlichen Bewilligungen ist der Zweck der Hilfe dem Kongreß dargelegt worden...»[6]

In einer Rede in Las Vegas ging der Minister am 16. Februar 1966 noch einmal sehr ausführlich auf dasselbe Thema ein. Er sagte:

«Nach den Bestimmungen des SEATO-Vertrages, der vom Senat

mit nur einer Gegenstimme gebilligt worden ist, sind wir verpflichtet, Südvietnam beim Widerstand gegen die Aggression beizustehen. Diese Verpflichtung gründet sich ferner auf das Wort dreier aufeinanderfolgender Präsidenten, *auf die Hilfe, der die Kongreßmehrheiten beider Parteien in einem Zeitraum von zwölf Jahren zugestimmt haben,* auf gemeinsame Erklärungen mit unseren Verbündeten in Südostasien und im westlichen Pazifik und auf die Resolution, die der Kongreß im August 1964 bei nur zwei Gegenstimmen angenommen hat.»7 (Hervorhebung vom Verfasser.)

Ich bezweifle sehr, daß irgendein Mitglied des Senats jemals der Meinung gewesen ist, der Senat ermächtige oder verpflichte durch seine Zustimmung zur Auslandshilfe die USA, ihre Streitkräfte einzusetzen und dadurch die am Ruder befindliche Regierung eines der Empfängerländer gegen einen Angriff von außen geschweige denn gegen eine Erhebung im Innern zu stützen. Ich bezweifle ebenfalls, daß diejenigen, die später einen solchen Zusammenhang feststellten, daran gedacht haben, *ehe* die USA den Vietnamkrieg zu ihrer Sache machten.

Die umfassende amerikanische Militär- und Wirtschaftshilfe für Südvietnam zusammen mit der Tatsache, daß die USA allmählich die Rolle der Franzosen in Indochina übernahmen und Ngo Dinh Diem zu ihrem Protegé machten, hat bei den amerikanischen Staatsmännern anscheinend tatsächlich eine Geistesverfassung erzeugt, der ihnen das Gefühl gibt, die Vereinigten Staaten hätten in Vietnam eine Art Besitzerrolle übernommen und Prestige und Geld dort investiert. Die für diese Politik Verantwortlichen sehen solche «Investitionen» naturgemäß ungern wieder entschwinden. Ein Spieler ist, wenn er einmal verloren hat, stets versucht, mit immer höherem Einsatz weiterzuspielen – in der Hoffnung, das Verlorene zurückzugewinnen; vom Beginn des Jahres 1965 an haben die amerikanischen Staatsmänner immer höher in einem Spiel gesetzt, das zum Teil mit einer Hilfemission begonnen hatte und das vor der Entsendung starker amerikanischer Streitkräfte nach Vietnam in den ersten Monaten des Jahres 1965 noch mit einem relativ geringen Verlust hätte beendet werden können. Nachdem der Einsatz erst einmal so hoch geworden war, hat man Erklärungen verlangt, und die amerikanischen Staatsmänner haben sich – offensichtlich ohne sich über die Auswirkungen dessen klar zu sein, was sie da sagten – immer wieder auf die Auslandshilfe berufen als einen der Faktoren, die die USA auf den Krieg in Vietnam festgelegt haben.

Die ausdrücklichen Hinweise auf die Auslandshilfe als eine legale Grundlage für eine militärische Verpflichtung der USA wurden demnach, wie es scheint, *ex post facto* gegeben; die amerikanischen Politiker, die zu der Ansicht kamen, daß die USA verpflichtet waren, den Vietnamkrieg zu ihrer eigenen Sache zu machen, haben sich erst später zur Rechtfertigung und Begründung des amerikanischen Militärengagements auf die Auslandshilfegesetzgebung berufen. Teilweise deshalb, weil diese Hilfsprogramme zwar nicht mit solchen militärischen Absichten verabschiedet worden waren, weil sie aber dennoch zu jenem Gefühl eines amerikanischen «Investment» in Vietnam beitrugen. Auch wenn man die Auslandshilfe nicht mehr als Quelle militärischer Verpflichtung anerkannte, so konnte das doch nicht ihren früheren Beitrag zu jener «Geistesverfassung» ungeschehen machen, die den USA ein militärisches Engagement in Vietnam lebenswichtig erscheinen ließ.

Es ist nun natürlich etwas zu spät, die Scheunentür zu schließen, nachdem die preisgekrönte Herde in die Ferne davongestoben ist. Dennoch lag dem Außenpolitischen Senatsausschuß daran, die Regierung von der irrigen Ansicht zu befreien, daß der Kongreß mit seiner Zustimmung zu den Auslandshilfegesetzen den Präsidenten ermächtigt, in einen Krieg einzutreten, damit die Nutznießer dieser Hilfe geschützt werden können. Deshalb hat der Ausschuß 1966 der grundsätzlichen Erklärung zum Auslandshilfegesetz eine Erläuterung hinzugefügt und darin festgestellt, die Bewilligung militärischer und wirtschaftlicher Hilfe «darf nicht so ausgelegt werden, daß neue Verpflichtungen geschaffen bzw. bestehende Verpflichtungen dazu benutzt werden, die Streitkräfte der USA zur Verteidigung irgendeines fremden Landes zu verwenden».

Beunruhigt durch die Erfahrungen in Vietnam unternahm der Außenpolitische Ausschuß des Senats im Herbst 1966 eine kurze Überprüfung der Auswirkungen der amerikanischen Militär- und Wirtschaftshilfe für Thailand und anderer Aspekte der amerikanischen Thailandpolitik. Diese Untersuchung war eine normale Prozedur im Rahmen der beratenden Funktion des Senats für die Außenpolitik. Noch ehe die Überprüfung jedoch begonnen hatte, nannte sie Joseph Alsop in zweifellos vom Krieg ausgelöster höchster Erregung einen «Plan, dem Feind Hilfe und Ermutigung zu geben»[8].

Ehe die Absichten, die mit der Auslandshilfe verfolgt werden, nicht geklärt sind, bin ich nicht geneigt, langfristige Ermächtigungen oder andere gesetzliche Schritte zu unterstützen, die der Exekutive bei der Verwaltung der Auslandshilfe noch größeren Spielraum einräumte als sie ohnehin schon hat. Für ein langfristiges *internationalisiertes*

Auslandshilfeprogramm würde ich jedoch energisch eintreten; sollte der Kongreß jemals ersucht werden, einem solchen Programm zuzustimmen, so würde ich für meine Person den Grundsatz der langfristigen Bewilligung nicht nur unterstützen, sondern auch alles in meiner Macht stehende tun, um seine Annahme zu sichern. Bis dahin, das muß ich ganz offen zugeben, wird meine Haltung beeinflußt durch mangelndes Vertrauen zu den Zwecken, denen aller Wahrscheinlichkeit nach die bilaterale Hilfe zu dienen hat. Insbesondere bin ich durch die im 2. Kapitel behandelten Auswirkungen der «Asien-Doktrin» beunruhigt, der zufolge die Vereinigten Staaten einseitig die Verantwortung dafür übernehmen, daß im nichtkommunistischen Asien Ordnung herrscht und daß die «Große Gesellschaft» auf diesen Teil der Erde ausgedehnt wird. Ehe das Vertrauen zur Verwendung dieser unserer Hilfe nicht wiederhergestellt ist – und obgleich ich es nicht wirklich erwarte, hoffe ich, daß das schon in naher Zukunft der Fall sein wird –, wäre es meiner Ansicht nach klug, wenn sich der Kongreß sein volles Recht vorbehielte, die Bewilligung und die Aufteilung der Mittel für die Auslandshilfe zu überprüfen.

Viele Hilfsprogramme werden von der «Behörde für Internationale Entwicklung» mit der Begründung gerechtfertigt, daß sie eine «amerikanische Präsenz» aufrechterhalten. Diese Programme sind zu klein, als daß sie die wirtschaftliche Entwicklung stark beeinflussen könnten; sie sind aber groß genug, zu bewirken, daß die USA in die Angelegenheiten der betroffenen Länder verwickelt werden. Diesen Programmen wird als selbstverständliche Voraussetzung zugrunde gelegt, daß die Anwesenheit irgendwelcher Beamten einer amerikanischen Hilfemission ein Segen ist, den man diesen Ländern – umnachtete kommunistische natürlich ausgenommen – nicht verweigern dürfe.

Meiner Ansicht nach ist diese Auffassung von Hilfe ein Zeichen für die Arroganz der Macht. Ihre Grundlage ist, wenn nicht Messianismus, so doch mit Gewißheit Egoismus. Denn sie geht von der Annahme aus, daß die Größe, der Reichtum und die Macht der Vereinigten Staaten auch Beweise für Weisheit und Tugend sind, daß so, wie der redliche schwer schuftende Arbeiter in einem Roman von Horatio Alger es sich zur Ehre anrechnen darf, mit dem örtlichen Industrieboss zu beraten, auch jedes redliche und schwer arbeitende unterentwickelte Land es als ein Privileg betrachten muß, daß ständig ein paar Amerikaner da sind, die den führenden Persönlichkeiten dieses Landes sagen, wie sie sich verhalten sollen.

Das ist eine schmeichelhafte Vorstellung, aber unglücklicherweise eine unzutreffende. Die Erfahrung hat gezeigt – und nicht nur in unserem Fall, sondern auch im Hinblick auf andere große Länder –, daß Zuneigung eher durch eine amerikanische «Abwesenheit» als durch eine auffällige amerikanische Präsenz gewonnen werden kann. Tatsächlich haben anscheinend oft gerade die Länder am meisten für uns übrig, die lange Zeit mit den Russen zu tun gehabt haben, und ich glaube, daß die Sowjets in gleicher Weise von unseren Engagements profitiert haben. Das ist nicht so, weil es uns an guten Absichten fehlt, sondern ganz einfach deshalb, weil die Völker ihre Entscheidungen selbst treffen und ihre Fehler selbst begehen wollen, während unsere «Präsenz» ihnen sagt, daß sie unserer Ansicht nach dazu nicht in der Lage sind. Wir können alles Geld und alle technischen Möglichkeiten der Welt geben, aber was ist der Nutzen solcher Aufwendungen, wenn das schon bloße Geben den Empfängern ihre Selbstachtung nimmt?

Die bilaterale Auslandshilfe wie auch einige andere «Instrumente» der amerikanischen Außenpolitik haben dazu geführt, daß die USA in Angelegenheiten verwickelt werden, die weit jenseits ihres eigentlichen Interessenbereichs liegen. Die bilaterale Hilfe ist zwar keineswegs die einzige Ursache und auch nicht der Hauptgrund dafür, daß sich die USA mehr und mehr zu einem ideologischen Gendarmen der Erde entwickeln, sie ist aber ein Faktor bei dieser Entwicklung gewesen. Sie ist zu einem Faktor unserer allgemeinen Neigung geworden, alles allein anpacken zu wollen, eine Neigung, die sich in unserer Vernachlässigung der Vereinten Nationen und darin widerspiegelt, daß wir die Ansichten und Gefühle unserer Verbündeten und anderer Länder nicht berücksichtigen und daß wir Mittel und Anstrengungen von jenen verheißungsvollen und lebensnotwendigen Reformen im Innern abzweigen, die noch bis vor kurzem dazu angetan waren, die USA zu einem Vorbild für Fortschritt und soziale Gerechtigkeit in der Welt zu machen.

Die Auslandshilfe muß nicht zu solchen Ergebnissen beitragen. Sie kann tatsächlich ein sehr wirksames Mittel sein, um angespannte Beziehungen auf eine neue Grundlage zu stellen, nationale Animositäten zu beseitigen und vor allem die wirtschaftliche Entwicklung der armen Länder der Erde zu fördern – unter Bedingungen, die sowohl der Würde eines Landes wie seiner Weiterentwicklung dienlich sind. Wenn wir diese Ziele erreichen wollen, müssen wir unser Hilfeprogramm stark erweitern und es aus einem Instrument nationaler Politik in ein Gemeinschaftsprogramm für internationale Entwicklung umwandeln.

Deshalb schlage ich vor, daß die Auslandshilfe internationalisiert und erweitert wird. Ich schlage ihre Umwandlung von einem Instrument nationaler Außenpolitik in ein internationales Programm vor. Das soll dazu dienen, einen Teil des Wohlstandes der reichen Länder auf die armen zu übertragen – im Einklang mit demselben Grundsatz der gemeinschaftlichen Verantwortung, der in den USA der progressiven Besteuerung und den sozialen Wohlfahrtsprogrammen zugrunde liegt, und nach dem der Wohlstand der reichen US-Bundesstaaten mit Hilfe von Bundesmitteln auf die ärmeren Staaten der USA übertragen wird. Es ist jetzt an der Zeit, daß wir beginnen, die Auslandshilfe als Teil eines begrenzten internationalen fiskalischen Systems zu betrachten, mit dessen Hilfe die reichen Mitglieder einer Weltgemeinschaft verständig und in ihrem eigenen Interesse eine Verpflichtung gegenüber den armen Mitgliedern der Gemeinschaft erfüllen.

Eine derart einschneidende Umwandlung des Charakters und der Verwaltung der Auslandshilfe kann nicht auf einmal vorgenommen werden. Ein bedeutender Fortschritt wäre erreicht, wenn die USA auf das Ersuchen des Präsidenten der Weltbank, George Woods, positiv reagieren und der International Development Association, einer Nebenorganisation der Weltbank, die langfristige Anleihen zu sehr niedrigen Zinssätzen gewährt, weit mehr Mittel als bisher zur Verfügung stellen. Im Augenblick wird jedoch in Richtung auf eine Internationalisierung der Auslandshilfe nur geringer Fortschritt erzielt. Bis zum Jahre 1966 hatte der Kongreß wiederholt bescheidenen Änderungen des Auslandshilfegesetzes zugestimmt, die den Präsidenten ermächtigte, 15 Prozent des Fonds für Entwicklungsanleihen über die Weltbank und ihre Nebenorganisationen zu leiten; aber in jedem einzelnen Fall machte es der folgende Verwendungsschlüssel unmöglich, die Mittel für die Auslandshilfe auf diese Weise zu verwenden. 1966 stimmte der Kongreß einer Änderung zu, die vorschrieb, daß zehn Prozent der Mittel aus dem Fonds für Entwicklungsanleihen internationalen Anleiheorganisationen zugeleitet werden *müßten*; in dem folgenden Gesetz über die Verwendung der Hilfegelder wurde diese Bestimmung in dem Sinne geändert, daß der Präsident die Vollmacht erhielt, zu *gestatten*, daß diese Mittel über internationale Organisationen geleitet werden.

Welche Schritte können unternommen werden, ein internationales System zu entwickeln, mit dessen Hilfe ein begrenzter Ausgleich der Einkünfte reicher und armer Länder herbeigeführt werden kann?

Erstens sollten die hilfeleistenden Länder der Erde ihre bilateralen Programme beenden und ihre Entwicklungsanleihen über die Weltbank und deren Nebenorganisationen, vor allem die International Development Association, leiten. Zweitens sollten die Weltbank und ihre Nebenorganisationen ermächtigt werden, die ihr dann zur Verfügung stehenden erhöhten Mittel so abzugeben, wie es gegenwärtig mit ihren begrenzten Fonds geschieht – nämlich im Einklang mit sozialen Bedürfnissen und nach streng wirtschaftlichen Grundsätzen. Drittens sollten die Weltbank und ihre Nebenorganisationen Hilfsprogramme mit einem erweiterten Stab hochqualifizierter internationaler Mitarbeiter verwirklichen, und sie sollten die Objektivität fördern, indem sie die an Ort und Stelle benötigten Mitarbeiter soweit wie möglich nicht in deren eigener Heimat, sondern in anderen Ländern und Gebieten beschäftigen. Viertens sollten die Weltbank und ihre Nebenorganisationen ermächtigt werden, Beträge vorzuschlagen, die die Mitgliedstaaten alljährlich einem internationalen Entwicklungsfond zufließen lassen; diese Beiträge sollten progressiv sein, das heißt, die Hauptlast wird auf die reichen Länder fallen, dabei soll aber der Grundsatz einer gemeinschaftlichen Verantwortung gewahrt bleiben, so daß auch die ärmsten Länder symbolische Beiträge beisteuern.

Ein internationalisiertes System könnte den Rahmen abstecken, in dessen Grenzen die Großmächte ihre Hilfeprogramme von Konkurrenzinstrumenten des Kalten Krieges zu kooperativen Unternehmungen umwandeln können, die sowohl für die politischen Beziehungen der Großmächte als auch für die wirtschaftlichen Bedürfnisse der Entwicklungsländer von Nutzen wären. Es wäre tatsächlich eine großartige Sache, wenn sich die USA und die Sowjetunion, die beiden wirtschaftlich mächtigsten Nationen der Erde, zusammenschlössen und dem Grundsatz eines internationalen fiskalischen Systems zustimmten. In diesem Zusammenhang wäre es höchst wünschenswert, daß die Sowjetunion der Weltbank beiträte, der als einziger kommunistischer Staat gegenwärtig nur Jugoslawien angehört. Vielleicht könnte die US-Regierung die Initiative ergreifen, die Sowjets zum Beitritt einladen und auch anbieten, sich, wenn notwendig, für gewisse Änderungen der Weltbank-Charta zu verwenden, falls dadurch der Sowjetunion die Mitgliedschaft attraktiver gemacht werden kann.

Es gibt viele Möglichkeiten für eine sowjetisch-amerikanische Zusammenarbeit in der Entwicklungshilfe. Die Vorteile gemeinsamer Entwicklungsprojekte habe ich schon im 10. Kapitel angeführt. Darüber hinaus wäre es ein Gewinn für ihre eigenen Beziehungen zueinander und ein leuchtendes Beispiel für andere Länder, wenn die USA und die Sowjetunion übereinkämen, gleichwertige Summen aus ihren Rüstungsbudjets abzuzweigen und sie einem internationalen Entwicklungsfonds zufließen zu lassen. Man kann sich vorstellen, daß russische und amerikanische Ingenieure und Wirtschaftler im Rahmen eines internationalisierten Entwicklungsprogramms in vielen Teilen der Erde als Mitglieder eines internationalen zivilen Expertenkorps zusammenarbeiten. Indem also der Rahmen für eine Zusammenarbeit der Großmächte geschaffen wird, kann eine internationalisierte Entwicklungshilfe zu einem gewaltigen Auftrieb sowohl für den Weltfrieden als auch für die wirtschaftliche Entwicklung werden.

Die Umwandlung der Wirtschaftshilfe von nationaler Wohltätigkeit und von einem Konkurrenzinstrument des Kalten Krieges in eine Funktion internationaler Verantwortlichkeit wird auch der eigentümlichen und zerrüttenden Tyrannei ein Ende bereiten können, die Gebende und Nehmende in einem bilateralen Verhältnis übereinander ausüben. Die Hilfe wird dann zu einer Verpflichtung der Gemeinschaft werden und sich durch Berechenbarkeit, Stetigkeit und Würde für alle Beteiligten auszeichnen. Zum erstenmal wird die wirtschaftliche Entwicklung der armen Nationen der Erde Selbstzweck sein – losgelöst von internationalen politischen Rivalitäten und inneren politischen Depressionen. Aus einer Waffe in dem alten und diskreditierten Spiel der Machtpolitik könnte sich die Entwicklungshilfe wie auch der Austausch auf dem Gebiet der Erziehung dann in ein Instrument verwandeln, das den Charakter eben dieses Spiels umwandeln kann, so daß es zivilisiert und den Erfordernissen für ein Überleben im Atomzeitalter angepaßt wird.

Man kann behaupten, daß ein derartiges Programm unrealistisch sei und daß seiner Realisierung unüberwindbare Hindernisse im Wege stünden. Es gibt tatsächlich Hindernisse, und zwar gewaltige; sie sind aber nicht unüberwindlich; es sind nicht natürliche Hindernisse wie etwa die Unfähigkeit des Menschen, mit ausgebreiteten Armen zu fliegen; es sind auch keine technischen Hindernisse wie die heute noch gegebene Unmöglichkeit, eine Rakete zum Mars zu schicken, sondern es sind psychologische Hemmnisse. Wenn dieses von mir angeregte Programm unrealistisch ist, dann deshalb und allein deshalb, weil die Menschen es für unrealistisch halten.

Wie bei den meisten wichtigen Umwandlungen und Anpassungen im menschlichen Bereich, so ist eine Änderung unserer *Denkweise* auch das erste und wichtigste Erfordernis für die Errichtung eines internationalen fiskalischen Systems. Wir müssen lernen, die Welt als eine Gemeinschaft zu betrachten, in der die Privilegierten wie in unserem eigenen Land bestimmte Verantwortungen für die «Unterprivilegierten» übernehmen. Wir müssen einen neuen Begriff von Großzügigkeit entwickeln, die darauf ausgeht, den Menschen zu helfen, ohne sie zu demütigen, einer Großzügigkeit, für die der allgemeine Fortschritt der Gemeinschaft und nicht überschwengliche Dankbarkeitsbekundungen die richtige und angemessene Art der Belohnung ist.

Es gehört viel dazu, eine solche Umwandlung der Bedeutung und des Zwecks der Auslandshilfe herbeizuführen. Und was mich angeht: verlangt die amerikanische Regierung gesetzliche Vollmacht für die Beteiligung der USA an einem Hilfeprogramm für Entwicklungsländer, das wesentlich erhöhte Geldmittel, mildere Bedingungen für die Empfängerstaaten und eine internationale Verwaltung dieser Hilfe vorsieht, so verpflichte ich mich, alle meine Möglichkeiten als Senator und als Vorsitzender des Außenpolitischen Ausschusses des Senats auszuschöpfen, um die Annahme dieser Gesetze zu sichern.

Anmerkungen

1 Norodom Sihanouk: ‹The Failure of the United States in the Third World – Seen Through the Lesson of Cambodia›, Nachdruck in: *Congressional Record*, September 28, 1965, p. 24413.

2 Zitiert von Harrison E. Salisbury: ‹Burma Chief Explains Neutrality›, in: *The New York Times*, June 20, 1966, p. 1.

3 Zitiert in: *The New York Times*, September 3, 1965, p. 2.

4 John Duncan Powell: ‹Military Assistance and Militarism in Latin America›, in: *Western Political Quarterly*, June 1965, pp. 382–392.

5 William Shakespeare: ‹Romeo und Julia›, III. Akt, 1. Szene. Hamburg (Rowohlt) 1957, Rowohlts Klassiker Nr. 4, S. 93.

6 Dean Rusk: ‹Supplemental Foreign Assistance Fiscal Year 1966 – Vietnam›, in: ‹Hearings on Military Posture›, a. a. O., p. 8.

7 ‹Address by Secretary of State Dean Rusk, National Covention of National Rural Electric Cooperative Association Las Vegas, Nevada›, February 16, 1966.

8 Joseph Alsop: ‹Dividends on Vietnam Policy›, in: *The Washington Post*, September 9, 1966, p. A23.

9 Für eine durchdachte Diskussion der Möglichkeiten für ein internationales Finanzierungssystem der Entwicklungshilfe. Siehe Dudley Seers: ‹International Aid: the Next Steps›, in: *The Journal of Modern African Studies*, December 1964, pp. 471–489.

Fazit

Die beiden Amerikas

Es gibt zwei Amerikas: Das Amerika Lincolns und Adlai Stevensons ist das eine, und das Amerika Teddy Roosevelts und der modernen Superpatrioten das andere. Das eine ist großzügig und human, das andere engherzig und egoistisch; das eine ist selbstkritisch, das andere selbstgerecht; das eine ist vernünftig, das andere romantisch; das eine hat Humor, das andere ist feierlich; das eine ist suchend, das andere autoritativ; das eine ist gemäßigt, das andere von leidenschaftlicher Heftigkeit; das eine ist einsichtig, das andere im Gebrauch großer Macht arrogant.

In den Jahren unserer großen Machtfülle neigten wir dazu, der Welt Rätsel aufzugeben, indem wir ihr einmal das Gesicht des einen Amerika, dann wieder das Gesicht des anderen und manchmal auch beide Gesichter zugleich zeigten. Viele Menschen auf der ganzen Erde sind zu der Ansicht gekommen, daß Amerika einerseits großzügig und weitsichtig sein kann, daß es aber andererseits nicht viel weniger zu Kleinkrämerei und Groll fähig ist. Das Ergebnis ist, daß man die Handlungen der USA nicht vorausberechnen kann; die Folge davon sind wiederum Befürchtungen und ein Mangel an Vertrauen zu den Zielen der Vereinigten Staaten.

Die Unbeständigkeit der amerikanischen Außenpolitik beruht nicht auf einem Zufall, sondern sie ist Ausdruck zweier verschiedener Seiten des amerikanischen Charakters. Beide kennzeichnet eine Art Moral, aber auf der einen Seite ist es eine Moral des Sinns für Anständigkeit, der durch das Bewußtsein menschlicher Unzulänglichkeit gemildert wird, und auf der anderen eine Moral der absoluten Selbstsicherheit, die noch von einem Kreuzzugsgeist angefeuert wird.

Den einen repräsentiert Abraham Lincoln, der es – nach den Worten der Rede zu seiner zweiten Amtseinführung – seltsam fand, «daß es Menschen gibt, die es wagen, Gottes gerechten Beistand dafür zu erbitten, daß sie ihr Brot aus dem Schweiß von den Gesichtern ihrer Mitmenschen kneten können», der aber dann hinzufügte, «laßt uns nicht richten, auf daß wir nicht gerichtet werden». Den anderen repräsentiert Theodore Roosevelt, der in seiner Jahresbotschaft an den Kongreß am 6. Dezember 1904 – ohne seine eigene Fähigkeit und die seines Landes, über Recht und Unrecht entscheiden zu können, in Frage zu stellen oder anzuzweifeln – die Verpflichtung der USA proklamierte, eine «Polizeigewalt» innerhalb der westlichen Hemisphäre auszuüben, und dies mit der Begründung, daß chronisches Unrecht oder ein Unvermögen, das eine allgemeine Lockerung der Bande einer zivilisierten Gesellschaft zur Folge hat, in Amerika... schließlich das Eingreifen einer zivilisierten Nation erforderlich machen könnten». Theodore Roosevelt hat natürlich niemals bezweifelt, daß das «Unrecht» von unseren lateinamerikanischen Nachbarn ausgehen werde und daß selbstverständlich wir die «zivilisierte Nation» sein werden, deren Pflicht es ist, die Dinge in Ordnung zu bringen.

Nach fünfundzwanzig Jahren weltweiter Machtentfaltung müssen die Vereinigten Staaten nun entscheiden, welche der beiden Seiten ihres nationalen Charakters Vorrang haben soll – der Humanismus Lincolns oder die Arroganz jener, die die USA zum Gendarmen der Erde machen wollen. Was wir auch wählen, es wird dazu beitragen, den Geist unseres Zeitalters zu bestimmen – es sei denn, wir verweigerten die Wahl. In diesem Fall werden die Vereinigten Staaten wahrscheinlich in Zukunft eine weniger wichtige Rolle in der Welt spielen und die großen Entscheidungen anderen überlassen.

Gegenwärtig geht die Tendenz eher in Richtung auf eine lautstarke und aggressive amerikanische Außenpolitik, das heißt in Richtung auf eine Politik, die eher dem Geist Theodore Roosevelts als dem Abraham Lincolns entspricht. Wir versuchen weiterhin, Brücken nach den kommunistischen Ländern zu schlagen, und wir helfen in bescheidenem Maße den ärmeren Nationen nach wie vor, das Leben ihrer Völker besser einzurichten; aber wir sind auch in einen sich ausweitenden Krieg gegen den asiatischen Kommunismus verwickelt, in einen Krieg, der als Bürgerkrieg begonnen hat, und der vielleicht auch als Bürgerkrieg beendet worden wäre, wenn er nicht durch die amerikanische Intervention in einen Kampf der Ideologien verwandelt worden wäre, in einen Krieg, dessen «Schaden-Streuung» uns im Innern zerrüttet und unsere Beziehungen zum größten Teil der Erde belastet.

Unser nationales Vokabular hat sich mit unserer Politik verändert. Vor ein paar Jahren sprachen wir von Entspannung und Brückenschlag, von Fünfjahresplänen in Indien und in Pakistan oder von landwirtschaftlichen Kooperativen in der Dominikanischen Republik und von Boden- und Steuerreformen in ganz Lateinamerika. Heute werden diese Themen immer noch mit halbem Herzen und planlos erörtert, doch im Zentrum des Interesses und der Machtausübung steht die Kriegspolitik. Die Diplomatie ist weitgehend dazu da, «Images» herzustellen, und unsere Staatsmänner und Politikwissenschaftler sind nicht mit dringlichen Plänen für soziale Umwandlungen beschäftigt, sondern damit, «Drehbücher» für Eskalation und nukleare Konfrontation und «Modelle» für Rebellion und Gegenrebellion herbeizuzaubern.

Dieser Wechsel in Worten und Wertmaßstäben ist nicht weniger bedeutsam als die Veränderung der Politik, denn Worte sind auch Taten, und Stil ist auch selbstwirkendes Wesen – soweit beides das Denken und das Verhalten des Menschen beeinflußt. So scheinen sich – nach den Worten Archibald MacLeishs – «die Empfindungen für Amerika in der Welt» zu verändern, und das Vertrauen auf die «Idee Amerika» ist außerhalb Amerikas und, wichtiger noch, bei unserem eigenen Volk erschüttert. MacLeish ist meiner Ansicht nach zu Recht der Auffassung, daß ein Großteil des Idealismus und der Begeisterung aus der amerikanischen Politik verschwindet; aber er hebt auch hervor, daß diese Qualitäten noch nicht endgültig verschwunden sind und daß dieser Prozeß auch keineswegs unwiderruflich ist: «... wenn man scharf hinsieht und gut zuhört, so sind menschliche Wärme und menschlicher Sinn nach wie vor vorhanden; nichts konnte sie im Laufe von fast zwanzig Jahren aus der Welt schaffen, und wahrscheinlich wird sie nichts abtöten können... Unser Land ist stets von einer Idee – von einem Traum, wenn man so will – zusammengehalten worden, einem großen und abstrakten Gedankenflug, einer Idee von der Art, die Realisten und Sophisten vielleicht ablehnen, an die sich aber die Menschheit halten kann.»[1]

Was die amerikanische Außenpolitik vor allem braucht, ist eine erneuerte Hingabe an eine «Idee, an die sich die Menschheit halten kann» – nicht an eine missionarische Idee voller Ansprüche, der Gendarm der Welt zu sein, sondern an eine Idee im Sinne Lincolns, einen Ausdruck für jenen mächtigen Zug von Anständigkeit und der Humanität, der die wahre Quelle für Amerikas Größe ist.

Humanismus und Puritanismus

Ich will hier nicht argumentieren, daß die Menschheit an einem Übermaß von Tugend leidet, aber ich meine, die Welt hat jetzt fast das Äußerste von jenen Kreuzzügen edelgesonnener Menschen zu ertragen gehabt, die sich einer Auffrischung der menschlichen Rasse verschrieben hatten. Von Beginn der Geschichte an haben Zeloten und Kreuzfahrer das Menschengeschlecht immer wieder für ihre Zwecke eingespannt. Sie wollten ihren Mitmenschen keineswegs einen Schaden zufügen, im Gegenteil, sie trachteten aufrichtig und inbrünstig danach, sie aus der Umnachtung ins Licht zu führen. Die Schwierigkeit bei all diesen edlen Taten lag nicht in ihren Motiven, sondern in der Perversität der menschlichen Natur, in der bedauerlichen Tatsache, daß die meisten Menschen tölpelhaft und undankbar sind, wenn es darum geht, ihr Seelenleben zu verbessern, und daß sie allzu häufig zu ihrer Rettung gezwungen werden müssen. Das Ergebnis war ein großes Maß an Blutvergießen und Gewalttaten, die nicht aus Bosheit, sondern aus den reinsten Motiven verübt wurden. Die Opfer werden die Tatsache nicht immer gewürdigt haben, daß ihre Folterknechte aus edlen Motiven handelten, aber die Tatsache bleibt, daß es nicht Bösartigkeit war, die es ihnen einträkte, sondern, nach einem Ausspruch Thackerays, «der Schaden, den gerade die äußerst Tugendhaften anrichten».

Wer sind die selbsternannten Sendboten Gottes, die so viel Gewalttat über die Erde gebracht haben? Es sind Männer, mit Doktrinen ausgestattet, Männer mit Glauben und Idealismus, solche, die Macht mit Tugend verwechseln, die ohne zu zweifeln an eine Sache glauben, die ihren Glauben ohne Skrupel verwirklichen, die aufhören, menschliche Wesen mit normaler Vorliebe für Arbeit, Vergnügen und Familie zu sein und die statt dessen zu einer lebenden und atmenden Verkörperung irgendeines Glaubens oder irgendeiner Ideologie werden. Von den Zeiten der Religionskriege bis zu den beiden Weltkriegen sind solche Männer für viele oder die meisten Gewalttaten auf der Erde verantwortlich gewesen. Von Robespierre bis zu Stalin und Mao Tse-tung waren sie es, die die Arroganz der Macht im Extrem praktizierten – extrem fürwahr auf eine Weise, wie sie in den USA niemals bekanntgeworden ist und hoffentlich auch nicht bekanntwerden wird.

In den westlichen Gesellschaften gibt es Elemente einer solchen Art von Fanatismus, aber die grundlegende Stärke der Demokratie und des Kapitalismus westlicher Prägung ist es, daß sie relativ frei sind von Doktrinen und Dogmen und weitgehend frei von Illusionen über den Menschen und sein Wesen. Von allen intellektuellen Errungenschaften der westlichen Zivilisation kann meiner Ansicht nach mehr als alle anderen diejenige wahrhaft «zivilisiert» genannt werden, die uns dazu gebracht hat, daß wir es im großen und ganzen gelernt haben, den Menschen so zu nehmen, wie er ist, oder zumindest so, wie er wahrscheinlich werden kann und nicht so, wie er nach unserer abstrakten Vorstellung sein sollte. Unsere Wirtschaft beruht auf menschlichem Erwerbssinn und unsere Politik auf menschlichem Ehrgeiz. Weil wir diese beiden Eigenschaften als Teil des menschlichen Charakters akzeptierten, konnten wir ihnen weitgehend ein Betätigungsfeld verschaffen und sie zugleich «zivilisieren». Es gelang uns, sie zu zivilisieren, weil wir zu der Erkenntnis gekommen sind, daß die Befriedigung des Betätigungsdranges eines Menschen noch eher eine Bedingung für sein gesittetes Verhalten anderen gegenüber als ein Hindernis dafür ist.

Diese realistische Einschätzung des Menschen kann sich auf lange Sicht als unser größter Vorteil gegenüber dem Kommunismus erweisen, der die menschliche Natur leugnen und an den Pranger stellen, sie jedoch – trotz aller «Roten Garden» in China – nicht umgestalten kann.

Man sollte meinen, es sei die natürlichste Sache der Welt, daß sich der Mensch so nimmt, wie er ist. Die Erfahrung zeigt jedoch, daß dies nicht der Fall ist. Nur in einem fortgeschrittenen Stadium der Zivilisation zeigen sich die Menschen tolerant für menschliche Unzulänglichkeiten. Und nur in einem fortgeschrittenen Stadium der Zivilisation kommen Menschen offenbar zu jenem Grad von Weisheit und Demut, der sie anerkennen läßt, daß sie nicht dazu geschaffen sind, die Rolle Gottes zu übernehmen. Auf allen früheren Kulturstufen sind die Menschen anscheinend mehr daran interessiert, ihre Mitmenschen mit Gewalt zu verbessern als sich freiwillig mit ihrer Selbstvervollkommnung zu beschäftigen. Sie sind dann mehr daran interessiert, ihren Nächsten zu einem tugendhaften Verhalten zu zwingen als ihm zu seinem Glück zu verhelfen. Nur wenn materieller Überfluß und politische Demokratie gegeben waren, wie sie heute in einem großen Teil der westlichen Welt vorherrschen, zeigten sich ganze Gesellschaftsordnungen bereit und in der Lage, die harte Askese der eigenen Vergangenheit abzulegen, die in vielen Ländern des Ostens noch immer vorherrscht, und sich die Philosophie zu eigen zu machen, daß das Leben schließlich nur kurz ist und daß es keine Sünde ist, wenn man es zu genießen versucht.

Doch wir halten uns nur wenig an diese Philosophie. In unserer Geschichte und in unserem nationalen Charakter ist eine Tendenz anzutreffen, die nur allzusehr mit dem Geist einer Kreuzzugsideologie verwandt ist. Die Puritaner, die im 17. Jahrhundert nach Neuengland kamen, haben ihren Glauben in Amerika zwar nicht als große Religionsgemeinschaft etabliert, aber die puritanische Denkweise – Härte, Askese, Intoleranz und die Verkündung, daß wenige das Heil erfahren, viele aber verdammt sein werden – ist zu einer wichtigen intellektuellen Kraft des amerikanischen Lebens geworden. Sie brachte einen Mißton in eine Gesellschaft, die aus dem englischen Erbe der Toleranz, der Mäßigung und der Experimentierfreude hervorging.

Zwei Tendenzen haben demnach im Laufe unserer gesamten Geschichte eine unruhige Koexistenz miteinander geführt: Die überwiegende Tendenz eines demokratischen Humanismus und eine weniger eingefleischte, aber dauerhafte Neigung zu einem intoleranten Puritanismus. Solange die Dinge gut gingen, unsere Probleme klar und begrenzt waren und wir mit ihnen fertig werden konnten, gab es in den USA all die Jahre hindurch immer einen Hang zu Vernunft und Mäßigung. Aber immer dann, wenn es eine Zeitlang Rückschläge gegeben hatte, wenn die Gründe für eine unglückliche Lage nicht völlig klar waren, oder auch einfach dann, wenn das Volk durch ein Ereignis oder einen Meinungsmacher in einen Zustand hochgradiger Erregung versetzt wurde, führte das dazu, daß unser puritanischer Geist zum Durchbruch kam und uns die Welt im Zerrspiegel eines harten und zornigen Moralismus erblicken ließ.

Der Kommunismus hat wie keine andere Bewegung in unserer Geschichte unseren latenten Puritanismus angefacht, und er läßt uns dort Grundsätze sehen, wo es nur Interessen gibt, und Verschwörung, wo es Mißerfolg gibt. Sieht man die Dinge aber so, dann werden Konflikte zu Kreuzzügen und die Moralität wird zu Verblendung und Heuchelei. Wenn zum Beispiel jugendliche Raufbolde – die sogenannten «Roten Garden» – chinesische Bürger terrorisieren und demütigen, die mangelnder Begeisterung für die Lehren Mao Tsetungs verdächtig sind, könnten wir uns in unserer Ansicht bestätigt fühlen, daß der Kommunismus eine barbarische Philosophie ist und aller entschuldigenden menschlichen Züge entbehrt. Doch ehe wir unserer moralischen Entrüstung über die Aktionen der «Roten Garden» freien Lauf lassen, sollten wir daran denken, daß während des antikommunistischen Terrors, zu dem es 1966 in Indonesien kam, nicht weniger als zweihunderttausend und möglicherweise sogar eine halbe Million Menschen ermordet wurden und daß dazu in den USA kaum eine Stimme des Protestes zu hören war, weder von unseren führenden Staatsmännern noch von der Presse oder aus der breiten Öffentlichkeit. Man kann daraus nur den Schluß ziehen, daß nicht die Unmenschlichkeit des Menschen dem Menschen gegenüber, sondern nur kommunistische Phänomene dieser Art das Gewissen Amerikas auf den Plan rufen.

Eine der empörendsten Auswirkungen des puritanischen Geistes in den USA ist jene Tyrannei, die bestimmt, was man sagen und denken darf, wie wir es im ersten Teil dieses Buches dargelegt haben. Diejenigen, die versuchen, unser Land mit einiger Objektivität zu betrachten, werden oft von professionellen Patrioten verächtlich gemacht und beschimpft. Diese Patrioten glauben, daß nationale Selbstkritik etwas Illegitimes ist, und sie setzen die Loyalität gegenüber unseren kämpfenden Soldaten in Vietnam gleich mit Loyalität gegenüber der Politik, die diese Soldaten nach Vietnam gebracht hat.

Glücklicherweise ist Puritanismus nicht der vorherrschende Zug im amerikanischen Denken. Er zeigte sich nicht in der intelligenten und subtilen Diplomatie während der amerikanischen Revolution. Er hatte auch nichts mit der klugen Politik zu tun, die uns, solange wir uns das erlauben konnten, von den Konflikten in Europa fernhielt, als wir den nordamerikanischen Kontinent besiedelten und erschlossen. Er hatte nichts mit der Zurückhaltung zu tun, die die USA während der schärfsten Krisenmomente des Kalten Krieges an den Tag legten – so zum Beispiel während des Koreakrieges, im ersten Indochinakrieg, als sich Präsident Eisenhower im Jahre 1954 klugerweise weigerte zu intervenieren, und in der Kubakrise von 1962. Und er war völlig ausgeschaltet bei der allmählichen Minderung der internationalen Spannungen im Zusammenhang mit dem Teststoppvertrag und der folgenden Verbesserung der Beziehungen zur Sowjetunion. Ich muß an «Mr. Dooleys» Worte über das Thanksgiving denken: «Das haben die Puritaner erfunden, um für die Errettung vor den Indianern zu danken... und wir behalten es bei, um für die Errettung von den Puritanern zu danken.»[2]

Der puritanische Kreuzzugsgeist spielte bei einigen bedauerlichen und tragischen Ereignissen der amerikanischen Geschichte eine große Rolle. Er hatte zur Folge, daß wir uns in unnötige und kostspielige Abenteuer stürzten und Siege errangen, die uns unter den Händen zergingen.

Der Bürgerkrieg ist ein Beispiel dafür. Hätten die Anhänger der Sklavenbefreiung im Norden und die Hitzköpfe des Südens weniger Einfluß gehabt, so hätte der Krieg vermieden werden können, und die Sklaverei wäre mit Gewißheit ohnehin abgeschafft worden – auf friedlichem Wege und wahrscheinlich eine Generation später, als die Freilassung nun tatsächlich eintrat. Wäre der Frieden von Lincoln und nicht von den Radikalen Republikanern erschlossen worden, dann hätte es einen Frieden der Aussöhnung gegeben und nicht jene grimmige «Reconstruction», die das Land nur noch tiefer spaltete, den Interessen der Neger einen grausamen Rückschlag zufügte und als Erbe eine Verbitterung hinterließ, für die wir noch heute einen hohen Preis zahlen.

Der Geist des Puritanismus war auch einer der wichtigen Faktoren in dem kurzen, unglückseligen imperialistischen Abenteuer gewesen, das mit dem Krieg von 1898 begann. Mit aufreizenden Losungen von einer «offenkundigen Auserwähltheit» und getragen von einem echten Gefühl moralischer Entrüstung über die Grausamkeiten auf Kuba – das durch einen hitzigen Konkurrenzkampf zwischen den Zeitungen der Hearst- und der Pulitzer-Gruppe noch angefacht wurde – zwangen die USA Spanien einen Krieg auf, den Spanien um jeden Preis, außer dem der vollständigen Demütigung, zu vermeiden suchte. Das Ziel war die Befreiung des kubanischen Volkes, und der Krieg endete damit, daß Kuba amerikanischem Protektorat der Vereinigten Staaten unterstellt wurde, was wiederum ein halbes Jahrhundert amerikanischer Einmischung in die Innenpolitik Kubas zur Folge hatte. Der amerikanischen Intervention lag ohne Zweifel ein aufrichtiger Wunsch zugrunde, dem kubanischen Volk die Freiheit zu bringen; aber sie endete dennoch damit, daß die Kubaner statt dessen Batista und Castro bekamen.

Den modernen Kreuzzugsgeist der USA und den Gegensatz zwischen ihm und dem Geist der Toleranz und der Annäherung verdeutlichen zwei Reden, die Präsident Woodrow Wilson vor und nach dem Eintritt der USA in den Ersten Weltkrieg gehalten hat. Anfang 1917, als die USA noch neutral waren, lehnte es der Präsident ab, klare moralische Unterschiede zwischen den Kriegführenden zu machen, und er rief sie auf, ihre Differenzen durch einen Kompromiß beizulegen und einen «Frieden ohne Sieg» zu schließen. Aber im Frühjahr 1918, ein Jahr nach dem Kriegseintritt der USA, gab es für Wilson in diesem Krieg nur eine Antwort auf die Herausforderung Deutschlands: «Gewalt, Gewalt bis zum Äußersten, Gewalt ohne Einschränkung und Begrenzung, jene gerechte und siegreiche Gewalt, die das Gesetz der Welt wiederherstellen und jede selbstsüchtige Herrschaft in den Staub werfen wird.»[3]

Sogar Franklin Roosevelt, einer der pragmatischsten Politiker, war gegen den Kreuzzugsgeist nicht immun. Wie alle Amerikaner war er von dem verräterischen Angriff der Japaner auf Pearl Harbour so überwältigt, daß nun einer der historischen Grundsätze Amerikas, das Prinzip der «Freiheit der Meere», für das wir 1812 und 1917 in den Krieg eingetreten waren, sofort in Vergessenheit geriet – ebenso wie die im Londoner Flottenvertrag von 1930 ausdrücklich verankerte Verpflichtung, keine Handelsschiffe zu versenken, ohne vorher die Passagiere, die Besatzung und Schiffspapiere in Sicherheit zu bringen. Sieben Stunden nach dem japanischen Angriff erging an alle amerikanischen Schiffe und Flugzeuge im Pazifik der Befehl: «Uneingeschränkte Luft- und Unterseebootskriegführung gegen Japan.» Von 1941–1945 haben amerikanische U-Boote 1750 japanische Handelsschiffe versenkt; 105 000 japanische Zivilpersonen kamen dabei ums Leben. Soviel über die «Freiheit der Meere».

Im Januar 1943 gab Präsident Roosevelt während der Konferenz mit Churchill in Casablanca bekannt, daß die Alliierten bis zur «bedingungslosen Kapitulation» ihrer Gegner kämpfen würden. Roosevelt hat später gesagt, daß ihm dieser Ausdruck «gerade so durch den Kopf geschossen» sei; aber ich glaube, er kam aus den Tiefen einer puritanischen Seele. Er ging von der Voraussetzung aus, daß alle Tugend auf unserer Seite und alles Böse auf seiten unserer Feinde wäre, die nach ihrer Niederlage zu Recht nichts anderes als die gerechte Vergeltung der triumphierenden Tugend erwarten konnten.

«Bedingungslose Kapitulation» war ein unkluger Grundsatz. Abgesehen davon, daß er als Kriegsziel sinnlos war und den Krieg wahrscheinlich unnötig verlängerte, hatten wir nicht im Ernst vor, alle Konsequenzen dieser Forderung in Kauf zu nehmen. Sobald sich unsere Feinde in unsere Hand gegeben hatten, legten wir ihnen gegenüber eine freundliche und gemäßigte Haltung an den Tag, und nach nur ein paar Jahren behandelten wir sie als geschätzte Freunde und Verbündete.

Der Westen hat in diesem Jahrhundert zwei «totale Siege» erkämpft, und er hat sie kaum überlebt. Besonders die USA haben die beiden Weltkriege im Geiste eines gerechten Kreuzzuges geführt. Wir handelten so, als seien wir am Ende der Geschichte angelangt, als müßten wir nur noch unsere Feinde vernichten, und dann bräche für die Welt ein Goldenes Zeitalter des Friedens und des Menschenglücks an. Einige der Probleme, die die großen Kriege hervorbrachten, wurden tatsächlich durch unsere Siege gelöst; andere wurden einfach vergessen. Aber zu unserem Schrecken und zu unserer Bestürzung stellten wir nach 1945 fest, daß das Ende der Geschichte keineswegs angebrochen war, daß unser Sieg mindestens so viele Probleme neu geschaffen hatte, wie er gelöst hatte, und daß keineswegs feststand, ob die neuen Probleme den alten vorzuziehen waren.

Ich bringe diese Ereignisse aus der amerikanischen Vergangenheit nicht zur Sprache, um unsere Nation zu geißeln, sondern um deutlich zu machen, daß der übermäßige ideologische Eifer ebensosehr ein Problem für uns wie für die Kommunisten ist. Wenn wir auf den Dogmatismus der Kommunisten mit einem eigenen Dogmatismus antworten, so tun wir das meiner Ansicht nach nicht so sehr aus der Notwendigkeit heraus, «das Feuer», wie man uns sagt, «mit Feuer zu bekämpfen». Vielmehr verhalten wir uns so, weil diese Reaktion für uns natürlich ist und unserem Wesen mehr entspricht, als wir zugeben mögen.

In unserer Außenpolitik stehen wir vor der großen Aufgabe, zu sichern, daß Humanität, Toleranz und Anpassungsfähigkeit, diese ranghöheren Bestandteile unserer Tradition auch in unserer Politik vorherrschend bleiben. Die Entschuldigung, die so oft vorgebracht wird, daß der blinde Eifer und die Unversöhnlichkeit der Kommunisten das gleiche Verhalten unserer Seite rechtfertigt, lasse ich nicht gelten. Ich akzeptiere nicht die Ansicht, weil die Kommunisten Wühlarbeit, Intervention und ideologische Kriegführung betreiben, müßten wir das auch und im gleichen Ausmaß tun. Weit mehr Erfolg können wir uns davon versprechen, wenn wir die Kommunisten zu ermutigen suchen, sich unserer vernünftigeren Haltung anzuschließen, als wenn wir selbst die am wenigsten ansprechenden Formen kommunistischen Verhaltens nachahmen. Natürlich kann man mit Grund fragen, warum gerade *wir* mit der Versöhnung anfangen sollen; die Antwort lautet, daß wir als die mächtigste Nation uns Großmut am ehesten leisten können. Anders ausgedrückt, sind wir, die wir über die größere physische Kraft verfügen, zu Recht dazu aufgerufen, auch die größere moralische Kraft zu entfalten.

Die Außenpolitik, von der ich gesprochen habe, ist im wahrsten Sinne dieses Wortes *konservative* Politik. Sie will im Wortsinn die Welt erhalten – eine Welt, deren Zivilisation jederzeit vernichtet werden kann, wenn eine der Großmächte das vorzieht oder sich dazu getrieben fühlt. Das ist eine Methode, die Welt zu akzeptieren, wie sie ist – mit allen vorhandenen Nationen und Ideologien, mit allen vorhandenen Qualitäten und Mängeln. Diese Methode will die Dinge so verändern, daß die Kontinuität der Geschichte gewahrt bleibt und daß die Grenzen, die der gebrechlichen menschlichen Natur auferlegt sind, nicht überschritten werden. Ich glaube, wenn die großen Konservativen der Vergangenheit wie Burke, Metternich und Castlereagh heute lebten, wären sie weder gläubige Anhänger des Kommunismus noch unnachgiebige Parteigänger eines antikommunistischen Kreuzzugs. Sie würden sich mit der Welt, so wie sie nun einmal ist, arrangieren wollen, nicht weil unsere Welt ihnen gefiele – das wäre fast mit Gewißheit nicht der Fall –, sondern weil sie auf die Erhaltung der unauflöslichen Bande zwischen Vergangenheit und Zukunft vertrauten, weil sie abstrakten Ideen zutiefst mißtrauten und weil sie weder sich selbst noch irgendeinem anderen Menschen die Fähigkeit zutrauen, die Rolle Gottes zu übernehmen.

Das letztere ist meiner Ansicht nach der springende Punkt. Ich meine, daß die Hauptaufgabe eines Menschen darin besteht – in der kurzen Zeit, die ihm gegeben ist –, sein eigenes Haus in Ordnung zu halten und das Leben ein wenig zivilisierter, ein wenig zufriedenstellender und ein wenig heiterer einzurichten – in der Außen- und Innenpolitik wie im täglichen Leben. Ich meine: der Mensch ist zwar dazu imstande, sich in die Metaphysik zu vertiefen, nicht aber, sie in die Praxis umzusetzen. Das sollte er Gott überlassen.

Eine Idee, an die sich die Menschheit halten kann

Amerika ist durch seine Geschichte, seinen Reichtum und durch die Vitalität und grundlegende Anständigkeit seiner verschiedenartigen Bevölkerung begünstigt, und deshalb ist es vorstellbar, wenn auch kaum wahrscheinlich, daß die USA etwas schaffen, was noch keine andere große Nation versucht hat – einen fundamentalen Wandel im Charakter der internationalen Beziehungen. In diesem Buch habe ich versucht, einige Wege zur Verwirklichung dieses großen Vorhabens aufzuzeigen. Alles, was ich hier vorschlage: uns auf die Seite der sozialen Revolution zu stellen, unsere eigene Gesellschaft zu einem Vorbild menschlichen Glücks zu machen und in dem Bemühen um Versöhnung feindlicher Welten mehr tun, als jeweils nur auf die Schritte des Gegners zu reagieren – das alles geht von den beiden folgenden grundlegenden Voraussetzungen aus. Erstens ist es in unserem Stadium der Geschichte, da die Menschheit zur Selbstvernichtung imstande ist, nicht nur wünschenswert, sondern lebensnotwendig, den Wettbewerbsinstinkt der Nationen unter Kontrolle zu bekommen. Zweitens sind die USA als die mächtigste Nation der Erde auch als einzige in der Lage, bei dem Bemühen um einen Wandel der Politik die Führung zu übernehmen.

Wenn wir dies tun, werden wir zur Verwirklichung einer «Idee, an die sich die Menschheit halten kann», beitragen. Vielleicht kann diese Idee am besten definiert werden als die These, daß eine Nation ihre wesentliche Funktion nicht in ihrer Eigenschaft als eine *Macht*, sondern in ihrer Eigenschaft als eine *Gesellschaft* wahrnimmt oder, einfacher ausgedrückt, daß die Hauptaufgabe einer Nation nicht ihr selbst gilt, sondern den Menschen, die ihr angehören.

Wenn wir derart grundlegende Wandlungen in der Welt herbeiführen wollen, müssen wir es auf gewisse Risiken ankommen lassen: Zum Beispiel darauf, ob andere Staaten eine großzügige Initiative unserer Seite falsch auslegen und dadurch eine Katastrophe heraufbeschwören, oder darauf, ob Nationen, die mit uns verfeindet sind, auf Vernunft und Anstand früher oder später ebenfalls mit Vernunft und Anstand reagieren. Die Risiken, die wir dabei eingehen, sind groß, aber sie sind weit geringer als die Gefahren, die den traditionellen Methoden der internationalen Beziehungen im Atomzeitalter innewohnen.

Wenn wir durchgreifende Veränderungen in der Welt herbeiführen wollen, müssen wir damit anfangen, uns in einigen heiklen Fragen unserer Außenpolitik zu entscheiden: wollen wir den sozialen Revolutionen in Asien, Afrika und Lateinamerika als Freund oder Feind gegenübertreten? Wollen wir die kommunistischen Länder als mehr oder weniger normale Staaten betrachten, mit denen wir mehr oder weniger normale Beziehungen unterhalten können, oder sollen sie uns unterschiedslos als Verbreiter einer bösen Ideologie gelten, mit denen wir uns niemals versöhnen können? Und wollen wir uns schließlich als Freund, Ratgeber und Vorbild für all jene auf der Erde betrachten, die Freiheit suchen und die unsere Hilfe haben wollen, oder wollen wir die Rolle eines göttlichen Racheengels und eines selbsternannten Missionars der Freiheit in einer umnachteten Welt spielen?

Die Antworten auf diese Fragen hängen davon ab, welches der beiden Amerikas das Wort ergreift. Es gibt keine unausweichlichen oder vorher bestimmten Antworten, denn unsere Vergangenheit gibt uns die Möglichkeit, der übrigen Welt gegenüber entweder tolerant oder puritanisch, generös oder selbstsüchtig, vernünftig oder romantisch aufzutreten, von Humanität bestimmt oder von Moralideologie besessen.

Ich für meinen Teil ziehe das Amerika Abraham Lincolns und Adlai Stevensons vor. Ich ziehe es vor, daß mein Land den Forderungen nach sozialer Gerechtigkeit als Freund und nicht als Feind entgegentritt; ich ziehe es vor, daß die Kommunisten als Menschen behandelt werden, denen alle menschlichen Fähigkeiten zu Gut und Böse, zu Weisheit und Torheit gegeben sind und nicht als Verkörperungen einer Abstraktion des Bösen; und ich ziehe es vor, mein

Land in der Rolle eines mitfühlenden Freundes der Menschlichkeit und nicht ihres strengen und hochmütigen Schulmeisters zu sehen.

Die USA können in der Welt auf vielerlei Weise mit jener Großzügigkeit und jenem Einfühlungsvermögen auftreten, das ihrer Größe und ihrer Macht entspricht. Wir haben Gelegenheit, ein Beispiel zu geben, wenn wir China gegenüber großzügiges Verständnis zeigen, wenn wir mit der Sowjetunion eine praktische Zusammenarbeit zum Wohle des Friedens anstreben, wenn wir unser Verhältnis zu Westeuropa auf eine verläßliche und von gegenseitiger Achtung getragene Partnerschaft gründen, wenn wir den Entwicklungsländern ohne moralische Dünkel materielle Hilfe gewähren, in unserer Politik gegenüber Lateinamerika der Versuchung des Hegemoniestrebens widerstehen und in unserem Verhalten gegen jedermann beachten, daß es in jeder Hinsicht von Nutzen ist, die Interessen des anderen zu berücksichtigen. Vor allem aber haben wir die Gelegenheit, der Welt durch die Arbeit an unserer eigenen Gesellschaft ein Beispiel der Demokratie zu geben. Amerika sollte nach den Worten von John Quincy Adams «für alle Freund und Gönner von Freiheit und Unabhängigkeit» sein, aber «nur für seine eigene Freiheit kämpfen und plädieren»[4].

Wenn es uns gelingt, so zu handeln, dann werden wir die Gefahren der Arroganz der Macht überwinden. Das würde zweifellos bestimmte Einbußen für unseren Ruhm mit sich bringen. Aber das ist ein Preis, der den uns wahrscheinlich zufallenden Lohn wert ist: das Glück Amerikas und den Frieden der Welt.

Anmerkungen

1 Archibald MacLeish: ‹*Address to the Congress of the International Publishers Association*›, May 31, 1965.

2 Finley Peter Dunne: ‹*Mr. Dooley's Opinions*› (1900). Thanksgiving.

3 *Speech at Baltimore, Maryland*, April 6, 1918.

4 John Quincy Adams, July 4, 1821, Washington, D.C., Wiedergabe in: *The National Intelligencer*, July 11, 1821.

DIESE BÜCHER INFORMIEREN ÜBER DIE USA

JAMES BALDWIN, Hundert Jahre Freiheit ohne Gleichberechtigung
oder The Fire Next Time. Eine Warnung an die Weißen
rororo aktuell Band 634

Schwarz und Weiß oder Was es heißt, ein Amerikaner zu sein
11 Essays. Rowohlt Paperback Band 22

DANIEL J. BOORSTIN, Das Image
oder Was wurde aus dem Amerikanischen Traum?
Rowohlt Paperback Band 35

ELDRIDGE CLEAVER, Nach dem Gefängnis
Aufsätze und Reden. Herausgegeben und eingeleitet von Robert Scheer
6. Tausend. 176 Seiten. Kartoniert

J. WILLIAM FULBRIGHT, Die Arroganz der Macht
rororo aktuell Band 987/88

JOHN KENNETH GALBRAITH, Tabus in Wirtschaft und Politik der USA
rowohlts deutsche enzyklopädie Band 213

GEOFFREY GORER, Die Amerikaner
Eine völkerpsychologische Studie
rowohlts deutsche enzyklopädie Band 9

ROBERT F. KENNEDY, Gangster drängen zur Macht
rororo Taschenbuch Band 6650

Freiheit und Verantwortung in der Demokratie
38 Reden. rororo Taschenbuch Band 1041/42

Suche nach einer neuen Welt
rororo Taschenbuch Band 6651/52

Dreizehn Tage
Die Verhinderung des Dritten Weltkrieges
rororo sachbuch 6737

NORMAN MAILER, Nixon in Miami und die Belagerung von Chicago
rororo aktuell Band 1221/22

L. L. MATTHIAS, Die Kehrseite der USA
Rowohlt Paperback Band 37

NORMAN PODHORETZ, Getan und vertan
Amerikanische Literatur in der Zeit des Kalten Krieges. 14 Essays
Rowohlt Paperback Band 61

**DAVID RIESMAN / REUEL DENNEY / NATHAN GLAZER,
Die einsame Masse**
Eine Untersuchung der Wandlungen des amerikanischen Charakters
Einführung Helmut Schelsky. rowohlts deutsche enzyklopädie 72/73

ROWOHLT

rororo aktuell

WOLFGANG ABENDROTH / HELMUT RIDDER / OTTO SCHÖNFELDT [Hg.] KPD-Verbot oder Mit Kommunisten leben? [1092]

HEINRICH ALBERTZ / DIETRICH GOLDSCHMIDT [Hg.] Konsequenzen oder Thesen, Analysen und Dokumente zur Deutschlandpolitik [1280]

GUNTER AMENDT [Hg.] Kinderkreuzzug oder Beginnt die Revolution in den Schulen? Mit Beiträgen von Stefan Rabe, Ilan Reisin, Ezra Gerhardt, Günter Degler u. Peter Brandt [1153]

JAMES BALDWIN Hundert Jahre Freiheit ohne Gleichberechtigung oder The Fire Next Time / Eine Warnung an die Weißen [634]

UWE BERGMANN / RUDI DUTSCHKE / WOLFGANG LEFÈVRE / BERND RABEHL [Hg.] Rebellion der Studenten oder Die neue Opposition. Eine Analyse [1043]

JUAN BOSCH Der Pentagonismus oder Die Ablösung des Imperialismus? Mit einem Nachwort von Sven G. Papcke [1151]

G. und D. COHN-BENDIT Linksradikalismus – Gewaltkur gegen die Alterskrankheit des Kommunismus [1156/57]

DAVID COOPER [Hg.] Dialektik der Befreiung. Mit Texten von Carmichael, Gerassi, Goodman, Marcuse, Sweezy u. a. [1274]

Dr. med. WOLFGANG CYRAN Genuß mit oder ohne Reue? Eine medizinische Analyse über die Gefahren des Rauchens [984]

BERNADETTE DEVLIN Irland: Religionskrieg oder Klassenkampf? [1182]

HORST EHMKE [Hg.] Perspektiven. Sozialdemokratische Politik im Übergang zu den siebziger Jahren [1205]

FRANTZ FANON Die Verdammten dieser Erde. Vorwort von Jean-Paul Sartre [1209/10]

J. WILLIAM FULBRIGHT Die Arroganz der Macht [987/88]

ROGER GARAUDY Marxismus im 20. Jahrhundert [1148]

GARAUDY / METZ / RAHNER Der Dialog oder Ändert sich das Verhältnis zwischen Katholizismus und Marxismus? [944]

GUNTER GAUS [Hg.] Zur Wahl gestellt: CDU/CSU, SPD, FDP, NPD, DKP, SDS – Interviews und Analysen [1208]

ERNESTO CHE GUEVARA Brandstiftung oder Neuer Friede? Reden und Aufsätze. Hg. und mit einem Nachwort versehen von Sven G. Papcke [1154]

GERD HAMBURGER Katholische Priesterehe oder Der Tod eines Tabus? [1090]

aktuell rororo

HILDEGARD HAMM-BRUCHER Aufbruch ins Jahr 2000 oder Erziehung im technischen Zeitalter. Ein bildungspolitischer Report aus 11 Ländern [983]

ROBERT HAVEMANN Dialektik ohne Dogma? / Naturwissenschaft und Weltanschauung [683]

WERNER HOFMANN Grundelemente der Wirtschaftsgesellschaft – Ein Leitfaden für Lehrende [1149]

Homosexualität oder Politik mit dem § 175 / Mit einem Vorwort von Professor HANS GIESE [943]

JOACHIM KAHL Das Elend des Christentums oder Plädoyer für eine Humanität ohne Gott [1093]

HEINZ LIEPMAN [Hg.] / HEINRICH HANNOVER / GÜNTER AMENDT Kriegsdienstverweigerung oder Gilt noch das Grundgesetz? Mit einem neuen Beitrag von Günter Amendt [885]

● **NORMAN MAILER** Nixon in Miami und die Belagerung von Chicago [1221/22]

MAO TSE-TUNG Theorie des Guerillakrieges oder Strategie der Dritten Welt / Einleitender Essay von SEBASTIAN HAFFNER [886]

ERNST RICHERT Die DDR-Elite oder Unsere Partner von morgen? [1038]

STEPHEN ROUSSEAS Militärputsch in Griechenland oder Im Hintergrund der CIA. Mit Beiträgen von Hermann Starobin und Gertrud Lenzer. Vorbemerkung: MELINA MERCOURI [1089]

BERTRAND RUSSELL / JEAN-PAUL SARTRE Das Vietnam-Tribunal I oder Amerika vor Gericht [1091]

Das Vietnam-Tribunal II oder Die Verurteilung Amerikas [1213/14]

J. SAUVAGEOT / A. GEISMAR / D. COHN-BENDIT Aufstand in Paris oder Ist in Frankreich eine Revolution möglich? Hg. von HERVÉ BOURGES [1155]

RADOSLAV SELUCKÝ Reformmodell ČSSR – Entwurf einer sozialistischen Marktwirtschaft oder Gefahr für die Volksdemokratien? [1207]

Welternährungskrise oder Ist eine Hungerkatastrophe unausweichlich? Hg. von der Vereinigung Deutscher Wissenschaftler [1147]

Gesamtauflage über 2,5 Millionen Exemplare

Rowohlt paperback

CARL AMERY
Fragen an Welt und Kirche
Zwölf Essays. RP 54. 10. Tsd. 156 Seiten

JAMES BALDWIN
Schwarz und Weiß
oder Was es heißt, ein Amerikaner zu sein
11 Essays. RP 22. 10. Tsd. 140 Seiten

DANIEL J. BOORSTIN
Das Image
oder Was wurde aus dem Amerikanischen Traum?
RP 35. 6. Tsd. 232 Seiten

ERNST FISCHER
Auf den Spuren der Wirklichkeit
Sechs Essays. RP 62. 5. Tsd. 264 Seiten

– Kunst und Koexistenz
Beitrag zu einer modernen marxistischen Ästhetik
RP 53. 8. Tsd. 240 Seiten

SAUL FRIEDLÄNDER
Pius XII. und das Dritte Reich
Eine Dokumentation
Mit einem Nachwort von Alfred Grosser
RP 43. 10. Tsd. 180 Seiten

GEORGES FRIEDMANN
Das Ende des jüdischen Volkes?
RP 67. 4. Tsd. 280 Seiten

ERNESTO CHE GUEVARA
Aufzeichnungen aus dem kubanischen Befreiungskrieg 1956–1959
Einleitender Text von Fidel Castro.
RP 71. 10. Tsd. 210 Seiten

Lateinamerika –
Ein zweites Vietnam?
Texte von Douglas Bravo, Fidel Castro, Régis Debray, Ernesto Che Guevara u. a.
Hg.: Giangiacomo Feltrinelli
RP 66. 8. Tsd. 432 Seiten

Gespräche mit Georg Lukács, Hans Heinz Holz, Leo Kofler, Wolfgang Abendroth
Hg.: Theo Pinkus
RP 57. 5. Tsd. 136 Seiten

Marxismus und Literatur
Eine Dokumentation in drei Bänden
Hg.: Fritz J. Raddatz
RP 80, 81, 82. Je ca. 330 Seiten

L. L. MATTHIAS
Die Kehrseite der USA
RP 37. 27. Tsd. 432 Seiten

PETER MENKE-GLUCKERT
Friedensstrategien
Wissenschaftliche Techniken beeinflussen die Politik
RP 77. 5. Tsd. 300 Seiten

WOLFGANG PLAT
Begegnung mit den anderen Deutschen
Gespräche in der Deutschen Demokratischen Republik.
RP 79. 6. Tsd. 368 Seiten mit 86 Abb.

NORMAN PODHORETZ
Getan und vertan
Amerikanische Literatur in der Zeit des Kalten Krieges
14 Essays.
RP 61. 5. Tausend. 184 Seiten

JEAN-PAUL SARTRE
Kolonialismus und Neokolonialismus
Sieben Essays.
RP 68. 6. Tausend. 128 Seiten

STALIN / CHURCHILL
Die unheilige Allianz
Stalins Briefwechsel mit Churchill 1941–1945
RP 34. 8. Tsd. 480 Seiten

CAMILO TORRES
Vom Apostolat zum Partisanenkampf
Artikel und Proklamationen
RP 78. 5. Tsd. 240 Seiten

Weltfrieden und Revolution
Neun politisch-theologische Analysen
Hg.: Hans Eckehard Bahr
RP 65. 6. Tsd. 320 Seiten

Rolf Hochhuth

Guerillas
15. Tausend. 224 Seiten. Kartoniert. Inszenierungen in 16 Städten.
Frankfurter Neue Presse: «Es ist das brisanteste Buch des Jahres, pures Dynamit.»
Frankfurter Rundschau: «Das Buch sollte man lesen, weil es zeigt, daß vielleicht Resignation nicht das letzte Wort haben muß.»
Die Zeit, Hamburg: «Hochhuth reagiert wie ein überfeines moralisches Hygrometer auf die Korruptionsfeuchtigkeit der Welt.»
The Times Literary Supplement, London: «Hochhuth hat Mut, Mitleid und einen beispielhaften Sinn für Gerechtigkeit.»

Soldaten
Nekrolog auf Genf. Tragödie
Rowohlt Paperback Band 59/rororo Band 1323. Deutsche Gesamtauflage bisher 80. Tausend. 192 Seiten
Bereits 35 Inszenierungen in 11 Ländern
Buchausgabe in 10 Sprachen übersetzt
Newsweek, New York: «Ein eindrucksvolles und eminent wichtiges Werk. Hochhuth ist kein primitiver Moralist, der im Wust der Akten nach Schuldbeweisen sucht. Ihn treibt das Gewissen zur Kunst. Daher das klassische Gepräge seines Werkes. Und deshalb ist er auch der erste Dramatiker, der die erdrückend verworrenen, apokalyptischen Ereignisse unserer Zeit mit wirklichem Gewinn gestaltet. Das Werk eines Autors, der für sich in Anspruch nehmen kann, der wichtigste Dramatiker der Welt genannt zu werden.»

Der Stellvertreter
Ein christliches Trauerspiel. Mit einem Vorwort von
Erwin Piscator und einem Essay von Walter Muschg.
Erweiterte Taschenbuch-Ausgabe mit einer Variante zum fünften Akt.
rororo Band 997/98
Deutsche Gesamtauflage bisher 335. Tausend
Bereits 70 Inszenierungen in 26 Ländern. Buchausgabe in 17 Sprachen
Golo Mann / Basler Nachrichten: «Wieviel einfühlsame Menschenkenntnis, Phantasie und Mitleid, Kummer, tiefer Ekel und Zorn werden hier unter den Bann der Kunst gezwungen! Das ist die eigentlichste Leistung. Sie erklärt, warum das deutsche Publikum sich von dem Drama hat ansprechen lassen wie noch von keinem Prozeß in Nürnberg und Jerusalem, keiner noch so gründlichen Studie des ‹Instituts für Zeitgeschichte›. Für sie müssen wir dem Dichter dankbar sein.»

Rowohlt

Robert F. Kennedy

rororo

Gangster drängen zur Macht

Zeitschrift für Geopolitik: «Dieses Buch vermittelt tiefe Einblicke in die Anfechtbarkeit und Gefährdung der amerikanischen Demokratie und Führungsrolle in der Weltpolitik.»
Luzerner Tagblatt: «Ein Buch, das so viele interessante Gebiete anschneidet und dazu fast so spannend wie eine Kriminalgeschichte ist, ist lesenswert.» 48. Tausend. rororo sachbuch Band 6650

Freiheit und Verantwortung in der Demokratie

Die 38 in diesem Band vereinigten Reden lassen vor dem Leser das faszinierende Bild einer der dramatischsten Phasen in der bisher heute ungeschriebenen Geschichte der Bürgerrechtsbewegung in den Vereinigten Staaten entstehen. 28. Tausend. rororo Band 1041/42

Suche nach einer neuen Welt

Vietnam, China, Lateinamerika, Kernwaffenkontrolle, Rebellion der Jugend, Rassenprobleme und Verelendung der Großstädte. Diese Texte, die von analytischem Scharfsinn und vom hoffnungsvollen Schwung seiner politischen Ideen zeugen, wurden durch Kennedys Ermordung zu seinem Vermächtnis. 35. Tausend. rororo sachbuch Band 6651/52

Dreizehn Tage oder Die Verhinderung des Dritten Weltkrieges

In den 13 Tagen der Kubakrise, vom 16. bis 29. Oktober 1962, stand die Menschheit zum erstenmal am Abgrund einer atomaren Katastrophe. Robert F. Kennedy, Augenzeuge und einer der Hauptakteure in dieser unheildrohenden Konfrontation der beiden Supermächte, schrieb die authentische Geschichte dieses Weltkonflikts. Mit Beiträgen von Robert McNamara und Harold Macmillan. Hg. von Theodore Sorensen. rororo sachbuch Band 6737